중동신화여행

일러두기

1. 이 책은 2017년 10월부터 12월까지 경기문화재단이 진행한 '신화와 예술 맥놀이-중동신화여행, 아주 오래된 이야기'의 내용을 토대로 재구성한 것이다. 강좌의 특성상 이미지나 영상, 소리 등을 이용한 강좌가 많았는데, 이 책에서도 그림과 표, 지도 등을 활용하여 가능한 한 현장성을 살리려고 했다. 저작권 관계 등 어쩔 수 없이 생략한 이미지 자료도 있음을 밝힌다.
2. 각주를 달아 강의 내용을 보강했으며 필요에 따라 어려운 용어나 개념어는 본문에 따로 추가 설명을 달았다.
3. 책 뒤에 별도로 참고자료와 더 읽을 만한 자료를 소개했다.
4. 외래어 표기는 국립국어원이 정한 규칙을 최대한 따랐으나, 일부는 필자의 의견이나 관행을 따랐음을 밝힌다. 어떤 경우 그 용어가 처음 나올 때 두 가지 가능한 표기를 함께 적기도 했다.
5. 신화의 특성상 원래의 신화 자체와 훗날 우리가 접하게 된 책(혹은 예술작품)을 구분하는 게 상대적으로 곤란한 경우가 많아 본문에서는 거의 모든 경우에 동일한 괄호 〈 〉를 사용했다. 단, 각주나 참고문헌에서는 기존의 관행을 따라 책은 『 』, 논문은 「 」으로 표시했다.

중동신화여행

신화, 아주 오래된 이야기

김헌선
김혜정
시지은
김은희
신연우
이혜정
문현선

아시아

어린 시절 〈천일야화〉의 흥미진진한 이야기 세계에 빠져들지 않은 사람이 어디 있으랴. 마법의 램프에서 퐁 하고 튀어나오는 거인, 하늘을 나는 양탄자, 열려라 참깨, 그리고 바그다드의 뒷골목에서 남의 신발이나 깁던 손으로 억울하게 살해된 시체를 감쪽같이 기워내던 신기료장수까지, 세헤라자데가 목숨을 걸고 들려주던 이야기들은 아주 오래도록 유년의 잠과 꿈을 지배했다. 그러나 언제부턴가 '아라비아의 밤'은 더 이상 아이들을 받아들이지 못했다. 〈천일야화〉가 실은 낯 뜨거운 염정으로 가득한 성인물이어서만은 아니다. 2001년 9.11 이후, 그리고 그에 대한 보복으로 미군이 이라크를 침공한 이후, 중동은 끝없는 추문의 땅이 되었기 때문이다. 엊그제 시리아의 동구타에서 들려온 것도 차마 귀를 막고 싶은, 또 다른 추문이었다.

이번으로 네 번째를 맞이하는 신화여행은 바로 그 추문의 땅을 향해 떠난다. 행장을 꾸리기도 전에 겁부터 난다. 도대체 얼마나 많은 박물관과 도서관이 무너지고 불탔는지, 얼마나 많은 도성이 부서지고 얼마나 많은 유물이 약탈당했는지! 그러나 무엇보다 끔찍한 것은, 출처도 알 수 없는 폭탄 세례 속에, 애든 어른이든, 도대체 얼마나 많은 사람들의 잠과 꿈이 소리도 없이 사라져 버렸는지, 아무도 관심이 없고 아무도 알지 못한다는 사실이다.

그렇더라도 우리는 그곳을 오직 추문으로 기억하기를 거부한다. 사막은 아무리 뜨거운 화공火攻 속에서도 여전히 아름다운 별밤을 선사하고, 티그리스 강은 아무리 많은 시체를 흘려보내고도 여전히 살아남은 연인들에게 다시 또 사랑의 산책로를 선사한다.

영생의 길을 찾아 세상 끝까지 갔던 길가메시는 결국 빈손으로 돌아온다. 전혀 영웅답지 않은 귀환이었다. 그러나 점토판의 해석자들은 그를 조롱하거나 무시할 어떤 근거도 찾지 못했다. 부서진 점토판의 마지막 행간은 길가메시에게 닥친 새삼 가혹한 '인간의 조건'에 관한 것이지만, 그는 더 이상 그것을 부정하거나 회피하지 않는다. 그는 자신이 원래 지닌 3분의 2의 '불멸'에 미련을 갖는 대신, 나머지 3분의 1의 '필멸'을 담담히 받아들인다. 그런 그의 눈앞에서, 그가 만든 도시가 홀연 장엄했다.

이 책은 좁게는 메소포타미아로부터 넓게는 이집트와 페르시아까지 흔히 동서양 문명의 교차로로 알려진 지역의 신화를, '중동신화'라는 이름 아래 두루 아우른다. 티그리스와 유프라테스 사이의 메소포타미아나 나일 하류의 기름진 삼각주는 인류 최초의 문명을 탄생시키기에 전혀 부족함이 없었다. 바빌로니아의 창세신화 〈에누마 엘리쉬〉는 하필이면 괴물 킹구의 피에 진흙을 이겨서 빚은 최초의 인간에 대해 이야기한다. 그때 인간은 오직 신들을 위한 경배와 노동을 위해서만 존재했다. 아니, 최고신들은 그마저 견딜 수 없었다. 너무 시끄러웠기 때문에. 그리하여 대홍수로 그 소음을 잠재우려 했지만, 다행히 인간의 편을 든 신이 있었다. 엔키는 어떻게 하면 살아남을 수 있을지, 그 방법을 몰래 일러주었다. 아트라하시스, 혹은 지우수드라, 혹은 우트나피시팀이 그렇게 살아남아 인류의 또 다른 조상이 되었다. 그때부터 인류는 피라미드를 쌓았고, 공중정원을 꾸몄고, 와르카 화병을 빚었고, 무엇보다 문자를 만들어 자신들의 믿음과 역사를 기록했다.

중동신화여행은 문자를 포함한 그 모든 기록을 통해 인류 최초의 기억을 찾아가는 여행이다. 우리는 물론 안다. 어제의 그 기억이 아름다우면 아름다울수록 오늘 우리가 감당해야 하는 슬픔은 그만큼 더 커진다는 사실을. 그러나 인간은 시도 때도 없는 야만에 속절없이 당하기만 하는 존재가 아니다. 지금은 비록 자욱한 포연 속에 말 그대로 초토가 되었을지언정 그 도시가, 장구한 세월 인간의 어떤 소중한 꿈을 보듬어왔는지 기억해내는 것도 바로 인간이기 때문이다.

맨 앞에 중동신화의 요체가 무엇이고 그것을 어떤 시선으로 바라볼 것인지 문 여는 강의를, 이어 이집트와 메소포타미아 신화의 다양한 면모를 살피는 강의들을 차례로 배치했다. 그렇지만 중동을 말할 때 찬란한 페르시아 문명을 놓쳐서는 안 된다. 근자에 크게 화제를 모은 서사시 〈쿠쉬나메〉에 관한 강의만으로도 그 문명의 깊이를 능히 짐작하리라. 마지막 출구에서는 특히 죽음과 부활의 모티프를 중심으로 동서양의 여신들이 일궈내는 다채로운 신화가 독자 여러분을 기다린다.

다시 한 권의 책으로 묶인『중동신화여행』에 참가한 인연으로, 그동안 애써 주신 모든 분들에게 대신 감사의 뜻을 전한다. 경기문화재단의 이 기막힌 신화여행이 언제 어디까지 이어질지 자못 기대가 크다.

봄이다, 다시 신화 같은.

2018년 새봄에, 필자 일동

차례

그림 목차

중동신화의 요체:
신화·서사시를 보는 시각

김헌선(경기대 교수)

중동신화여행을 떠나며

이번 강의는 우리가 잘 몰랐지만 좀 더 관심을 기울여야 하고, 또 우리 식으로 재인식해야 할 필요가 있는 신화자료들에 주안점을 두고 기획했습니다. 강의 전체를 아우르는 제목은 '아주 오래된 이야기'라고 이름 지었습니다.

아주 오래된 이야기.

인류 역사상 가장 오래된 자료, 그것은 아마도 중동신화와 서사시가 아닌가 합니다. 중동신화와 서사시에 대해서는 일반인들은 잘 모르고, 설사 아시는 분들도 대부분 피상적으로밖에 알지 못하고 있다, 이렇게 생각합니다.

그래서 이번 강의는 첫 번째인 만큼 온전하게 그 실상을 이해하자는 뜻에서 중동신화를 총괄하고, 그것들을 어떻게 바라봐야 할 것인지, 내적인 관점과 외적인 관점을 연결하는 기회를 가져보도록 하겠습니다.

저는 이 첫 번째 강의의 제목을 〈중동신화의 요체〉라 붙였습니다. 사실 이 '요체'라는 말은 불가, 특히 선불교에서 쓰는 용어입니다. 가장 핵심 되는 중심, 중핵, 이런 것을 선가에서는 요체라고 합니다. 말씀 중의 말씀, 으뜸말씀을 뜻하지요. 제가 그 '으뜸말씀'을 드리는데, 어쨌든 제 관점인 거죠. 다른 학자 분들이 생각하는 요체가 아닐 수도 있습니다. 달리는 이를 종체라고 이르기도 합니다.

아울러 부제를 '신화·서사시를 보는 시각'이라고 붙였지만, 사실 신화와 서사시는 같은 말이 아닙니다. 혹시 같으면 어떤 관점에서 같고, 다르면 어떤 관점에서 다른지 굉장히 궁금하게 여기실 것 같습니다. 현재 학계에서는 신화와 서사시를 섞어서 씁니다. 자, 그래서 〈길가메시 서사시〉 이렇게 말하지만, 어떤 사람들은 또 〈길가메시신화〉 이렇게도 말합니다. 수메르신화 이난나의 경우에도 〈이난나 서사시〉라고 하는 학자도 있고, 〈이난나신화〉라고도 말합니다. 저는 일단 신화·서사시라고 합칭하고, 그 다음으로 신화와 서사시를 어떤 관점에서 바라볼 것인가 하는 문제를 제기해 보고자 합니다.

오늘 말씀드리고자 하는 내용을 크게 다섯 가지로 구성했습니다.

첫 번째는, 〈세계의 신화·서사시, 이를 바라보는 시각〉이라고 했습니다. 이게 강의의 가장 주안점이고, 종래와는 전혀 다른 각도로 신화·서사시를 바라본다, 따라서 중동신화도 그런 각도에서 바라보겠다는 제안입니다. 이 제안이 받아들여질지 아닐지 하는 것은 제 학문과도 관련되어 있는데, 저로서는 장차 어떻게 할 계획이냐면 『세계신화와 서사시』라는 책을 쓰겠다는 것입니다. 현재 쓰고 있습니다. 만일 완성이 되면, 허풍이다, 말도 안 된다 하고 부정적인 판단도 내려질 수 있고, 반대로 그 사람 참 좋은 일 하고 떠났구나 하는 평가도 얻을 수 있겠습니다. 앞으로 제 이름과 관련된 부분이니 신중하게 잘 풀어나가려고 합니다.

두 번째로는, 결국엔 제가 태어난 이 나라, 그중에서도 신화와 서사시를 가장 풍부하게 전하는 제주도가 제 학문의 출발점이니, 그 출발점을 발판삼아 저 멀리까지 가보고자 한다는 것입니다. 이를테면 동심원적인 확대를 해보고자 하는 것인데, 그래서 제목을 〈제주도의 사례를 구실삼아〉라고 붙여봤습니다. 제주도는 한국신화의 원형과 같은 형질을 제공하고 있으며, 신화의 배아를 가지고 있는 지역이라고 할 수 있습니다. 저는 제주도의 그 생생한 배아를 가지고 세계신화를 이해하는 틀로 삼고자 하는 것입니다. 물결이 퍼져나가듯, 제주도에서부터 동심원적인 확장을 통해서 그 배아를 단계적으로 넓혀나가는 작업은 아주 긴요합니다.

세 번째로는, 본 강의가 진행되는 순서 전체를 포괄하여, 〈중동신화와 서사시의 특징과 갈래〉가 무엇인지에 대해 말씀드리고자 합니다. 방금 말씀드린 제주도 신화와는 서로 상당히 이질적인 것 같지만 나름대로 정합성이 있습니다. 그 점을 함께 확인할 것입니다.

네 번째로는, 좀 더 논의를 확장해 〈세계 중세서사시의 사례 비교〉를 시도한 것인바, 이를 통해 세계 전체에 대한 포괄적인 인식이 이뤄질 것이라 생각합니다. 말하자면 이 부분이 앞서 말씀드린 『세계신화와 서사시』로 가는 징검다리 구실을 할 텐데, 그 징검다리 디딤돌이 튼튼한지 아닌지 시험해 보고 싶은 욕망도 있습니다.

다섯 번째로는, 〈신화와 서사시의 의의〉에 대해 알아보겠습니다. 그러니까 신화의 세계가 어떤 것인지 또 어떤 의의를 지니는지 종합적으로 갈무리해보고자 합니다.

　욕심이 큰가요? 이런 것들을 좀 더 순조롭게 연착륙시키기 위해서
는 말도 천천히 하고, 하나하나 단계적으로 짚고 넘어가야 하지만, 저
는 틀어서 휘젓고 얘기하는 성격입니다. 그래서 논리적으로는 다소 비
약이 있을 거라고 생각합니다. 그때마다 고개를 갸우뚱하시면 이게 잘
안 먹히는구나하고 생각하고 다시 설명 드리겠습니다. (웃음)

세계의 신화·서사시, 이를 바라보는 시각

　첫 번째, 〈세계의 신화·서사시, 이를 바라보는 시각〉에 대해 말씀드
리겠습니다.

1	신화·서사시	일반신화
2		무당신화(무당서사시)
3	종교	불교·유교·기독교
4	탈신화·종교·과학	탈신화 반종교 과학전유

　왼쪽에 있는 세로축에는 1단계, 2단계, 3단계, 4단계의 특별한 문명·
문화의 단위를 설정해 두었습니다. 스테이지죠. 1단계가 있었고, 2단계,
3단계, 4단계가 있었다는 뜻입니다. 그렇지만 엄격하게 말한다면 이것
은 일련의 층위layer이기도 합니다. 각각 하나의 역사적 단계가 인류가
이룩하면서 살아온 단계이자 신화적인 저층을 구성하고 있는데, 이를
단계이자 층위로 이해하는 것이 바람직한 태도라 해도 무방합니다.
　1단계와 2단계의 경계를 허물었습니다. 이유는 간단합니다. 신화와

서사시에서는 모든 것을 초자연적인 힘에 의존하면서 현상을 해명하고 인간의 고난을 해명하려고 합니다. 양상이 거의 같다고 볼 수 있는 것이죠.

1단계와 2단계는 원시 또는 문명이 성립되었던 애초의 첫 단계라고 말할 수 있지만, 이것을 누가 주도하는가 하는 점에서 차이가 있습니다. 이 점을 주목해볼 필요가 있습니다. 가령, 2단계는 신화와 서사시 단계이긴 하되, 상당히 특정한 세력들, 즉 무당이라고 하는 특별한 집단이 등장했습니다. 이 무당을 여러 가지 이름으로 부르지요. 샤먼이라고도 하고, 사제라고도 하고, 이들이 나중에 왕권을 장악하면서 일정한 권력을 갖고 제정일치 사회의 면모를 구현하였기 때문에 특별히 샤먼킹이라고도 부릅니다. 이들이 특별하게 한 시대의 문화적 획을 그었는데, 대륙만 놓고 보면 전 세계적으로 공통의 문명을 겪었다 말할 수 있습니다. 단적으로 말씀드리면, 이집트, 수메르, 우루크(우룩), 키쉬, 에리두 등과 같은 도시국가는 이러한 면모를 가지고 있었습니다. 이 나라들은 거의 동일하게 이들 집단이 강력하게 등장하면서 문명사의 큰 획을 그었습니다.

이것을 가령 역사적 단계에서 특정하자면 바로 청동기 시대입니다. 우리가 흔히 선사와 역사를 가를 때 선사는 다시 석기와 청동기 등으로 가르는데, 이와 같은 단계에서는 도시와 부족을 결성한 문화가 일정한 특징으로 나타납니다. 역사적으로 볼 때, 인류는 집단적 삶의 형태를 동굴, 마을, 도시 등으로 점진적으로 진척시켰는데, 도시와 부족의 출현은 청동기 시대와 밀접한 관련을 가지고 있습니다.

청동기의 등장에서는 무엇을 빚어서 만들 때 특별한 비밀, 청동주조에 대한 특별한 비밀을 수호했던 집단이 있었습니다. 이들이 청동기를 전유하면서 자신들의 배타적인 권력을 행사했던 시대였을 것으로 추정합니다.

그들 집단은 특별하게 자기들만 배타적으로 돌올하게 특정한 힘과 연관되었다고 생각했습니다. 흔히 그 힘은 신이거나 하늘이거나 그랬습니다. 우리나라로 보면 고조선이고, 단군이라든지, 그 이전의 해모수, 그 이전의 환인 등으로 요약할 수 있는 특정한 세력들은 모두 무당이라고 할 수 있습니다. 그들이 갖고 있던 주술적 도구들이 있습니다. 청동기의 핵심인 거울, 다뉴세문경이라고 들어보셨을 겁니다. 또 특별한 신칼, 청동검, 그리고 팔두령이라고 하는 방울 따위가 있습니다. 때로는 그런 유물들이나 흔적을, 가령 오늘날의 한국 무당들도 일정한 형태로 유지해 오고 있습니다. 한국의 본토 무당들이 가지고 있는 대신칼, 명도明圖, 방울 등은 그 적절한 예증이 됩니다. 대신칼은 신들의 의사 판단을 돕는 특정한 무구이고, 무당이 자신의 수호신으로 삼고 위하는 청동거울로서 명도는 신의 얼굴이 보이는 무구입니다. 신이 인간의 장소로 이동하는 데 안내판 구실을 하는 것이지요. 그리고 방울은 신들의 강림을 도모하고 신의 의사를 판단할 때에 사용하는 무구입니다. 제주도의 무당인 심방은 삼멩두라고 하는 것, 즉 신칼(멩두칼), 요령(천왕낙화옥술발), 산판(천문, 상잔, 산대) 등을 가지고 무당의 의례인 굿을 행합니다. 그것들은 아득한 옛날까지 거슬러 올라가 청동기의 그것들과도 연결시킬 수 있습니다. 이웃나라 일본에서도 여전히 신사에서 삼종신기[1]를 활용하고 있으며, 천황가에서도 삼종신기를 활용하고 있습니다.

---

[1]　三種の神器. 일본신화에서 태양신 아마테라스로부터 하사받아 오늘날까지 일본 천황에 의해 계승된다는 세 가지 귀중한 물건, 즉 칼, 거울, 구슬을 가리키는 말.

그들이 바로 무당이고, 우리가 그런 단계를 겪었듯이, 우리가 살피고자 하는 중동에서도 일제히 그 단계를 겪었습니다. 그런 만큼 그 사실이 의의가 있다고 하지 않을 수 없습니다. 배타적인 힘을 지닌 무당의 존재가 그 단계에서 가장 중요하고 의미가 있는 것이었습니다.

때로는 그 단위가 굉장히 커서 문명제국을 이룩한 곳도 있고 화려하게 도시로 발달한 곳도 있습니다. 우리는 도시가 있었던가요? 가령 평양, 신시 이런 곳들을 그런 도시라고 짐작할 수 있습니다. 우리에게는 아쉽게도 문화적 유적, 흔적들이 많지 않아서, 혹은 말살되어서, 그 부분을 확실히 입증하지는 못하지만 거의 비슷했을 거라 봅니다. 이들은 자기들만 특별한 권능을 알아야 한다고, 가령 자기들만 청동기를 빚을 줄 알아야 하고, 자기들만 신과 연결된다 생각하고 자기들을 통해서 신과 의사소통을 해야 한다고 강조했습니다. 자기들만 배타적 권력을 독점해야 했으니까요. 이들을 무당이라고 말할 수 있습니다. 이 무당들이 무엇을 했을까. 노래를 불렀을 거라고 추정합니다. 노래를 어떻게 했을까. 길게 장단에 맞춰, 요즘의 무당들이 하듯이 노래를 불렀겠죠. 과연 노래를 했는지 의문스럽다 생각하시면, 수메르라든지 이집트라든지 또 이라크 등지에 남아있는 많은 자료들에 왜 운율적인 서사시가 반드시 들어있는가를 생각하면 명백하게 알 수 있습니다. 신을 섬기고 신들의 의사를 타진하는 것은 물론이고, 신들에 대해 찬양을 하는 데 무당의 노래는 서사시만큼 중요한 구실을 했던 것입니다. 우리나라의 무당서사시인 서사무가가 바로 그 단계의 것을 간직하고 있지요. 수메르의 서사시나 이집트의 신성문자에 의한 신화 기록들은 의례적인 성격의 기록들이기 때문에 같은 것으로 보지 않을 수 없습니다. 이런 특징을 우리가 구분해야 한다고 생각합니다. 즉, 그것은 1단계에서 예사 사람 모두가 일반적인 말로 하던 일반적인 신화와는 분명히 다른 것입니다. 일반인들은 서사시를 활용하지 않았으며 서사시라고 하더라도 소박한 형태의 것이었겠죠. 서사시, 여기서부터 크게 격차가 생겼다고 볼 수 있습니다.

무당의 등장 이전에는 어땠을가요. 동물의 벽화, 커다란 바위에 새긴 암각화, 무덤으로 사용되었을 고인돌 따위가 있습니다. 가령 고인돌의 경우, 고인돌을 지어낼 만한 특별한 집단이 있었을 것입니다. 고인돌을 세우는 실험을 했다고 하지요. 흙을 쌓아서 괴었다고 하지요. 그렇게 고인돌을 만들어서 무엇을 했는가. 고인돌은 권능을 강조했습니다. 일반인들을 모두 동원했죠. 고창이라든지 그런 곳의 고인돌 무덤군을 봐도 그렇습니다. 큰 돌이 모든 생명을 가졌다고 믿고 있는 그런 거석문화가 전 세계적으로 일제히 일어났습니다. 터키에 있는 오래된 유적으로 보이는 괴벨클리 테페[2], 영국에 있는 스톤헨지, 폴리네시아 지역 이스터 섬의 모아이 석상들, 이런 것들이 좋은 예입니다. 이런 단계가 있었을 거라고 생각합니다.

세계 도처에서 일제히 무엇을 하느냐 하면, 신을 섬기는 것을 구조화하고 형상화하고 노래하고 춤추고 이런 것들을 했으리라 추측할 수 있습니다. 이는 결국 불가사의한 인간 문제의 해결 방식을 흔히 초자연적인 거대함으로 표현했다는 사실을 보여줍니다.

1단계와 2단계는 긴 시기에 걸쳐서 전 세계에 공통적으로 일어났지만, 이 무당신화는 또 일거에 무너지기도 합니다. 가령 무당의 특정 주체들이 특정 종교에게 자리를 넘겨주는 것이죠. 성경과 같은 경전들이

---

2   Göbekli Tepe. 터키 동남 아나톨리아 지역의 산맥 능선 꼭대기에 있는 유적지로, 커다란 돌기둥들은 약 12000년 전에 세워진 것으로 추정된다.

있잖습니까? 바로 그것들과 함께 앞선 2단계를 무너뜨리는 특별한 종교가 등장합니다. 그것이 바로 중세 종교입니다. 중세 종교와 경전이 등장하면서 중세라는 커다란 문명이 결성됩니다. 자연스럽게 전 단계를 밀어내고, 복속시키고, 이단으로 만들어버리고, 더 나아가서 권력이라는 측면에서도 이전 세력의 무릎을 꿇리게 하는 거죠. 우리가 생각하는 불교, 유교, 기독교들은 바로 이 3단계에 속한다고 할 수 있습니다.

　한때 모든 것을 상징했던 것들이 망가지고 새로운 문명의 침략에 의해서 더 이상 유지되지 못하는 현상을 볼 수 있습니다. 그러면 2단계의 요소들은 어디로 갔는가. 새것들에게 흡수되고 통합되거나, 아니면 스스로 자기 성격을 유지하며 나아가거나, 때로는 치고 박고 싸우다가 멸망했습니다. 중동의 경우, 수메르, 아카드, 바빌로니아 문명들은 다 지층 아래 묻혔습니다. 후세들은 불행하게도 자기 선대 민족들이 유지했던 문자를 해독하지 못했어요. 훗날, 19세기에 이방에서 온 발굴자들이 대신 그 문명을 해독해줬어요. 그러니 그 지역의 민족들은 선대의 문명을 향유하지 못했던 거죠. 아무리 훌륭한 문명을 일으켰다고 하더라도, 이 중세시대의 문명, 특정 세력의 침입을 견뎌내지 못하고 망가진 거죠.

　3단계는 색다른 종교문명으로 대체되는 시기입니다. 공동문어共同文語나 그에 입각한 종교가 등장하면서 문명은 전혀 새로운 양상으로 전개되는 것입니다. 대략 길게는 2000년, 짧게는 1500년, 중세가 지속되면서 문명의 이 단계가 유지되는 것을 볼 수 있습니다. 그런데 중세의 종교는 사실 앞 단계 가운데 두 번째 단계에서 가지고 있던 요소들을 새롭게 변형시킨 것이라고 할 수 있습니다. 카렌 암스트롱과 같은 학자는 이 단계를 흔히 기축시대라고 하는데, 이 용어는 칼 야스퍼스의 말에서 따온 것입니다.[3] 대략 기원전 8세기에서 5세기경에 주목할 만한 중세의 문명을 이루는 교조가 등장하고, 이들의 가르침을 경전화하는 일이 벌어집니다. 이것이 중세 문명의 배아가 되고 씨종자가 되었다고 볼 수 있습니다.

네 번째로는 탈신화, 반종교, 과학의 전유가 이루어지는, 말하자면 인간 중심의 시대로, 과거와는 전혀 또 다른 새로운 단계가 도래했다고 볼 수 있습니다. 현재 우리는 이 단계에 있습니다. 가령 AI 인공지능, 삼성 갤럭시 노트 등, 문자 치면 다 알아서 조립하잖아요? 어떤 때는 특정 어휘까지 챙겨주기도 하잖아요. 이처럼 과학문명이 얼마나 발달해 있어요? 드론이니 무인자동차니, 하루가 다르게 입을 쩍 벌리게 할 만큼 놀라운 기술도 선을 보이지요. 그러나 우리 마음 한편에는 여전히 신화에 대한 갈망이 있어요. 이게 뭐기에 이토록 우리를 자극하는가. 그 이면에 무엇이 있는가. 거기에 대해 깊은 성찰을 하게 합니다. 우리를 우리답게 하는 인간의 근원적 체험이 결국 이렇듯 신화에 대한 갈망도 안겨주는 것입니다. 탈신화시대에도 여전히 신화시대의 갈망을 가지고 있는 것입니다.

저는 이제껏 말씀드린 기본 틀에 입각해서 세계신화사를 새롭게 바라보고자 합니다.

1층위, 2층위, 이렇게요. '층위'는 어떤 뜻이냐면, 지사학地史學이라고 하는 특별한 학문에서 사용하는 것입니다. 지사학은 지구과학에서 활용하는 것으로 단계적인 일치점이 있습니다. 지구의 역사가 지각의 지

---

3   카렌 암스트롱 저, 이다희 역, 『신화의 역사』, 문학동네, 2005. 특히 제5장. 기축機軸 시대軸Axial Age는 오늘날 우리가 알고 있는 종교가 시작되는 시대로, 유대 예언자들, 〈우파니샤드〉의 현자들, 인도의 부처, 중국의 공자, 그리스의 소크라테스, 플라톤, 아리스토텔레스가 다 이 시기의 교조들이다.

층에 의한 보편적 단계를 공통적으로 겪었다고 하는 설정으로부터 시작하는 학문입니다. 지구의 역사를 연구할 때 주목할 만한 것이라고 할 수 있습니다. 지사학을 참고한다는 것은, 지구의 역사가 보편적인 단계를 겪었듯이, 인류의 역사 역시 이러한 의식의 보편사를 경험하고 전개되었다는 걸 받아들입니다. 지구 역사를 연구하는 학문과 신화학의 문화사적 단계론을 연결하는 것입니다. 지사학의 원칙과 방법론을 인간의 문명에 적용하고 또 신화와 서사시에 적용하는 것이라고 이해하시면 되겠습니다. 이것은 저만의 독창적인 의견이 아니고, 학문적 통섭과 융합의 차원에서 지사학을 원용하자는 선배 학자와 공조하는 가운데 틀을 만들어가고 있습니다. 이 디자인의 성패는 미지수입니다. 아직 다 완성되지 않았습니다. 어쨌든 힘차게 밀고나가 볼 작정입니다.

중세문명을 예를 들어 간단히 설명해 보겠습니다.

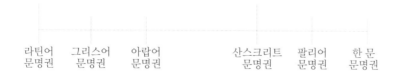

라틴어   그리스어   아랍어   산스크리트   팔리어   한 문
문명권   문명권   문명권   문명권   문명권   문명권

중세라고 하는 시기에 크게 6세계 6대 문명이 있었습니다.

그림의 맨 왼쪽에 서유럽을 중심으로 한 라틴어 문명권이 있습니다. 아랍어 문명권과의 사이에는 그리스어 문명권이 있습니다. 이 경계점이 무엇이냐면, 라틴어 문명권은 서방기독교이고 그리스어 문명권은 동방기독교라는 사실을 말합니다. 같은 기독교라고 해도 서방기독교의 경전은 라틴어가 기본이었습니다. 그러나 동방기독교는 고대 그리스어가 정론이었습니다. 세계관도 전혀 다르죠. 서방기독교는 사후세계를 천당-연옥-지옥, 이렇게 나눕니다. 동방기독교, 그리스정교에는 특히 연옥이 없어요. 아주 특징적인 차이가 있는 거죠.

다음은 아랍어 문명권이 있어요. 이 세 문명권은 끊임없이 충돌했습니다. 그 충돌과 갈등이 어마어마했어요.

약간 떨어져서 산스크리트 문명권이 있어요. 흔히들 '산스크리스트어'라고 하는데, 그러면 '서울역전 앞'이 돼요. 그냥 '산스크리트'라 해야 합니다. 현재의 인도아대륙이라고 말할 수 있습니다. 인도아대륙 오른쪽에 팔리어 문명권이 있고, 팔리어 문명권 오른쪽에 한문 문명권이 있습니다. 이렇게 일제히 겪은 중세문명은 전 세계에 딱 6개밖에 없어요. 이게 말이 됩니까? 그런데 사실 남아프리카와 라틴아메리카 등은 중세를 겪지 못했어요.

문명권이 되려면 반드시 공동문어가 있어야 해요.[4] 또 반드시 무엇이 수반되어야 하면, 책봉冊封 체제가 있어야 해요. 전 세계 문명을 다루는 자질로 봐서는 제사장이 있어야 해요. 그리고 실질적인 정치적 지배자가 따로 있어서 권력이 이원화되어야 합니다. 교황이 있으면 황제가 있잖아요. 아랍권에는 술탄이 있으면 칼리파가 있어요. 칼리파는 문명권 전체를 관장하는 사제잖아요. 각각의 지역의 지배자는 술탄이었습니다. 한문 문명권에서는 천자와 황제의 관계. 우리는 왕이었죠. 모두 이원적 관계입니다. 그렇게 특별한 현상이고, 이 문명은 강력한 힘을 발휘하여 다른 문명권들을 모두 복속시켰어요. 아까 살펴보았던 신화와 서사시는 어떤 의미에서는 거기에 흡수 통합되고 흔적을 남기

---

4 "공동문어는 여러 민족이 함께 사용하는 언어로, 공동문어 사용은 여러 문명권에서 공통되게 있었던 일이다."(p.12) 조동일, 『공동어문학과 민족어문학』, 지식산업사, 1999.

지 않았다고 볼 수 있습니다.

그런데 이 문명을 겪지 않는 쪽은 모두 말로, 기억으로 자기 고유의 신화와 서사시를 갖고 있어요. 가령 인도네시아를 보세요. 인도네시아도 굉장히 큰 나라죠. 그러나 파푸아 뉴기니 등은 중세시대 문명이 침투하지 못했어요. 우리의 경우, 제주도도 중세문명으로 따지면 굉장히 주변국이죠. 이런 지역들에 오히려 풍부하게 본풀이라든지 상대적으로 많은

그림 1
중세시대 삼부회,
13세기 프랑스의 신분계층

신화와 서사시가 있는 것은 그런 까닭이라고 말할 수 있어요.

문명사적으로 본다면 이게 굉장히 중요하고 강력한 힘을 발휘했지만, 반대쪽에서 보면 상당 부분 민족적이거나 특정 부족의 문화나 문명을, 말하자면 씨를 아예 말려버린 역작용을 했다고도 볼 수 있습니다. 이것이 매우 중요한 사실로, 저는 지속적으로 입증 자료들을 찾고 있습니다.

[그림 1]과 [그림 2]의 사진들은 인터넷에서 우연히 찾았습니다. 그러나 이 자료들이 갖고 있는 의미는 어마어마합니다. 신화와 서사시를 말하는 데 왜 이 그림들을 강조하느냐? 이것들이 들어와서 망친 부분이 크기 때문에 명확하게 이해해야 한다고 생각하는 것입니다.

[그림 1]에서 왼쪽은 사제자이죠. 하늘을 보고 기도하죠. 중세 종교

그림 2
세 명의 스칸디나비아 왕을 그렸다는 12세기 교회 태피스트리 그림

의 대표자예요. 가운데는 기사, 앞을 보고 싸우죠. 사제들의 권능을 옹호해줍니다. 이들이 협업해요. 중세를 지배하는 상위 집단입니다. 그리고 오른쪽에는 농노가 있는데, 땅을 보고 일합니다.

봉건제도의 신분계층을 표시한 것인데, 이런 계층 구분은 봉건제도가 지배적이던 다른 지역에서도 공통적으로 나타납니다.

[그림 2]는 12세기 스웨덴 지역의 태피스트리입니다. 그런데 스칸디나비아의 세 왕을 그렸다는 이 그림은 좀 의심스럽습니다. 여기 인물들은 아마도 스칸디나비아 삼국의 고유한 신화적 질서에 중세적인 보편 질서가 침투하여 혼용된 것일 가능성이 있습니다. 예를 들어 가운데 도끼를 들고 있는 인물은 북유럽신화의 토르Thor일 가능성이 있습니다. 그렇다면 그의 왼쪽은 애꾸눈이니까 오딘Odin, 오른쪽은 프레이Freyr가 되겠지요. 프랑스의 저명한 신화학자 조르주 뒤메질의 3기능 가설에 따르면, 이들은 각기 오딘=정치 종교적 권력자, 토르=군사력을 맡은 전사, 프레이=생산력을 맡은 평민을 상징합니다. 이 그림이 보여주는 진실은 고대적인 것과 중세적인 것이 충돌하면 이런 혼합물이 나온다는 것입니다. 주목할 만한 중세화 내지는 중세화 과정의 그림입니다.

이제 제주도의 사례를 구실삼아 앞에서 제시한 신화전승의 1, 2단계, 혹은 1, 2층위가 구체적으로 어떻게 나타나는지 살펴보겠습니다.

표를 보면서 설명 드리겠습니다.

신화유형 신화구분	조형신화	행위신화	노래신화	이야기신화
일반신화	돌하르방	입춘굿	(의식요)	설문대할망
무당신화	무신(巫神) 조형	무당굿놀이	본풀이	(본풀이)이야기

(돌하르방)

제주도의 돌하르방은 현재 200여 기가 확인됩니다만, 반출된 것도 많습니다. 그 용도를 정확히 이해할 수는 없습니다. 그러나 거석문화의 흔적인 것만큼은 분명합니다. 삼성혈의 돌하르방이 가장 큽니다. 많은 학자들이 돌하르방이 몽골에서 왔다고 하지만, 정작 몽골에 가면 없어요. 비슷한 것은 있죠. 이스터 섬의 석상과 비교해보면 그렇다는 것이죠. 돌하르방은 타부Taboo와 연관이 있습니다.

(입춘굿)

입춘굿은 제주목 관아에서 관 주도 행사로 특별하게 진행했습니다. 입춘은 봄이 되는 절기로, 당연히 새로운 시작이 되는 전환점입니다. 현대적인 관점에서 설명할 수 없는 의례가 관 주도로 진행되었지만, 원래는 일반인의 의례일 것이고, 관에서 주도하면서 살짝 빼앗아갔을 거라고 추측됩니다.

제주에서 의식요는 현재 확인되지 않습니다. 그래서 괄호 ( )를 쳤습니다. 의식은 의례ite란 뜻이며 노래를 합니다. 중국 윈난성 소수민족을 보면, 서서 노래를 합니다. 이쪽 산마루와 저쪽 산마루에 서서 노래를 합니다. 무슨 노래를 했냐 하면, 주로 이 세상은 누가 만들었나 하는 노래입니다. 일종의 창세가이죠. 일본에도 흔합니다. '산바이さんばい'라는 특별한 전신田神이 있습니다. 전신은 논을 지키는 수호신입니다. "아침은 밝아 오구요"라고 노래하면서 모를 심는 여인들이 소리를 주고받습니다. 주로 이런 형태로 신화를 노래했을 거라고 생각합니다. 아쉽게도 제주도에서는 현재 이것을 찾기 힘듭니다.

(설문대할망)

그 다음 일반신화하고 이야기신화가 만나는 지점에 〈설문대할망신화〉가 있습니다. 이것은 널리 알려진 이야기인데, 〈설문대할망신화〉의 핵심은 파편화된 신화라는 것입니다. 줄거리가 없어요. 가령 설문대할망이 제주민들에게 자신의 속옷을 지어주면 제주도에서 육지까지 다리를 놓아주겠다고 했는데, 옷감이 모자라서 속옷을 제대로 만들지 못해 젖가슴을 가리지 못했다고 합니다. 그래서 설문대할망이 화가 나서 놓던 다리를 차버려 그 파편이 거제도가 되고 우도가 됐다는 겁니다. 말장난 같은 신화이고, 완전히 깨져버려 큰 의미가 없습니다. 신성성조차 의심을 받습니다. 이런 설문대할망의 신화가 거인여성신화의 변천일 수 있는가 하는 의문이 있습니다. 루마니아 출신의 미르치아 엘리아데라는 세계적인 신화학자가 있습니다. 그는 히에로파니

hierophany와 에피파니epiphany라는 말을 했습니다.[5] 히에로파니는 성현聖顯이라는 뜻으로, 부처님이나 십자가에 매달린 예수님, 성스러운 권능을 말하고, 에피파니는 어떤 커다란 형태, 외현상의 권능, 위현威現 등을 말합니다. 〈설문대할망신화〉는 에피파니에 해당한다고 말할 수 있습니다. 성聖스러움은 사라지고 속세의 거대한 성性적인 욕망만 반영하고 있는 것인지 모릅니다. 이렇게 볼 때 〈돌하르방신화〉와 〈설문대할망신화〉는 서로 유기적 관련성이 없습니다. 이걸 만든 주체, 이걸 행한 주체, 이렇게 노래한 주체, 도대체 누가 누구인지 알 수가 없습니다. 중구난방입니다.

그런데 다음과 같이 아래 축으로 내려오면 그 양상이 달라집니다.

(무신조형)

천지왕이 어떻게 생겼다, 제석할망이 어떻게 생겼다, 칠성신이 어떻게 되었다 하는 것을 다 무신도巫神圖로 그립니다. 그것이 무당신화의 조형적 특징이죠. 이것만이 아니죠. 가령 제주도의 본향당, 이런 것들이 다 무신조형의 적절한 예라고 할 수 있습니다.

(무당굿놀이)

행위신화는 무당굿놀이를 하면서 행위로 보여주는 것이죠. 흔히 말로 하는 신화와 행위로 하는 신화를 구분하는데, 후자의 적절한 예가 바로 무당굿입니다.

---

5   이은봉 역, 『종교형태론』, 한길사, 1996.

(본풀이)

무당신화와 노래신화가 융합된 본풀이가 있습니다. 본풀이는 보통 무당이 장구를 두드리면서 무신을 세워놓고, 또는 본향당 앞에서 노래를 부르면서 일정한 서사를 전개하는 것입니다.

(이야기)

이야기신화는 그냥 본풀이, 이야기라 할 수 있어요.

그러나 재미있는 것은 위의 축하고 다르게 아래 축은 매우 긴밀하게 연결되어 있어요. 유기적이며 서로 통일적인 관계가 있습니다. 위 축의 중구난방하고는 상황이 다르죠. 따라서 일반신화와 무당신화는 위 축이 먼저 존재했는데, 일반신화가 해체되면서 무당신화가 강력하게 밀고 들어왔을 것이다, 무당이라는 집단이 특별하게 특정한 시기에 일거에 등장해서 이런 현상을 자아냈을 것이다, 현재 제주도에 남아있는 본풀이라든지 대다수의 이야기들, 무당굿놀이, 무신들의 조형물 따위는 바로 청동기라는 시기를 겪으면서 등장했다가 현재까지 남아있는 것이다라고 보면 설득력이 있지 않겠나 생각합니다.

제주도가 중요한 것은 바로 세계신화 전승의 이와 같은 층위적인 단절을 이겨내고 오늘날까지 살아남아 있기 때문이라고 생각합니다.

여기서 〈설문대할망신화〉를 다시 정리해 보면,

[외모] 거인여신이다.
[형성] 제주도, 한라산, 오름 등의 형성과 인접 바다 등의 형성에 관여했다.

[행적] 빨래하기, 고기잡이, 다리 놓다 말기

[생산] 아들 오백장군을 낳았다.

[지명] 소섬, 족두리석, 솥바리, 등경석

[죽음] 물장오리(용연물, 홍릿물)에 빠져서 죽었다. 신이 죽었다. 거인 시대의 종말

이를 통해 신화와 본풀이의 내용과 형식에 입각한 근본 문제를 설정할 수 있습니다. 특히 신화와 서사시의 관계를 하나의 축으로 삼고, 확인되는 신격을 다른 축으로 만들어 대립항을 설정하면, 곧 신화와 서사시, 이야기의 주인공들을 대립항으로 설정하여 새롭게 신화에 접근하는 시도가 가능하다 생각합니다.

예를 들어, 거인신인 설문대할망과 인격신인 천지왕 또는 그 아들인 대별왕, 소별왕[6]을 대립항으로 놓으면, 신화와 본풀이가 상보적인 관계에 있지만 주인공의 행적에 대한 평가에서 그 내용은 극단적으로 다르다는 점, 분명한 전환이 있었다는 점을 확인할 수 있습니다. 이렇게 신화와 서사시, 본풀이가 깊은 관련이 있으면서도, 일정한 거리가 있음을 확인했습니다. 이러한 사실은 세계의 다른 신화와 서사시에서도 널리 확인됩니다.

6   제주도 신화 〈천지왕본풀이〉의 주인공들.

제주도가 중요한 것은 이러한 잣대에 세계를 집어넣으면 모두 그 품에 넉넉히 들어온다는 점입니다. 따라서 우리 것을 통해서 남의 것을 더 잘 이해할 수 있고, 궁극적으로 세계 전체도 좀 더 용이하게 이해할 수 있다고 생각합니다.

중동신화와 서사시의 특징과 갈래

중동신화와 서사시를 말하기 전에, 중동中東에 대한 이해가 먼저 필요합니다. 우리는 보통 중동이라고도 하고 중근동이라고도 합니다. 영국을 중심으로 한 개념인데 영어로는 '미들 이스트Middle East'가 됩니다. 영국 쪽에서 볼 때 동지중해 이쪽을 중동이라고 하는 것이죠. 그 개념이 G7이나 G8 범주로 보면 당연히 조금씩 다릅니다. 그러나 더 정확하게는 동지중해부터 페르시아만에 이르는 지역을 중동이라 이르고, 거기에 서아시아와 북아프리카의 일부 국가를 포함할 수도 있습니다. 특히 신화적으로 볼 때는 현대적 개념보다 문화사적, 문명사적인 개념이 중요하다 말할 수 있습니다.

이번에는 편의상 이란과 페르시아를 포함했습니다만, 이란과 페르시아 문명은 독립시켜 볼 만합니다. 저는 페르시아신화에는 약간의 관심만 있었습니다. 어떤 의미로는 꽤 무지했습니다. 이란과 연관 있는 한 여성과의 만남에서 "이란은 아랍어를 쓰지 않습니까?"라는 질문을 던졌고, "거기는 페르시아어를 씁니다"라는 답변을 받은 뒤 반성하는 계기로 삼았습니다. 관련 자료를 보내줘서 혼자 공부해보니, 이란은 매우 매력적인 나라였습니다.

중동 지역은 황폐화되지 않았습니까? 기후 때문이 아닙니다. 문명을 일으키기 위해서 모든 산림을 베어내서 황폐화된 것입니다. 고대 이집트 문명과 수메르 문명 때문에 황폐화되었습니다.

이란을 좀 더 설명해 드리면, 팔레비 왕조 때 '페르시아'에서 '이란(아리안)'으로 이름을 바꿨습니다. 이란, 아리안은 '고귀한 사람'이라는 뜻입니다. 페르시아는 페르시아 종족과 타지크(타직)Tadzik 종족으로 나뉩니다. 알고 보면 타지크 종족은 우리에게도 익숙합니다. 이태백이 중국 서쪽의 타클라마칸 사막을 넘어온 타지크 종족입니다. 그리고 달마도 페르시아 사람입니다. 이 종족들은 특별히 좋아하는 게 있습니다. 첫째, 사람을 사랑합니다. 굉장히 낭만적입니다. 둘째, 술을 사랑합니다. 술 사랑이 왜 중요하냐. 네, 중요합니다. 술로 일어난 자 술로 망했거든요. 이태백 보십시오. 이태백이 달을 보고 가다가 물에 빠져 죽잖아요? 어쨌든 이 지역의 넓은 땅덩어리, 타지키스탄, 투르크메니스탄, 우즈베키스탄, 아프카니스탄 등이 모두 깊은 연관성이 있어서 그 페르시아를 다루지 않을 수가 없습니다. 그 상상력의 폭은 어마어마합니다.

이 지역에서 여러 가지 위대한 문명이 발생했습니다. 가령 〈아베스타〉 경전이 있습니다. 〈아베스타〉 경전은 조로아스터교의 경전입니다. 니체의 『차라투스트라는 이렇게 말했다』Also Sprache Zarathustra의 차라투스트라가 배화교拜火敎 교주인데, 그 교주의 매력을 적은 것이 바로 〈아베스타〉 경전입니다. 여기에서 원시 불교도 일어났습니다. 인도와 대륙 쪽하고 서로 공유한 겁니다. 그리고 애르펜Errfin, Irrfin이라는 특별한 수피즘Sufism도 일어났습니다. 이란이라는 나라는 문명권에서 보면 가장 변두리입니다. 그럼에도 가장 강력한 문명을 일으키고 끊임없이 고대 아랍 문명과 충돌하면서 자신들의 문명을 지켜냈습니다. 그리고 나중에는 아랍을 페르시아화 했습니다. 훌륭한 인물들도 아주 많아요. 의학자나 철학자 등 위대한 인물들이 상당히 많습니다.

이라크는 티그리스, 유프라테스 강을 중심으로 문명을 일으켰습니다. 그러나 이란과 끊임없이 충돌하고, 더 멀게는 모로코, 튀니지, 몰타, 그리스, 이베리아 반도, 프랑스와도 끊임없이 충돌하면서 외부 세계에 강력한 영향력을 미칩니다.

우리가 다루고자 하는 신화는 이 지역 전체입니다. 하지만 팔레스타인, 이스라엘, 바알신화 등은 생략하고, 이집트, 이라크, 페르시아 세 부분을 중점적으로 다루고자 합니다.

(1) 중동신화의 문명권적 동질성

신화를 묶어내는 핵심적 요체는 도시, 문자, 왕권이라고 생각합니다.

특별한 제국을 이루기 위해서는 도시가 중심이 되어야 하지요. 이것은 인류 역사의 문화사적인 발전 단계, 또 주거 형태와도 깊은 연관이 있습니다. 인간은 문명을 이룩해낼 때까지 많은 변천을 겪어 왔습니다. 그 가운데 인간이 유인원과 다르게 털을 벗었다는 것도 매우 특별한 변천 단계입니다. 털이 없으니 추위에 약할 수밖에 없습니다. 그래서 인간은 움집이나 동굴에서 혈거생활을 시작했습니다. 동굴에 그림도 그리고 하면서요. 그러다가 산 아래로 내려와 움집을 짓고 모여 살면서 작은 마을을 형성하고, 다시 그 작은 마을을 도시로 확대해 나갔지요. 그러니까 동굴에서 집으로, 집에서 다시 도시의 궁전으로 발전해 나간 것이죠.

1) 도시

도시의 등장은 인류 문명의 중요한 발전 가운데 하나로, 무엇보다 도시는 규격화되어 있다는 게 특징입니다. 예컨대 우마차가 다니는 길도, 다른 도로도 규격화되었다는 거죠. 사이즈라든지 하는 것들이 말입니다. 이 지역에서 인류가 살아간 흔적과 자취를 지구라트라는 유적을 통해서 확인할 수 있습니다. 수메르 사회에서는 도시의 제일 중심에 지구라트 신전이 있고, 그 옆에 성벽으로 둘러싸인 궁전이 있고, 그 궁전 바깥에 백성들이 있는 거죠. 이런 유적과 유물의 발굴이 도시를 이해하는 핵심적인 자료가 되었습니다. 이집트나 수메르가 같은 양상이라고 말할 수 있습니다. 도시에서는 궁전과 신전이 생기지요. 궁전과 신전은 전혀 다른 차원입니다. 궁전은 특별한 권력을 쥔 지배자가 거주하는 곳이고, 신전은 신과 연관된 곳으로 도시를 지키는 기능을 담당합니다. 중동신화에서는 바로 이 도시가 키워드 중의 하나라 할 수 있습니다.[7] 그리스를 도시국가라 하는 것과도 상당 부분 같다고 하겠습니다.

2) 문자

또 하나, 이들 문명의 주요 핵심은 문자입니다. 상형문자, 성각문자[8], 쐐기문자 등이 있습니다. 이것이 중동신화의 가장 중심을 구성하고 있는 것입니다. 그런데 문자는 이상하게도 다른 사람들에 대해서, 다른 문화 형태에 대해서 억압적입니다. 즉, 문자는 문자를 만든 쪽에서 문자를 알지 못하는 집단을 지배하는 일종의 도구였던 것이지요. 이 문자들은 문자를 숭배하게 하고, 그럼으로써 모든 것을 지배하는, 결국 문자를 갖고 있는 쪽이 문자를 갖지 못하는 쪽을 억압하는 형태로 진행되

---

[7] Thorkild Jacobsen, Mesopotamia, *The Intellectual Adventure of Ancient Man: An Essay of Speculative Thought in the Ancient Near East*, The University of Chicago Press, 1977, pp.186~197
[8] 聖刻文字. 혹은 신성문자. 영어로는 hieroglyph. 고대 이집트의 상형문자를 말한다.

는 것이 특징입니다. 그러니까 문자의 발전은 은밀하게 이루어지고 그들만의 배타적 독점권을 옹호하는 식으로 발전하게 되는 거죠.

중동의 문자는 남다른 측면을 지니고 있습니다. 대표적인 것이 이집트의 상형문자 또는 성각문자, 고대 수메르나 바빌로니아의 쐐기문자 cuneiform입니다.

우선, 이집트의 상형문자입니다.

	3 pw nTrw nbw	모든 신은 삼위位라,
	jmn ra ptH nn 2nw.sn	아문, 레, 프타로 이들에 버금가는 이 없더라.
	jmn rn.f m jmn	그의 본질은 아문에 숨겨져 있으며,
	ntf ra m Hr Dt.f ptH	그의 얼굴은 레이며, 그의 몸은 프타이니라.

샹폴리옹[9]은 세 개의 비문을 비교하여 문자를 해독했습니다.

그림 3
사람의 머리가 점차 추상화
되는 과정

1. 기원전 3000년경에 그려졌던 그림문자에 보인다.
2. 기원전 2800년경에 쓰였던 것으로 1이 회전한 그림문자로 보인다.
3. 기원전 2600년경 기념비문에서 쓰였던 추상화된 상형문자로 보인다.
4. 기원전 2600년경의 진흙판에 기호로 쓰여 나타난다.
5. 기원전 후기 3000년에 나타난다.
6. 기원전 초기 2000년에 히타이트문자로 대체되어 고아시리아 필적에 나타난다.
7. 기원전 초기 1000년에 이 문자가 멸종될 때까지 아시리아 서기관에 의해서 쓰였던 단순화된 기호이다.

9   장 프랑수아 샹폴리옹Jean-François Champollion, 1794~1832. 프랑스의 이집트학 연구가로서 이집트 상형문자의 해독에 처음으로 성공했다.

위 그림은 사람의 머리가 점차 추상화되는 과정을 보여줍니다. 상형문자가 나중에는 쐐기문자가 되는 것이지요. 가령 길가메시 〈아카〉라고 하는 수메르 서사시의 판본을 보면, 도시국가들이 싸운 주요 요충지는 퇴적토가 있는 강의 하류입니다. 거기서 점토판을 가져오고 갈대 등으로 문자를 새겨 넣습니다. 처음에는 형상을 베껴서 구체적으로 그려내다가 점차적으로 추상화의 과정을 겪게 됩니다.

그림에도 나오듯, 1단계부터 7단계까지 이런 식으로 문자체계가 변화합니다. 이런 문자들을 통해 우리는 인류 공통의 귀중한 유산을 이어가고 또 해석해낼 수 있습니다.

서울 삼청동에 바라캇이라는 박물관이자 미술관이 있습니다.[10] 저는 그곳에 가보고 놀랐습니다. 경기문화재단 관계자와 함께 방문하여 수장고에 들어가 보았습니다. 그곳에서 쐐기문자 태블릿을 보았습니다. 그것을 보는 순간, 견물생심이잖아요. 아, 이걸 갖고 싶다, 하는 마음이 들 정도였습니다. "만져 봐도 돼요?"하고 만져보니 암석덩어리예요. 원래는 점토판이잖아요? 그런데 땅속에 묻혀 고열을 받아 단단한 암석덩어리가 되었습니다. 만지면서 제가 "딩기르"라고 읽었어요. 수메르어로 신을 뜻하는 말이죠. 관장님이 어떻게 아냐고 놀라시는 거예요. (웃음) 박물관에서 제일 궁금했던 건 우가리트어로 된 바알신화가 있는지 여부였습니다. 있다는 거예요. 놀라운 일이지요.

3) 왕권

도시와 문자 다음의 최종적인 클래스는 왕권입니다. 도시나 신전을

---

10   문화재 수집가 파에즈 바라캇Fayez Barakat이 예루살렘에서 처음 시작하여 130년의 역사를 지닌 세계적인 박물관이자 미술관. 박물관급 유물 4만여 점을 보유한 것으로 유명하다. 2016년 10월 런던, 로스앤젤레스, 홍콩 등 세계 주요 도시에 이어 서울에 '바라캇 서울'이 문을 열었다.

건설하는 과정에서 특정한 신들과 연계된 권력이지요. 문자 창조로 복잡해진 사회의 유지를 위해 권력이 조성되었고, 왕권이 그런 역할을 했습니다. 그로부터 문화적 응집력이 발생하고 다양한 문화적 창조가 진행되었습니다. 도시를 관장하는 특정 권력이 등장하면서 왕권과 연계되어 제정일치를 이룹니다. 당연히 특정 사제자가 등장하지요. 이집트의 경우 이때 파라오의 권능을 강화하는 신화가 등장했습니다. 또 메소포타미아의 경우 도시국가 우루크의 통치자의 신성성을 강화하기 위한 신화가 있었습니다.

(2) 중동신화의 개요와 특징

서사시의 시대구분 일반론에 따라 중동신화가 어떻게 전개되는지 살펴보겠습니다.

서사시는 보통 원시서사시-고대서사시-중세서사시, 그리고 중세에서 근대로의 이행하는 시기의 서사시로 나눌 수 있습니다.

1) 원시서사시-신앙서사시/창세서사시

중동서사시에는 신앙서사시가 없습니다. 창세서사시는 〈에누마 엘리쉬〉 같은 수메르신화에서 그 흔적을 찾을 수 있습니다.

사실 궁금한 것이 왜 이 지역에는 원시서사시가 없는가 하는 점입니다. 가령 대표적인 것이 동물신화입니다. 여기서는 아이누 지역처럼 곰을 잡아먹고 곰의 영혼이 불쌍타고 제사지내는 풍습은 없어요.

그런데 인간혼종신화, 이런 건 있습니다. 동물과 인간이 섞여 있는 신화로서, 이집트신화에 나오는 호루스, 아누비스 같은 신격이 대표적입니다. 잡종, 하이브리드, 혼종도 있습니다. 혼종 가운데 용이 있습니다. 그런 단계의 흔적은 약간 남아 있습니다.

이처럼 원시 서사시는 없습니다. 창세서사시는 일부 남아있습니다.

2) 고대서사시-남성영웅서사시/여성영웅서사시

남성서사시의 대표적인 것이 수메르의 〈길가메시〉입니다. 앞으로 중요하게 다뤄질 테지만, '길가메시'는 '젊은이가 늙은이가 된 자'라는 뜻입니다. 간단히 줄거리를 살펴보면, 왕국에서 백성들이 신음합니다. 이루 말할 수 없는 고통을 당합니다. 가령 초야권 행사 같은 것. 중세시대에 농노에 대해 초야권을 행사했단 말, 들어보셨죠? 우루크의 왕 길가메시가 바로 그런 초야권을 행사했습니다. 길가메시가 왜 초야권을 행사했는지는 명료하지 않지만, 추정해보건대, 여성들이 한 달에 한 번씩 월경을 하잖아요. 여성의 성기에 이빨이 있어 남성의 성기가 잘린다는 두려움을, 길가메시가 지닌 권능으로 물리친다는 것입니다. 초야권에 관해서는 우리나라의 구전도 존재합니다만, 여기서는 생략할 수밖에 없습니다.

길가메시가 엔키두와 만나고, 둘이 힘을 합쳐 훔바바를 살해합니다. 그리고 다시 돌아와서는 엔키두가 사망합니다. 친구 엔키두의 죽음을 보고 길가메시는 두려움에 떨죠. 그래서 영생의 영약을 찾아 여행을 떠납니다. 결국 우트나피시팀을 만나 불사의 풀을 얻습니다. 그런데 신화에는 반드시 금기가 있습니다. 금기의 핵심은 "절대 무엇 무엇을 하지 말라" 하는 것이죠. 가령 오르페우스는 절대 뒤돌아보지 말라는 금기. 일본신화에 나오는 이자나기의 경우는 죽은 아내가 말하죠. 절대 자기 얼굴을 엿보지 말라는 금기. 그런데 어떻습니까. 신화에서는 모두 금기를 어깁니다.

어쨌거나 길가메시는 잠을 자지 말라는 금기를 어겨, 뱀에게 영생의 풀을 빼앗기고 맙니다. 영생을 더 이상 가질 수 없는 이상, 우리가 늙는 것은 당연하지요. 그러므로 주어진 한 번의 삶을 값지게 생각하고 살자. 이것이 〈길가메시〉가 갖고 있는 핵심적인 주제입니다. 예컨대 부활한다든가 영생한다든가 하는 것은 없습니다. 신화에서는 죽어야 마땅합니다. 이것이 고대 남성영웅서사시의 핵심이에요.

여성영웅서사시에는 〈이난나〉가 있습니다. 이난나가 저승여행을 하는 이야기입니다.

아주 재미있는 영웅서사시들이 이 단계에 많이 있습니다.

3) 중세서사시-성자서사시/신앙비판서사시
4) 중세에서 근대로의 이행기-생활서사시

이중에 세계사적 과업으로 신앙서사시, 창세서사시의 변위가 있고, 신화적으로는 일반신화와 무당신화의 변천이 주목할 만합니다.

중동신화의 경우, 아무래도 다양성이 부족한 것이 특별한 현상입니다. 그렇다고 모자라는 신화라고 말할 수 없습니다. 아마 도시국가라든지 제왕의 신앙적인 배타성을 옹호하다 보니 다른 지역 신화에 나오는 동물신화, 인간혼종신화, 곡물기원신화, 조령신화, 이런 신화들이 묻혀버렸을 거라고 생각합니다.

그림 4
오시리스

[그림 4]는 이집트신화에 나오는 오시리스 신입니다. 타조의 관, 도리깨, 홀을 갖고 있는 게 형상화되어 있습니다. 이 신에 대한 신화가 있고, 오시리스를 모시는 신전이 있고, 그들과 연계된 축제와 연희가 있어요. 위에서 말씀드린 말씀드린 세로축의 무당신화와 관련이 있습니다.

[그림 5]를 보면 지하세계의 심판관 오시리스가 있고, 거기서 죽은

그림 5
휴네페르의 〈사자의 서〉
장면

자들의 심장 무게를 답니다. 죽은 자들에게 필요한 이 두루마리를 〈사
자의 서〉라고 하는데, 한 종류만 있는 게 아니라 여러 종류가 있습니
다. 그중, 여기 나오는 휴네페르의 〈사자의 서〉가 가장 선명한 내용을
담고 있습니다.

[그림 6은] 왼쪽부터 차례대로 아누비스, 호루스, 세트입니다. 모두
이집트 신화에 나오는 신들입니다. 그림에서 볼 수 있듯이 중동신화는
동물과 인간혼종신화가 각양각색으로 존재합니다. 이렇게 형상과 상
징으로도 존재하고 이야기로도 전승됩니다.

인간살해 신화가 존재하는지는 불명확합니다. 인간살해 신화가 대
표적인 곳은 남아메리카로, 마야신화에 풍부합니다.

곡령穀靈 기원신화
는 그 흔적이 적지 않
습니다.

중동신화 전문가
사무엘 후크의 견해
가, 편견이 있긴 하지
만, 그래도 가장 야무

그림 6
아누비스(좌), 호루스(중),
세트(우)

진 견해라고 생각합니다.[11]

그는 중동신화의 유형을 다음과 같이 분류합니다.

가) 제의신화the ritual myth

나) 기원신화the myth of origin: 세상이 어떻게 생겼는가 하는 신화.
물론 사물의 기원에 관한 신화도 있습니다.

다) 의례신화the cult myth: 제의신화와 구별했는데, 예컨대 야훼 하느
님의 권능을 강조하기 위한 이스라엘 신화는 바빌론과 가나안의
신화를 새롭게 해석하여 그 속에 내재된 주술적 요소들을 제거
하는 방향으로 발전되었습니다.

라) 영웅신화the prestige myth: 모세나 사르곤 신화 등입니다.

마) 종말론신화the eschatological myth: 부활, 최후의 심판 등이 있습니다.
이집트의 〈오시리스신화〉도 따지자면 일종의 종말론신화입니다.

이와 달리, 중동신화를 수메르신화 속 주요 신들을 통해서도 살필
수 있겠습니다. 다음 표를 보면, 수메르의 신이 바빌론의 신으로 계승
된 것을 볼 수 있습니다. 그리스의 신이 로마의 신으로 진행된 것과 같
습니다. 이름만 다르잖아요.

수메르의 주요신	바빌론의 주요신
안(하늘신, An, ✳)	아누(Anu)
키/닌후르쌍 (대지의 여신, Ki ⬙/ Ninhursag ✳⏚⊟⊞⏛)	아루루/맘미 (Aruru/Mammi)
엔릴(바람의 신, Enlil, ✳,⫦▦)	엘릴(Ellil)

11   사무엘 헨리 후크 저, 박희중 역, 『중동신화』, 범우사, 2001.

엔키(지혜의 신, Enki, 𒂗𒆠)	에아(Ea)
난나(달의 신, Nanna dNANNA)	신(Sin)
이난나(사랑의 신, 금성, Inanna, 𒈹)	이슈타르(Ishtar)
우투(태양신, 정의의 신, Utu, 𒀭𒌓)	샤마쉬(Shamash)
닌릴(엔릴의 아내, Ninlil, 𒀭𒎏𒆤)	물리투, 미릿타 (Mullitu, Mylitta)
두무지(목자의 신, Dumuzi, 𒀭𒌉𒍣)	탐무즈(Tammuz)

수메르와 바빌론의 신화적 내용은 근접합니다. 서로 영향을 주고받았다는 것을 알 수 있습니다.

신분상 높은 지위를 가진 사람들은 도장을 갖고 다녔어요. 원통형의 도장. 점토판에 도장을 굴려 새겼습니다. 돋을새김이 됩니다.

아래 실린더 인장을 보면, 왼쪽에 날개를 단 이난나(이슈타르) 여신이 보이는데 그 옆에 영원한 생명수 물푸레나무가 보입니다. 우투, 즉 샤마쉬는 그 아래쪽에서 칼을 들고 솟아오르고 있습니다. 엔키 신은 티그리스와 유프라테스 강의 상징입니다. 날아오르는 새(매), 어깨에서 떨어지는 물고기, 그리고 발 아래 염소가 엔키를 나타냅니다. 엔키가 그만큼 높은 신격임을 알 수 있습니다. 맨 오른쪽 이시무드는 엔키의 시종인데, 양쪽을 살펴봐야 하므로 두 개의 얼굴로 나타납니다.

이런 것들을 통해서 아까 말씀드린 신화의 조형이라든지, 의례, 축제, 더 나아가 이야기나 노래가 다양하게 행해진 것

그림 7
이난나, 우투, 엔키, 이시무드의 실린더상

을 알 수 있습니다. 이런 것들은 아주 흔해요. 그러나 웹에 있는 자료들은 반드시 옥석을 가려서 사용해야 합니다. 현재 전하는 상당수 부조나 조각, 인장 같은 유물들은 대개 서구의 박물관에 소장되어 있는데, 짐작하실 수 있듯이, 그들이 중동 지역에서 훔쳐간 약탈물들입니다. 이난나 여신의 조상은 런던박물관에 있고, [그림 8]의 석고그릇 기둥은 베를린박물관에 있는 식입니다.

세계 중세서사시의 사례 비교

중세서사시는 다음과 같은 특징에 따라 구분할 수 있습니다.

고대 영웅서사시의 지속, 고대 영웅의 중세적 성자로의 대체, 중세적 영웅의 과업 등입니다.

구체적으로 예를 들어보면, '고대적인 것의 지속' 서사시에는 〈동명왕편〉, 〈쿠쉬나메〉, 〈니벨룽겐의 노래〉 등이 있습니다. '고대적인 것의 비판' 서사시에는 〈베어울프〉가, '중세적인 것의 옹호' 서사시에는 〈롤랑의 노래〉, 〈엘 시드의 노래〉가 있습니다.

페르시아 서사시 〈쿠쉬나메〉는 중세서사시의 면모를 다각도로 비교할 수 있게 해줍니다. 이 서사시에 대해서는 별도 시간에 집중적으로 다루도록 하겠습니다.

지그프리트는 게르만족을 상징하는 영웅입니다. 서사시 〈니벨룽겐의 노래〉에 등장합니다. 바그너의 악극 〈니벨룽겐의 반지〉에도 등장하고요. 그는 용과 싸워 이길 때 용의 피로 목욕을 해서 불멸의 힘을 얻지만, 불행히도 그때 하찮은 낙엽 한 장이 그의 등에 떨어집니다. 그래서 그곳만은 그리스신화의 '아킬레스 건'과 같은 약점을 지니게 됩니다. 나중에 적에게 그곳을 찔려서 죽고 말지요. 이 서사시는 고대신화를 중세화한 좋은 사례입니다. 고대적인 자취가 중세화되지 못하고 일부 그대로 남아있는 것입니다.

〈롤랑의 노래〉는 11세기 말 또는 12세기 초의 작품으로 추정되는데, 아랍문명과 기독교문명의 충돌을 소재로 다루고 있습니다. 프랑스 중세체제가 오늘날까지 전하는 가장 뛰어난 무훈시라고도 합니다.

〈엘 시드〉는 이베리아 반도에서 알폰소 국왕에게 버림받았던 엘 시드가 점차로 권력을 회복하고 알폰소 국왕에게 재충성을 다짐하면서 중세체제를 공고히 한다는 내용입니다.

이상으로 다양한 중세서사시 작품도 일별했습니다.

마무리를 하겠습니다. 중동신화여행을 떠나기 전에, 신화와 서사시에 대해서 제가 구상하는 큰 그림을 소개했습니다. 다소 산만하고 욕심이 앞선 부분이 없지 않겠지만, 무엇보다 신화와 서사시는 세계적으로 일정한 단계의 산물이라는 사실, 그래서 시대마다 달라진다는 사실을 이해하시면 좋겠습니다.

질문 　〈길가메시 서사시〉의 홍수

이야기는 〈노아의 방주〉와 비슷하다고 합니다. 기독교의 〈창세기〉와 신화의 차이는 어떤 건지 궁금합니다. 모호한 부분이 있는 것 같습니다.

답변 강의 서두에 말씀드린 것처럼 우가리트신화, 바알신화 등은 이번 강의에서는 부득이하게 제외되었습니다. 의미가 없다는 것은 아닙니다. 신화적으로 관계가 있습니다. 이들을 신화와 서사시로 볼 것인지, 신앙의 대상으로 역사로 볼 것인지, 신의 창조과정으로 볼 것인지 상당히 논란이 있습니다. 예컨대 19세기 후반 점토판의 발굴과 그 해독 과정에서 성경의 내용이 이미 수메르 서사시와 신화에도 있었다 해서 탐구가 시작되었습니다. 학자들이 엄밀히 짚고 넘어가야 하는 논쟁점이지만, 가령 성경 〈창세기〉의 창조의 반복을 신화학자들은 수메르 신화의 틈입 혹은 혼입이라고 봅니다. 이것을 〈길가메시〉 등과 연계해서 해석하는 경향이 있습니다. 성경을 신화로 해석하는 학자들도 있습니다. 신화 서적으로 공유하기도 합니다. 성경이 재편집되면서 일정한 변이가 일어납니다. 편집되면서 탈락되고 편입되는 것들이 있습니다. 〈릴리스 신화〉[12] 같은 경우가 있습니다.

질문 설화, 신화, 전설이라는 개념이 조금 어지럽습니다. 구분 좀 해주십시오.

답변 국문학적인 관점에서는 가장 큰 상위의 범주를 설화광의의 folk tale라고 합니다. 그 밑에 신화myth, 전설legend, 민담협의의 folk tale이 있습니다. 신화는 신들에 관한 이야기, 신성시되는 이야기라고 합니다.

---

12 릴리스릴리트, Lilith는 유대신화를 비롯해서 메소포타미아 문화권 신화 텍스트에 등장하는 여성이다. 유대신화에서는 아담의 첫째 아내로 나온다. 릴리스는 성관계를 할 때 늘 남성 상위 체위를 하는 것과 아담이 원하면 무조건 성관계에 응해야 한다는 데 불만을 가지고 도망가 사막에서 혼자 살면서 많은 남자들을 유혹했다고도 알려진다.

전설은 산천이나 절의 유래, 혹은 율곡, 최영 장군 등 인물들에 관한 이야기를 주로 말합니다. 그밖에 주인공들이 자유롭게 행동반경을 넓히면서 흥미롭게 짜내는 이야기를 민담이라고 합니다. 제가 오늘 다룬 것은 신화입니다. 신화 가운데 특별히 중근동 지역에 존재하는 신들에 대한 이야기, 그와 연계된 영웅들에 관한 이야기를 다루었습니다. 서사시가 빠졌습니다. 서사시를 묶어야 한다는 게 제 개인적인 의견입니다. 이것은 국문학적인 구분입니다. 다른 분야에 가면 구분이 다릅니다. 신화를 강의하지만, 유적과 유물을 통해 연대기가 확인된 것을 바탕으로 말씀드리고 있습니다. 신화와 역사가 별개의 것이 아닙니다. "역사적 증거가 신화다"라고 말하기도 합니다. 경계가 모호합니다. 특히 중근동 신화는 역사적 증거물이 뚜렷합니다.

이집트 오시리스신화:
죽음과 부활의 신화

김혜정(백석대 교수)

중동신화에서 두 번째 수업인 이집트신화를 진행하게 되었습니다. 저는 설화를 전공하고 있습니다. 구체적으로는 아이들이 좋아하는 옛 이야기(민담)에서부터 중국과 중동, 유럽 지역의 신화 등에 관심을 갖고 공부하고 있습니다.

신화에는 여러 종류가 있죠. 세상이 어떻게 생겨났는지를 알려주는 창세신화가 가장 오래되었을 거라고 이야기됩니다. 가장 대표적인 게 성경의 〈창세기〉로, 신화학자들이 보기에는 그것도 신화입니다. 우리나라에는 함경도 함흥 지역에 전승되고 있는 〈창세가〉라고 하는 창세신화가 있습니다. 세상이 어떻게 생겨났는지에 대한 우리 옛 조상들의 생각이 담겨 있습니다. 〈창세가〉는 무녀에 의해 무속제의, 즉 굿에서 구현되는 형태로 전해지고 있죠. 원래는 노래로 불리던 것인데 지금은 노래로는 남아있지 않고 1930년대 간행된 『조선신가유편』에 수록되어 기록으로만 남아있습니다.

창세신화의 다음 단계는 사람들이 무엇을 먹고 사나, 어떤 옷을 입나, 불은 어떻게 생겨난 것인가 등 인간의 문화를 설명하는 문화기원신화 혹은 문화영웅신화입니다. 인류의 물질문화와 관련된 신화이죠.

세 번째로 인류가 잉여산물을 축적하게 되면서 권력의 집중화가 이루어지고 영토를 확장하면서 국가를 세우는 과정을 보여주는 건국신화가 등장합니다. 이 세 번째 단계가 신화로서는 거의 마지막 단계라고 할 수 있습니다. 그 뒤로는 세계 4대 문명권을 중심으로 국가의 발생, 문자의 발명, 지식의 축적, 과학의 발전이 복합적으로 이루어지면서 과거에 비해 훨씬 똑똑해진 인류는 더 이상 신화의 세계를 믿지 않게 됩니다. 따라서 신화도 더 이상 생기지 않게 되는 것입니다. 신화의 세계는 저물어가고, 대신 전설, 즉 신화적인 인물이 주인공이지만 현실의 한계에 부딪치는 영웅들의 이야기인 전설의 시대가 한동안 이어집니다. 더 후대가 되면 날아다니면서 세상을 변혁시키곤 하던 전설적인 영웅들에 관한 이야기들마저 점차 신뢰를 잃어갑니다. 그 이후에는 우리가 잘 아는 〈해와 달이 된 오누이〉나 〈콩쥐팥쥐〉와 같은 민담의 시대가 열려 오늘날까지 이어지는데, 이러한 민담들에서 여전히 신화의 잔재가 화석처럼 남아 있는 것을 종종 확인할 수 있습니다.

한국의 '죽음과 부활의 신화'

제가 맡게 된 이집트신화의 경우 부제가 '죽음과 부활의 신화'입니다. 죽고 부활하는 것, 인간이 갖고 있는 가장 원초적인 궁금증, 사람은 왜 죽어야 하는지, 죽으면 어디로 가는지, 죽으면 끝인지, 죽은 이후의 세계는 없는지, 이런 것들에 대한 궁금증을 가득 담고 있는 것이 이집트신화라고 할 수 있습니다.

문화마다 죽음과 부활에 관한 신화의 형태에 차이가 좀 있습니다. 중국의 소수민족 먀오족 신화에서 인간은 주기적으로 껍질만 벗으면 영생을 할 수 있는 존재였으나 껍질 벗는 고통이 극심해서 영생을 포기합니다.[1] 메소포타미아의 〈길가메시〉 신화에서 뛰어난 영웅 길가메시는 영생을 추구했으나 결국 '죽음'을 피해갈 수 없었습니다. 우리의 서사무가 〈바리공주〉 신화에서는 저승여행에서 얻은 약수로 죽은 부모를 되살리는 바리공주의 무용담이 그려지지요. 이처럼 세계의 여러 신화들에서는 죽음의 기원과 그 죽음을 극복하고자 하는 인간의 노력, 삶의 세계 너머에 존재하는 죽음의 세계에 대한 해명 등이 진지하고 다채롭게 그려지고 있습니다.

우리가 살펴볼 이집트의 오시리스신화는 신화학적으로 다양한 방면에서 주목되는 자료입니다. 무엇보다도 이 신화는 사람이 죽으면 끝이 아니고 다시 부활할 수 있다는 고대 이집트인들의 믿음을 신화적으로 훌륭하게 형상화하고 있는 대표적인 사례라고 할 수 있겠습니다.

그렇다면 우리가 오시리스신화를 왜 공부해야 하는지, 장차 중동신화 전체를 보는 데 있어 이 신화가 어떤 의미를 갖고 있는지를 좀 더 잘 이해하기 위해서, 우리나라의 짧은 이야기를 먼저 들려드리겠습니다. 우리나라에는 〈술의 기원〉 또는 〈밀의 기원〉이라는 이야기가 전해져 내려오고 있습니다. 죽음이 곧 생명의 씨앗이라는 놀라운 인식을 보여주죠. 이 이야기와 오시리스신화가 한참 먼 것 같지만 강의 마지막에는 어떻게 합쳐질지 한번 생각해 보시기 바랍니다.

옛날 경기도 양평 땅에 아버지와 아들이 살고 있었습니다. 아버지가

---

[1] 陶陽·鍾秀, 〈人爲何會生會死〉, 《中國神話》(下冊), 商務印書館, 2008, pp.1078~1079.

늙고 병이 들어 목숨이 촌각에 이르자, 아들은 백방으로 뛰어다니며 아버지를 살리기 위해 애썼습니다. 그러다가 중국의 명의가 용하다는 말을 듣고 찾아갔는데, 정작 명의는 아무런 대꾸도 없고 어떠한 처방도 내려주지 않았습니다. 그 사람의 소실로부터 사람의 생간을 세 개 내어 아버지에게 먹이면 살릴 수 있다는 얘기를 들었습니다. 아들은 아버지를 살리기 위해 세 사람이나 죽여야 한다는 사실에 충격을 받았고 절망스러운 마음을 안고 귀향길에 오릅니다. 귀향하는 도중 아들은 아버지를 살리기 위해 못할 게 없다고 새롭게 마음을 먹습니다. 그래서 칼을 준비해 평안도 의주의 어느 산 고갯마루에 숨어 사람이 지나가기를 기다렸습니다. 아들은 갓을 쓴 선비가 글귀를 읊으며 올라오는 것을 보았고, 선비를 해쳐 간을 내었습니다. 그 다음으로 장삼을 입은 중이 염불을 외면서 올라오자, 중을 해쳐 간을 내었습니다. 마지막에는 미친놈 하나가 껄껄 웃으며 올라오자, 그를 해쳐 간을 내었습니다. 아들은 구덩이 하나를 파 세 사람의 시체를 한데 넣고 흙을 두둑하게 덮고는 서둘러 귀향길에 올랐습니다. 아들이 집으로 돌아와 아버지에게 생간 세 개를 드시게 하자 아버지의 병은 씻은 듯이 나아 두 사람은 행복한 나날을 보내게 됩니다. 그러나 아들은 자신이 죽인 세 사람에게 늘 죄책감을 가지고 있었고, 일 년쯤 지난 어느 날 세 사람 묻은 곳을 다시 찾아가 그들을 추모합니다. 그런데 세 사람이 묻힌 무덤에는 전에 보지 못한 풀이 수북하게 자라나 있었습니다. 아들은 그 풀의 씨앗을 조심스럽게 받은 다음 집으로 돌아와 밭에 심었습니다. 씨앗은 무성한 풀로 자라났고 가을이 되자 이름 모를 곡식이 수북이 열렸습니다. 곡식의 껍질을 까서 보았더니 가운데가 칼로 그은 듯 선이 그어져 있었습니다. 이 곡식이 바로 밀 또는 보리라는 것이죠. 아들은 그 곡식을 추수해서 항아리에 담아 광에 보관했는데, 장마철을 지나면서 빗물이 새어들었고 시큼한 냄새가 나는 게 아니겠습니까. 그 시큼한 것이 바로 술이었고, 술은 이렇게 해서 생겨났다고 합니다.

술이 이러한 사연을 가지고 생겨난 것이기에 사람들이 술을 마시면 처음에는 선비가 글을 읽듯 점잖게 중얼거리다가, 이어 중이 염불하듯 목소리가 높아지고, 나중에는 미친놈처럼 위아래도 못 알아보고 날뛰게 되는 것이라고 합니다. 그리고 밀의 씨앗이 가운데가 갈라져 있던 것은 칼로 배를 갈라 살해된 세 사람의 흔적이라고 합니다.[2]

이 이야기에서 핵심은, 세 사람의 죽음이 인류에게 밀 또는 보리라고 하는 주된 먹거리를 제공해주었다는 사실입니다. 또한 밀 또는 보리가 발효되어 술이 되는 과정까지 이 이야기에 담겨 있습니다.

한편, 술을 마시면 일어나는 세 단계의 변화에 대해서도 말하고 있습니다. 술을 마시면 처음엔 기분이 좋아 흥얼거리고, 조금 더 취하면 중이 염불하듯 했던 말을 거듭 반복하고, 심하게 취하면 미친 사람처럼 행패를 부린다고 설명합니다. 결국 우리가 마시는 술에는 세 사람의 영혼이 깃들어 있어 이러한 변화가 나타난다고 말하고 있는 것입니다. 또한 우리가 조상의 제사상에 술을 올리고 그것을 음복하는데, 이처럼 술을 통해 조상과 나의 영혼이 교감하는 원리를 설명하고 있기도 합니다.

그런데 조상의 영혼과 내가 교감하는 술은 어디에서 나올까요? 이

2   中村良平 編, 『朝鮮神話傳說集』(東京: 趣味敎育普及會, 1935)에 처음 수록되었다. 이후 경기도 양평을 비롯하여, 지금까지 우리나라 전역에서 약 11편 정도가 수집, 채록되었음이 확인된다. 민병훈 편, 『한국구비문학전집』(동림출판사, 1978) 등 수록분 재정리. 이 신화의 하이누웰레적 성격에 대해서는 특히 김헌선, 「〈밀의 기원〉 담의 Heinuwelle 신화적 성격」, 《구비문학연구》 제30집, 한국구비문학회, 2010. 참고.

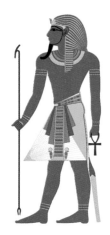

이야기에서는 시체가 묻힌 무덤에서 자란 밀에서 술이 생겨난다고 합니다. 우리의 대지 어느 한 곳도 우리를 앞서 살았던 조상이 묻히지 않은 곳이 없습니다. 결국 인류는 조상이 묻힌 대지에서 곡식을 키우고 술을 얻고, 그 술을 다시 조상에게 따라 올립니다. 이 이야기는 죽음이 죽음에서 끝나지 않고 새로운 생명의 탄생, 다른 말로 하면 부활과도 이어지는 이야기라고 할 수 있습니다.

이제, 이것이 오시리스 이야기와 어떻게 연결되는지 살펴보겠습니다.

이집트 고왕조의 구분과 특징

이집트신화는 오시리스신화라고 하는데, 이번 강의에서 이집트신화 전체를 훑어보기에는 시간이 매우 부족한 것 같습니다. 오시리스신화를 살펴보기 위해서는 그 전 단계로 이집트 문명의 역사부터 살펴봐야 할 것입니다. 이집트 문명은 기원전 3500년, 지금으로부터 5500년 전에 시작되었습니다. 많은 신화학자들이나 문명연구자들이 의문을 갖는 점은 이집트는 매우 오래전에, 너무도 생경스럽게 수준 높은 문명을 이룩했다는 것입니다. 이에 대한 명확하고 온전하게 확립된 해명은 아직 마련되지 못한 것 같습니다. 최근에도 이집트에서는 끊임없이 유물·유적들이 발굴됩니다. 그 바람에 이집트 역사나 시대구분이 조금씩 수정되기도 합니다. 이제 보여드릴 시대구분도 확정된 것이라기보다는 학계에서 일반적으로 수용되고 있는 시대구분임을 이해해주시기 바랍니다.

이집트학 연구자들은 고대 이집트의 역사를 일정한 주기와 특정한 왕조, 도시를 중심으로 구분합니다. 이러한 시대구분은 특정한 혈통의

왕조가 특정한 지역의 도시를 중심으로 흥망성쇠
하면서 고대 이집트의 역사가 전개되었기 때문입
니다.

오늘날 우리가 채택하는 이집트 왕조의 구분 체
계는 기원전 300년경에 이집트 역사를 정리한 마
네토Manetho라는 이집트 사제가 마련한 것에 기초
합니다. 고대 이집트의 왕인 파라오들을 중심으로
30개의 왕조로 구성되는데, 큰 시대 구별은 다음
과 같습니다.

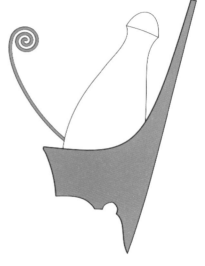

1. 선사시대~통일 이전(기원전 35~32세기)
2. 고왕국 시대(기원전 32~22세기. 제1~6왕조)
3. 제1중간기(기원전 22~21세기. 제7~10왕조)
4. 중왕국 시대(기원전 21~18세기. 제11~12왕조)
5. 제2중간기(기원전 18~16세기. 제13~17왕조)
6. 신왕국 시대(기원전 16~11세기. 제18~20왕조)
7. 제3중간기와 고대 이집트의 종말(기원전 11세기~4세기.
   제21~32왕조)

마네토가 기원전 300년경에 위와 같이 왕조를 구분해서 정리할 즈
음에는 고대 이집트 왕조가 이미 종결된 다음이라고 볼 수 있습니다.

우리가 다룰 이집트신화와 관련해서 중요한 건 도시들입니다. 예컨
대 고대 왕조의 초기 단계, 그러니까 기원전 3000년경 즈음에 흥망성
쇠했던 도시들이 여러 곳 있겠지만, 대표적인 곳이 다음의 4곳입니다.

이집트 도시: 헬리오폴리스, 헤르모폴리스, 멤피스, 테베

왕조가 아니고 도시를 중심으로 설명하는 것은 신화를 설명하기 위해서입니다. 왜냐하면 어떤 도시가 어떤 신전을 꾸며놓고 그 신전에 몇 명의, 어떤 왕들을 모시는지에 따라 전래되던 신화가 재편성되기 때문입니다. 도시가 변경됨에 따라 새로운 신이 등장하는 경우도 있지만, 대개는 신의 이름만 바꾸거나 이 신과 저 신의 신성을 짜깁기하여 새로운 신을 만들어 내는 방식으로 모시는 신의 종류가 달라지고, 그에 따라 이야기되는 신화 또한 달라집니다.

헬리오폴리스Heliopolis, Ἡλίου πόλις 또는 Ἡλιούπολις는 고대 이집트의 중요한 도시 가운데 하나입니다. 고대 이집트어로는 '이우누'라고도 불렸으며, 태양의 도시라는 의미입니다.

대체적으로 문명의 발생에서 태양은 매우 중요합니다. 실제적이고도 상징적인 의미를 지니죠. 그것은 그 문명 또는 그 도시, 그 국가, 그 집단이 농경을 시작했다는 것을 의미하기 때문입니다. 따라서 태양이 특정한 문명과 그 문명으로부터 배태된 신화에서 주요하게 등장한다는 것은 그 문명 집단이 신석기시대의 농사혁명을 겪고 정착시대로 들어간다는 것을 의미합니다.

헬리오폴리스는 고대 이집트신화의 태양신 라Ra를 비롯해서 아홉 신을 모십니다. 이 아홉 신의 집단을 그리스어로 엔네아드Ἐννεάς라고 합니다. 엔네아드 하면 아홉 신, 아홉신 집단이라고 이해하시면 됩니다. 우리 단군신화의 경우 단군이라는 유일신을 중심으로 이야기가 꾸며지고 숭배된다면, 여기에서는 집단 지도체제라고 볼 수 있습니다. 엔네아드라고 하면 아홉 신의 집단이라는 의미이기 때문입니다.

그림 13
엔네아드 신전의 태양신과
아홉 주신을 차례대로 나열
한 그림이다.

헬리오폴리스에는 엔네아드를 모신 신전이 있습니다. 창조신 아툼-시대에 따라 태양신 라로 변화하기도 합니다-, 아툼의 자식들인 슈[3]와 테프누트[4], 슈와 테프누트의 자식들인 게브[5]와 누트[6], 게브와 누트의 자식들인 오시리스[7]와 이시스[8]와 세트[9]와 네프티스[10]로 이루어져 있습니다.

그중 오시리스는 옥수수 또는 곡물의 신, 포도의 신, 나무의 신, 죽음과 부활의 신, 죽음의 세계를 다스리는 신 등 굉장히 다양한 성격을 가지고 있습니다. 이렇게 이집트 신들은 시대가 바뀌면서 여러 가지 신성을 잃어버리거나 새롭게 획득하면서 변형되는 특징을 가지고 있습니다.

여기에서 호루스는 제외되어 있습니다. 호루스는 태양의 신, 매의 신, 파라오를 상징하는 신이라고도 하는데, 연구자들은 아마도 이 호루스가 후대에 생겼을 거라고 봅니다. 어떤 판본에서는 오시리스보다 앞서 태어난 형이라고도 하고, 혹은 오시리스 다음의 둘째라고도 하는데, 이 경우는 세트가 셋째가 되면서 모두 5남매가 됩니다. 물론 위에

3 아툼이 침을 뱉어 낳은 아들. 공기의 신, 바람의 신, 대기의 신. 남성.
4 아툼이 음식을 토해 낳은 딸.
5 대지의 신. 남성.
6 하늘의 여신. 태양을 먹고 태양을 낳는 신. 여성.
7 옥수수 또는 곡물의 신. 포도의 신, 나무의 신. 죽음과 부활의 신.
8 위대한 어머니 신이자 풍요의 여신. 오시리스의 여동생.
9 이방인의 신, 모래바람을 일으키는 신, 캐러반을 수호하는 남신. 오시리스 신의 남동생.
10 '집(궁정)의 여주인'이라는 뜻을 지님. 오시리스, 이시스, 세트의 여동생이면서 세트의 아내.

나열한 4남매는 호루스가 제외되어 있는 경우입니다.[11]

헬리오폴리스는 이 아홉 신이 모셔져 있는 도시로, 〈오시리스〉 신화는 가장 오래된 이 헬리오폴리스의 신전에서 나오게 된 신화라고 볼 수 있습니다.

다음 시대는 왕조가 변하면서 중심도시 또한 헤르모폴리스로 변합니다. 헤르모폴리스Hermopolis, Ἑρμοῦπόλις μεγάλη, 또는 Khmun는 중이집트 시기의 중요한 도시 중 하나로, 고대 이집트어로는 '케메누', '크문'이라고 불리었으며 '8개의 마을, 8개의 신, 8신전'이라는 뜻입니다. 그리스어로는 오그도아드ογδοάς, Ogdoad라고 합니다. 이 도시에서 섬겼던 여덟 신은 누(또는 눈)와 그의 배우자 나우네트, 헤후와 그의 배우자 헤우트, 쿠크와 그의 배우자 카우케트, 아몬과 그의 배우자 아마우네트입니다.

헤르모폴리스에는 이름이 다른 신들이 나오지만 앞서의 신들과 완전히 다른 건 아닙니다. 앞서의 신들이 새로운 성격을 부여받으면서 이름이 바뀌거나, 앞서의 신들의 이름이 호환되어 쓰이기도 합니다. 그런데 이 도시의 이름이 왜 '케메누', '크문'이라고 불리지 않고 '헤르모폴리스'라고 불리냐 하면, 이지역에서는 후대로 오면서 '토트'라고 하는 신의 신격이 중요하게 부각되기 때문입니다. 이것은 어떤 집단이 이주하거나 왕권이 바뀌면서 그 집단이 모셔왔던 신들이 새로이 중요하게 부각되었다는 의미입니다.

토트는 그리스의 헤르메스Hermes와 동일시되는 신으로 지혜의 신 또는 달의 신으로 이해되고 있습니다. 그리하여 고대 그리스에서는 헤르

---

11 호루스라고 했을 때 보통은 큰 호루스와 작은 호루스로 구분한다. '큰 호루스'는 오시리스와 이시스와 동급의 형제자매를 지칭하고, '작은 호루스'는 오시리스와 이시스가 결혼하여 낳은 아들을 지칭한다.

메스의 도시라는 의미에서 헤르모폴리스라는 이름으로 더 널리 알려졌습니다. 재미있는 것은, 이 여덟 명의 신들의 얼굴이 사람의 모습이 아니라는 거예요. 새나 승냥이, 늑대 등의 모습이에요.

세 번째 도시는 멤피스입니다.

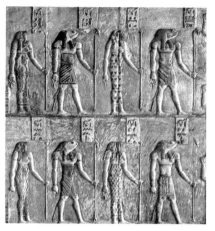

그림 14
오그도아드를 대표하는 덴데라(Dendera)의 하토르 사원 부조. 상단 오른쪽: 누와 누트, 상단 왼쪽: 헤후와 헤우트, 하단 오른쪽: 케크와 카우케트, 하단 왼쪽: 아몬과 아무네트.

헤로도토스에 따르면, 멤피스Memphis는 기원전 3000년경 파라오 메네스가 상이집트와 하이집트를 통일하면서 세운 고왕국 시대기원전 3200~2200의 수도입니다. 제6왕조 시대까지는 매우 번영했으나 중왕국 시대에 접어들면서 테베로 수도가 옮겨지면서 상업과 예술의 중심지로 변모하게 됩니다. 멤피스라는 명칭은 제6왕조 페피 1세의 피라미드인 '멘네페르Mennefer'에서 유래한 것으로, 콥트어로는 '멘페'라고 불리며, 후에 그리스어로 멤피스라고 불리게 되었습니다. 고대에는 '이네브 헤지Ineb Hedj'라고 불렸는데, '하얀 성벽'이라는 뜻입니다. 중왕국 시대에는 '앙크 타위Ankh Taui'라고 불렸는데, '두 땅의 생명'이라는 뜻입니다. 지정학적으로 상이집트와 하이집트 사이의 전략적 요충지였던 사실이 이름에서도 나타납니다.

마지막으로 테베입니다.

테베Thebes, Wêset 또는 Θῆβαι는 신왕조기원전 1570~1085 상이집트 지역의 고대 도시로, 정치와 문화의 중심지였습니다. 테베의 최고신은 아몬으로, 이집트 전역에서 숭배되던 지위가 높은 기존 신들의 신화를 흡수하며 최고신의 지위에 오른 신이라고 할 수 있습니다.

이상, 네 개의 이집트 고대 도시와 그 도시를 건국한 왕조 신화 중에서 가장 널리 알려진 것은 헬리오폴리스와 헤르모폴리스의 신화들입니다.

이집트 만신전

이집트는 여러 신이 함께 있는 만신전萬神殿 즉, 판테온Pantheon입니다. 이집트신화는 하나의 신을 유일신으로 섬기는 것이 아니라 여러 신들을 신격화하여 섬기는 구성을 보입니다. 이에 반해 유일신의 대표적인 경우가 기독교라고 할 수 있겠습니다. 그래서 이집트신화와 기독교신화는 많이 충돌하는데, 충돌은 배척 아닌 교섭의 형태로 서로 영향을 주고받는 결과를 낳기도 합니다.

신화가 다신으로 구성되는 것은 고대 신화가 보이는 특성 가운데 하나입니다. 이집트신화에 등장하는 신은 자연을 의인화한 신, 초월적인 성격의 신, 인간의 감정과 행위를 추상화하여 상징하는 신 등 다양한 양상으로 형상화되어 있습니다. 또한 이러한 신들은 저마다 계보와 구성이 독특한 특징을 보입니다.

[그림 15]의 하단에 누워 있는 신은 땅의 신 게브Geb입니다. 그 게브 위를 동그랗게 반원을 그리면서 감싸고 있는, 온몸에 별이 있는 신은 누트Nut입니다. 게브와 누트 사이를 떠받고 있는 신은 슈Shu입니다. 슈는 뉴트와 게브의 아버지이지만, 둘 사이를 질투하면서 서로 만나지 못하게 하고 있습니다. 태양의 위치는 판본마다 다르게 나타납니다. 태양을 삼키고 낳는 그림으로 되어 있습니다. 지금은 낮입니다. 태양

이 들어가서 밤이 되면 뉴트는 내려오고 게브는 올라가서 사랑을 나눕니다. 이런 류의 그림은 동시에 성각문자聖刻文字이면서 상형문자이고 그래

그림 15
대지의 신 게브와 하늘의 신 누트

서 표의문자이며 또한 일종의 문서 구실도 합니다. 그림이 곧 신의 계보와 역사를 말해주는 문서라고 할 수 있습니다.

이집트신화는 만신전이라고 했습니다. 다양한 신격이 존재한다는 말입니다.

가장 대표적인 특징은 자연의 힘 또는 자연현상을 내재화하여 의인화된 존재들이 다수 존재한다는 점입니다. 앞서 말했듯이, 게브와 누트는 각기 땅과 하늘의 신입니다. 슈는 대기이며 바람을 상징합니다. 우리의 바람할매, 영등할매[12]와 같이 바람이 부는 것을 의인화한 신격이지만 우리와 달리 남신으로 의인화된 신입니다.

아툼Atum은 이집트신화에서 창조의 신으로 숭배되는데, 스스로의 수정작용을 통해 대기의 신인 아들 슈와 습기의 신인 딸 테프누트를 낳았습니다. 슈와 테프누트가 결혼하여 대지의 신 게브와 하늘의 신 누트를 낳으면서 세계가 생겨나게 된다는 점에서 아툼은 모든 신들에 앞서 있는 매우 중요한 신격이죠. 아툼은 또한 동시에 태양의 신으로 숭배되는데, 이집트신화에서 태양신은 아침에는 케프리Khepri, 한낮에

---

12 주로 음력 2월, 이른 봄철에 부는 고약한 바람을 의인화한 신. 제주에서는 영등할망이라고 부르며, 이때 해상 안전과 한 해의 풍요를 위해 제를 올린다.

는 라Ra, 저녁에는 아툼으로 불렸습니다.

테베에서 숭배한 아문Amun 또는 아몬Amon 신은 아툼과 마찬가지로 모든 것을 다 갖고 있는 초월적인 존재로, 스스로를 창조한 최고의 신격으로 형상화되기도 합니다.

더불어서 인간의 삶과 사고, 행위 따위와 관련된 추상적인 원리가 형상화된 신격도 확인할 수 있습니다. 예를 들면 질서와 조화는 마아트Maat, 무질서와 혼돈은 세트Seth, 창조는 프타Ptah, 이성은 토트Thoth, 분노는 세크메트Sekhmet, 사랑은 하토르Hator, Hathor와 같은 신으로 형상화되어 있습니다.

한편, 왕권의 힘을 상징하는 신도 존재하는데, 그것이 바로 호루스Horus입니다. 이 신은 자연에서 절대 지배력을 갖는 태양에 대응하여 인간사회에서 절대적인 권력을 가지고 있는 파라오에 의해 구현되었습니다. 정교가 분리되지 않는 제정일치 사회의 샤먼킹shamanking, 사제왕으로서의 특징을 보이고 있습니다. 고대 이집트 종교와 문화, 신화에서 가장 두드러진 특징 중 하나인데, 신성한 권능과 왕의 권능은 서로 합일되어 있으면서 분리되지 않는 것입니다.

이집트신화에 나타난 세계관을 살펴볼 때, 세상과 특정하게 반복되는 인간 삶의 모든 측면에서 신들의 행적을 느낄 수가 있습니다. 레 신은 매일 빛과 온기가 회귀하는 과정을 통해서 그 면모를 드러내는 존재이고, 오시리스와 이시스는 탄생과 죽음의 기적 속에서 그 구체적인 면모를 드러냅니다. 마아트와 세트는 인간관계의 화합과 분열 속에서 그들의 권능이 구현되며, 프타와 토트는 건축물을 비롯하여 예술과 문학의 창조 속에서 그 면모를 드러낸다고 믿었습니다. 호루스는 삶 자체를 가능케 하는 왕권 속에서 드러난다고 믿었습니다.

더욱 흥미로운 점은, 이집트 신들은 신화와 종교, 그것에 기반하고 있는 벽화와 많은 예술품들에서, 특정한 동물의 모습으로 나타나는 특징을 보이기도 한다는 것입니다. 호루스는 새매로서 모든 생명체 위로 날아오르는 특징을 보이며, 파괴와 재생의 여신인 세크메트는 사자의 사나움으로 그 면모를 드러냅니다. 따라서 우리는

이집트 사람들이 만들고 창조한 수많은 신화적, 예술적 창조물이 지닌 특징적인 면을 발견할 수 있으며, 특별하게 동물의 두상을 가진 신의 그림을 이해하는 실마리를 찾을 수 있습니다.

가령, 이집트인들에게 사자머리를 한 여자의 그림은 두 가지를 말해줍니다. 하나는 사자머리를 한 여자는 인간 여자를 의미하는 것이 아니며, 이 형상은 곧 여신이라는 것을 의미합니다. 두 번째로 이 의문의 여신은 세크메트라는 여신이며, 그 여신은 파괴와 재생의 권능을 지닌 존재라는 것을 의미합니다. 따라서 이런 그림들은 그들의 외모가 어떤지를 나타내려는 것이 아니라 오히려 다른 숨은 뜻을 가리킵니다. 즉 이들은 '큰 규모'의 상징이며 따라서 표의문자로 전환됩니다. 일차적인 그림이 이차적으로 특별한 상징과 의미를 갖게 되는 것입니다.

이집트의 오시리스신화

우리는 오시리스신화를 이집트신화 중에서 가장 잘 알고 있습니다. 그래서 그것이 이집트신화의 전부일 거라고 생각할 수 있습니다. 그러나 앞서 말씀드렸다시피 기원전 3500년부터 많은 왕조가 있었고, 중요한 네 개의 도시들을 중심으로 신들이 위계를 바꾸고 형상을 바꾸고 이름을 바꾸고 끝없이 변화하고 있었다는 사실을 알아두셔야 합니다. 오시리스신화는 그중 헬리오폴리스에 뿌리를 둔 신화이면서도 이시스, 호루스와 더불어 후대까지 가장 강력하게 믿겨졌던 세 신격 중 하나입니다. 시기적으로 아주 오래전에 생겼는데 그 이후로도 계속 숭배의 대상이 되어온 신이라고 할 수 있습니다.

오시리스신화는 여러 판본이 있으나 비교적 정교하게 소개된 자료는 『영웅전』으로 잘 알려진 플루타르코스Plutarchos의 〈이시스와 오시리스에 대하여〉라고 할 수 있습니다. 또한 이 신화를 핵심적으로 요약하고 있는 저작으로는 조지프 캠벨[13]의 『신화의 이미지』를 들 수 있습니다. 여기서는 주로 이들에 기대어 이야기를 풀어나가겠습니다.

고대 이집트 전설 중 가장 잘 알려진 판본에 따르면 오시리스와 그의 쌍둥이 누이 이시스, 세트와 그의 쌍둥이 누이 네프티스Nephthys는 모두 하늘의 여신 누트와 그의 배우자인 땅의 신 게브의 자손이었습니다. 그들은 세계의 첫 번째 해에 태어났습니다. 오시리스와 그의 누이는 인류에게 문명의 기술을 내려주었습니다. 오시리스는 농사짓는 법

---

13 Joseph John Campbell(1904~1987). 미국의 신화학자. 『신의 가면』, 『천의 얼굴을 가진 영웅』, 『신화의 힘』 등의 저서로 유명하다. 『신화의 이미지』(1974)는 고대 문명이 남긴 유적을 통해 신화가 지니는 보편성과, 동시에 그것이 시대와 장소에 따라 어떻게 변형을 이루는지를 탐색하는 데 초점을 맞춘다. 조지프 캠벨 저, 홍윤희 역, 『신화의 이미지』, 살림, 2006.

을 가르쳐주었고, 기념비적 건축물들, 글, 천문학, 의례의 달력을 주었으며, 이시스는 옷감 짜는 법, 음식을 준비하는 법, 음악, 춤, 그리고 그림 그리는 법을 알려주었습니다.

오시리스 그림을 보면 두 손에 각기 홀장, 즉 갈고리처럼 생긴 지팡이와 도리깨를 쥐고 있습니다. 이때 도리깨는 타작하는 도구로, 따라서 오시리스의 기본적인 성격 자체가 추수, 생산입니다. 우리 문화권에서는 생명이나 풍요로움을 상징하는 것이 씨앗보다는 절구로 상징되는 경우가 많습니다. 어쨌든 거둔 것을 찧거나 가공하는 것과 연결되어, 도리깨도 풍요와 생산의 상징성을 지닙니다. 그런데 오시리스는 혼자 나타나는 게 아니라 삼위일체, 즉 오시리스, 이시스, (작은) 호루스가 항상 함께 나타납니다.

그림 17
오시리스의 전형적인 형상이다. 얼굴과 피부의 초록은 오시리스가 죽음의 세계를 관장하는 한편 재생과 부활의 상징임을 의미한다. 전형적인 것은 홀장과 도리깨, 타조의 깃털로 된 왕관인 아테프관(Atef crown)을 쓰고 있는 것이 특징이다.

그림 18
오시리스 가족. 이시스의 형상은 옥좌, 손에 앙크를 들고 있으며, 심볼은 머리에 황소의 뿔에 태양을 이고 있으며, 제비, 코브라, 독수리, 무화과나무, 솔개를 상징하기도 한다. 오시리스의 쌍둥이 남매이자 아내로 작은 호루스를 낳았다. 호루스는 새매머리로 홍백관의 양관(pschent)을 쓰고 있으며, 이집트 왕가의 왕권을 상징한다.

이런 내용들은 판본에 따라 다르게 나타나기도 합니다. 어쨌든 이 신화는 신화의 구분 중에서 특히 문화의 기원에 관한 신화라는 것을 알 수 있습니다. 그런데 이 신화는 특이하게 문화기원신화에 죽음이 결합된 양상을 보입니다. 어떤 문명권에서는 죽음이 세상을 만들 때부터 있는데 이 신화에서는 이 단계에서 나타납니다.

어느 운명적인 밤이었습니다. 오시리스는 어둠 속에서 형제 세트의 아내인 네프티스를 자신의 부인으로 잘못 알고 잠자리를 갖게 됩니다. 그 부정한 관계로 태어난 아이, 그러니까 오시리스의 첫째 아이가 자칼의 머리를 한 신 아누비스Anubis입니다. 뒤늦게 그 사실을 안 세트는 복수심에 불타지요. 그래서 비밀리에 자기 형 오시리스의 몸에 딱 맞는 눈부신 석관을 준비합니다. 그런 다음 파티를 열어 한창 즐겁게 놀 때 그 석관을 보여주면서 누구라도 몸에 맞으면 그 사람에게 석관을 선물로 주겠다고 제안합니다. 참석한 사람들이 저마다 호기심에 들어가 보았지만 아무도 맞는 이가 없었습니다. 마지막으로 오시리스가 그 안에 들어가 눕는데 딱 맞습니다. 그 순간, 72명이나 되는 세트의 공범 자들이 한꺼번에 달려들어 뚜껑을 쾅 닫아버리고 단단히 봉해 나일 강에 훌쩍 던져버립니다. 석관은 바다로 둥둥 떠내려가 시리아 해안까지 흘러갔고, 마침내 비블로스[14]에 있는 강가에 이르렀습니다. 죽음 이후에 바다로 간다는 것은 많은 의미가 있습니다. 이집트신화에서 바다는 원초적인 것, 즉 아툼이나 원초적인 생명의 근원으로 간다는 의미도 있기 때문입니다. 어쨌든 강가에 다다른 석관에서 타마리스크 나무[15] 한 그루가 자라났고, 무성한 줄기로 그 훌륭한 관을 뒤덮었습니다. 그 나무는 아주 아름다웠고 향기도 아주 좋았습니다. 비블로스의 왕이 소문을 듣고 그 나무를 베어다가 자신의 궁전 기둥으로 삼았습니다.

사실, 당시의 많은 신전이나 유적들을 보면 기둥 형상의 신물神物도 있습니다. 가령 가톨릭에서 묵주 같은 신물들이 있는 것처럼, 기둥 자체가 신을 상징하는 것도 있습니다. 아마 오시리스신화에서 기원했을 것이

---

14 비블로스Byblos : 레바논의 베이루트 북쪽으로 약 40km 지중해 연안에 있는 고대도시.
15 타마리스크 나무tamarisk tree : 깃털 같은 가지에 작은 잎사귀가 비늘처럼 촘촘이 붙어있는 특이한 형태의 상수리나무. 대개 작은 키의 관목에 지나지 않으나 드물게 9m 정도까지 자라는 것도 있다.

라고 보이는데, 궁전 기둥에 오시리스가 들어있는 궁전을 뜻합니다.

한편, 남편을 잃은 이시스는 슬픔을 견뎌가면서 남편의 시체를 찾아 사방천지를 두루 헤매는데, 그러다가 시리아에 있는 한 도시까지 가게 됩니다. 거기서 이시스는 신비한 기둥에 관한 이야기를 듣습니다. 그래서 온갖 노력을 다한 끝에 갓 태어난 왕자의 보모가 됩니다. 이시스는 그 아이에게 불멸의 생명을 주고자 아무도 모르게 한밤중에 아이를 불 속에 눕힙니다. 그러고는 제비의 모습을 흉내내어 지저귀고 날갯짓을 하면서 기둥 주변을 돌았습니다. 어느 날 저녁, 왕자의 어머니가 마침 그 광경을 목격합니다. 당연히 기겁해서 비명을 지르죠. 그 바람에 아이에게 걸렸던 주문이 깨져버립니다. 그제야 이시스 여신은 자신이 누구인지 밝히고 남편 오시리스가 갇혀 있는 관을 기둥에서 꺼내어 배에 싣고 고향으로 돌아와 뚜껑을 열고는 죽은 남편의 얼굴에 제 얼굴을 대고 오열했는데, 그 순간 이시스는 임신을 하게 됩니다.[16] 마법이 작용한 것이라고 할 수 있습니다.

이 옛이야기의 이어지는 부분은 이시스가 남편의 시신을 가지고 나일 강 삼각주에 있는 저지대 습지에 숨어 아들을 낳는 내용입니다. 왜 숨느냐면, 시동생인 세트가 두려웠기 때문이죠. 세트는 형을 죽이고

16　아비도스에 있는 세티 1세의 신전이나 아길리카섬에 있는 이시스 신전 등에는 죽었던 오시리스가 부활하고, 새매로 변한 이시스가 오시리스의 발기한 성기와 성교를 통해 호루스를 임신하는 내용의 벽화가 새겨져 있다.

왕위를 빼앗은 것만으로 성이 차지 않습니다. 이제는 이시스를 자신의 왕비로 만들려고 싫다는데도 위협하고 강요합니다. 어느 보름날 밤, 세트는 우연히 오시리스의 시신이 담긴 상자를 발견합니다. 그래서 그 시신을 다시 열네 조각으로, 그러니까 달이 기우는 열나흘 밤 동안 하루에 한 조각씩 갈기갈기 찢어 멀리 던져버립니다. 찾으려야 찾을 수 없게 흩어놓은 것이지요. 두 번째로 남편을 잃은 이시스는 여전히 희망을 잃지 않습니다. 다시 남편을 찾아 나섰는데, 이번에는 여동생 네프티스와 자칼 소년 아누비스도 동행합니다. 그 결과 물고기가 삼켜버린-판본에 따라서는 게라고도 하는데-성기만 제외하고는 오시리스의 시체 조각들을 다 되찾을 수 있었습니다. 판본에 따라서는 각각의 조각들을 그것들을 발견한 장소에 묻어주었기 때문에 각지에 수많은 '오시리스의 무덤'들이 생겼다고도 합니다. 또 어떤 판본에서는 아누비스가 미라를 만드는 사제 역할을 맡았는데, 마법을 써서 찢긴 부분들을 모두 모아 온전한 미라로 다시 맞추어졌다고도 합니다.

이시스가 그 미라에 방부 처리를 합니다. 마침내 부활한 오시리스에게 백성들이 다시 우리들의 왕이 되어 달라 합니다. 그러나 오시리스는 아들에게 자신의 원수를 갚아달라고 하였고, 자신은 죽음의 세계를 다스리기를 원한다고 답합니다. 오시리스는 부활했으나 이 세계가 아닌 저 죽음의 세계를 다스리기를 소망한 것이죠. 앞서 [그림 17]에서도 보았듯이, 오시리스의 드러난 피부는 손과 얼굴밖에 없죠. 그 손과 얼굴은 보통 초록색으로 형상화되는데, 초록색은 새싹, 봄이 되면 새롭게 돋아나는 새싹의 색이라고도 해서, 오시리스는 죽음이면서 동시에 부활을 뜻합니다. 새로운 생명의 탄생을 상징하는 의미도 갖는다는 것이죠. 오시리스는 그렇게 죽음의 세계에서 왕이 됩니다. 그 후 이집트 사람들은 오시리스처럼 향유와 마포를 이용해서 완벽하게 온몸을 감고 방부처리를 하면 죽음의 세계에 가서 오시리스를 만나 새롭게 살게 된다고 믿기 시작합니다. 그래서 수많은 미라를 만들게 되었던 것입니다.

한편, 아들 호루스는 어떻게 되었을까요? 호루스는 금세 훌륭한 청년이 됩니다. 그래서 그의 숙부 세트와 격렬한 전투 끝에 아버지의 원수를 갚죠. 물론 쉬운 싸움은 아니었고, 굉장히 격렬한 싸움이 벌어졌지만 어쨌든 승자는 호루스였습니다. 그래서 파라오가 되는 것입니다. 그리고 이제 오시리스는 자기가 말한 대로 저승세계를 통치하는 왕, 사자死者들이 가장 두려워하는 왕이 됩니다. 그 때문에 파피루스에 적힌 저 유명한 〈이집트 사자의 서〉가 나오게 되는 것이기도 합니다.

이렇게 볼 때, 오시리스와 이시스신화는 그 구조가 수메르신화의 이난나(이슈타르)와 두무지(탐무즈), 그리스 신화의 데메테르와 페르세포네신화와 유사하다는 점을 확인할 수 있습니다.

오시리스신화는 선(오시리스)과 악(세트), 사랑(이시스)과 질투(세트), 생명(오시리스)과 파괴(세트), 죽음과 부활(오시리스)이 교차되면서 인간 삶의 총체성을 보여주고 있습니다. 이시스는 자신의 마법과 여동생 네프티스, 지혜의 신 토트의 도움으로 오시리스를 부활시킴으로써 장차 위대한 어머니 여신으로 숭앙받게 됩니다. 또한 오시리스는 죽었다가 부활한 존재이기에 죽은 자들의 왕이 되었고, 모든 생명의 부활 혹은 재탄생을 관장하는 풍요와 생산의 신격을 획득하게 됩니다.

우리가 먹는 쌀은 볍씨의 알갱이인데, 한 해의 벼가 자라서 죽은 결과물이 볍씨인 것은 다 아는 사실입니다. 그런데 그걸 다시 심으면 벼가 나잖아요. 이렇듯 모든 식물의 경우, 죽음이 곧 생명에 대한 약속입

그림 20
이집트 에두프의 호루스
신전

니다. 이것을 신화적 상징으로 보여주는 것이 오시리스신화라고 할 수 있습니다. 앞에서 말씀드린 〈밀의 기원〉, 〈술의 기원〉도 마찬가지입니다. '효'의 이야기는 아마 후대에 덧붙여졌을 거예요. 원래는 고대원시 사회에서 죽은 사람을 묻은 대지에서 새로운 작물이 나오는 경이로움을 다루는 이야기였을 것으로 추정됩니다. 아무튼 이렇게 오시리스신화는 죽음과 부활, 사람의 삶도 곡식처럼 땅을 통해 다시 부활할 수 있다는 믿음을 보여주는 신화입니다. 아마도 이 신화는 농경에 대한 지혜가 확실하게 나타난 시기를 배경으로 생성된 것으로, 기원전 3500년 혹은 그 이전의 시기에 이런 생각들이 생겨나고 제국이 생겨나면서 신화로 만들어졌을 것입니다.

이집트신화는 세계 신화지도의 관점에서 조망할 때, 세 가지 방면에서 중요한 의의와 가치를 지닌다고 할 수 있습니다.

첫째, 이집트신화는 지리적으로 중근동신화의 가장 남쪽 변방에 위치하고 있습니다. 이는 이집트신화가 중근동신화와 종교적, 문화적, 역사적, 지리적으로 긴밀한 연관성을 갖되, 동시에 전혀 색다른 아프리카 대륙의 영향도 받고 있음을 의미합니다. 따라서 이집트신화는 중근동신화이면서 중근동신화의 범주에서 가장 이색적인 신화라고 할 수 있겠습니다. 그 이색적인 면모의 핵심은 죽은 파라오를 미라로 만들어 영원한 생명을 부여한다는 신화관입니다.

둘째, 이집트신화에서 가장 중요한 신격을 차지하는 오시리스신화를 보면 그 핵심은 죽음과 부활입니다. 이러한 죽음과 부활의 신화소는 중근동신화의 범주에서 다루는 수메르신화나 히브리신화 등에서도 확인됩니다. 현대에 있어서 죽음과 부활이라고 하면 특히 기독교의 예수를 떠올리기 마련인데, 역사적으로는 이집트의 피라미드와 파라오, 미라와 같은 고대 문화의 유산에서 그 가장 오랜 기원을 찾을 수 있습니다. 따라서 히브리신화와 기독교신앙에서의 죽음과 부활은 고대 이집트 문화와 신화에서 영향을 받았을 것이라는 설명이 학계에서 상당한 지지를 얻고 있습니다.

셋째, 이집트신화 중에서 오시리스신화의 죽음과 부활 신화소는 인류가 원시문명 단계에서 농경을 발견하고 비약적으로 문명의 진전을 이루던 신석기 농업혁명을 배경으로 탄생되었다고 추정됩니다. 즉 씨앗을 대지에 뿌리고 대지는 이듬해 봄 그 씨앗을 새로운 생명으로 부활시키는 원리에서, 인류는 그 죽음과 부활의 모티프를 종교적으로 승화시키고 신화적으로 형상화하게 되었을 것이라 추정할 수 있겠습니다. 따라서 이집트신화에서 확인되는 죽음과 부활의 신화소는 신석기 농업혁명을 대단위적으로 경험한 세계 도처에서 동일하게 발견되는 것을 알 수 있습니다. 중국의 반고신화, 한국의 〈술의 기원〉, 인도네시아 서세람 섬의 하이누벨레(하이누웰레)Heinuwele신화 등에서도 농경과 풍요를 상징하는 신격은 죽음 이후 조각조각 땅에 묻히고, 이후 새로운 생명으로 부활하는 신화소가 확인되고 있습니다.

이 중 하이누벨레신화는 인도네시아의 서세람 섬에 전하는 신화입니다. 하이누웰레라는 소녀가 살해되는데, 부위별로 나뉘어 매장된 시신에서 알뿌리식물이 자라났다는 내용입니다. 농경의 기원을 말해주는 이른바 사체화생신화의 대표적인 신화입니다.

이렇게 동남아시아는 하이누벨레신화, 동북아시아는 한국의 〈술의 기원〉 신화, 중국은 반고신화, 이집트는 오시리스신화처럼 동일하거나 비슷한 신화소가 나타나는 형태를 일러 '사이클신화Cycle Myth'라고도 합니다. 또 중동신화의 이난나-두무지신화나 그리스신화의 데메테르-페르세포네신화도 마찬가지입니다. 일본의 경우에도 가령 우케모치保食神신화, 오오게츠히메大宜都比賣神 신화에서 같은 신화소를 찾을 수 있습니다. 이를 통해 우리만이 그런 생각을 하는 것이 아니라 다른 문명에서도 비슷한 사고로 저마다 다른 색깔의 신화를 만들었다는 것을 알 수 있습니다. 공통분모는 하나죠. 신석기혁명을 가능하게 한 농경에서부터 죽음과 부활을 인간의 먹거리 문화와 연결시키는 신화적 사고가 나타난다는 것입니다. 놀랍게도 지금까지 살펴본 오시리스신화에도 그런 요소들이 들어가 있는 것을 확인할 수 있었습니다.

이상에서 첫 번째와 두 번째는 중근동신화의 범주 안에서 이집트신화가 갖는 의의와 가치라고 한다면, 세 번째는 중근동신화의 범주를 넘어서 세계신화의 보편성이라는 관점에서 이집트신화가 지니는 의의와 가치라고 할 수 있을 것입니다.

질문 　앞서 〈술의 기원〉 신화에서 하필이면 왜 신체부위 중 간을 먹었을까요? 이런 종류의 신화에서는 다 간을 먹는 것인지요?

답변 　꼭 간은 아닙니다. 대개 심장과 간입니다. 티베트 자료에는 심장이 많습니다. 우리는 애(창자)까지도 포함합니다. 그런데 대부분은 간입니다. 제가 찾아본 자료로만 말씀드리면, 유목민이나 사냥을 하던 부족들은 사냥을 해서 그 자리에서 시체를 해체하잖아요. 그러면 그 자리에서 심장과 간을 꼭 먹습니다. 특히 그 짐승을 잡는 데 혁혁한 공을 세운 사람에게 심장과 간을 줍니다. 또 하나, 동양문화권에서 심장은 모든 생명과 사고의 근원이라고 생각해서 먹는 것이고요. 간은 어쩌면 간이 갖고 있는 놀라운 회복력 때문이 아닐까, 그 회복력의 상징성을 이미 알고 있었던 게 아닐까 생각할 수도 있습니다.

수메르 엔키신화

시지은(경기대 강사)

중동신화여행, 메소포타미아 지역으로 여행을 떠나 수메르신화를 다룰 예정입니다. 수메르신화의 전모를 살핀다는 건 아무래도 무리일 테지만, 이번 중동신화여행에서는 그래도 가장 중요하다고 여겨지는 엔키신화를 비롯하여 이난나신화, 그리고 길가메시신화 정도는 다루게 될 겁니다. 그중에서 엔키신화에 초점을 맞추어 다루도록 하겠습니다. 사실 수메르신화 중에서 엔키신화는 자료의 측면에서 본다면 체계적으로 등장하는 것은 아닙니다. 아주 산만하게, 여기저기 흩어져 있지만 대체로 창세신화의 중요한 골격을 차지하는 것으로서, 수메르신화의 판테온에서도 매우 흥미로운 면모를 보이고 있습니다. 그중에서도 우리가 주목해야 할 신적인 면모, 그리고 특히 재미있는 내용들을 중심으로 말씀드리겠습니다.

메소포타미아 문명과 수메르

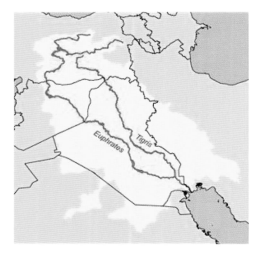

그림 21
메소포타미아와 수메르

세계적으로 보더라도 고대 문명의 핵심 부위에 해당하는 곳이 바로 메소포타미아이고, 메소포타미아 문명 가운데서도 가장 선명하게 예증이 되는 것이 바로 수메르신화입니다. 그래서 수메르신화를 중심으로 하는 신화 문명이 가장 활짝 꽃을 피운 곳이 메소포타미아라고도 할 수 있는 것입니다. 메소포타미아는 유프라테스와 티그리스 두 강 사이에 있는 문명의 땅, 그리고 비옥한 도시의 땅이라는 뜻을 갖고 있습니다. 오늘날의 이라크에 해당하는 지역으로, 뉴스에서는 전쟁과 테러 얘기만 들려주지만, 사실은 인류의 시원을 해명해 주는 소중한 땅이라고 할 수 있습니다.

수메르^{Sumer}는 메소포타미아에서도 가장 남쪽 지역으로, 오늘날의 지리적 위치로 본다면 이라크 남부 지역에 해당합니다. 수메르 문명은 세계에서 가장 오래된 문명으로 간주됩니다. 수메르인들이 어디서 왔는지는 정확히 알려져 있지 않지만, 대략 기원전 7000년경부터 그 지역에서 살기 시작한 것으로 추정하고 있습니다. 거기서 오늘날에도 많은 유물이 발굴되고 있죠. 수메르 문명이 가장 융성했던 시기는 기원전 3000년대로, 역사학자들은 통상적으로 그 1000년의 기간을 크게 초기왕조 시대_{기원전 2900?~2350?}, 아카드왕조 시대_{기원전 2350?~2150?}, 우르 제3왕조 시대_{기원전 2150?~2000?} 세 시대로 구분합니다.

고대 메소포타미아의 역사를 구분한 표를 보시면, 기원전 3000년경의 우루크에서부터 선왕조, 아카드제국, 그리고 우르 제3왕조까지 약 1000년을 수메르 문명이 가장 융성했던 시기라고 할 수 있습니다.

고대 메소포타미아 역사 Ancient Mesopotamian Dates

시간 Time	시대 Period
기원전 5300~4100	우바이드 Ubaid period
기원전 4100~2900	우루크 Uruk period
기원전 2900~2334	선왕조 Early Dynastic period
기원전 2334~2218	아카드 제국 Akkadian Empire
기원전 2218~2047	구티안 Gutian Period
기원전 2047~1940	우르 제3왕조 Ur III Period

수메르신화와 엔키[1]

수메르신화에서 엔키라는 신을 왜 중요하게 생각해야 하는지, 그 이유는 엔키신화가 다면적인 성격을 지니고 있으며 특히 성경 이전의 신화적 내력을 보여주고 있기 때문입니다. 구약은 아주 오랫동안 천지창조와 인류의 발생, 인류의 연대기에 대한 유일한 자료라고 여겨져 왔습니다. 그러나 훗날 발굴된 메소포타미아의 기록들은 그보다 훨씬 앞선 시대의 이야기일 뿐 아니라 더 자세한 내용도 담고 있습니다. 그 점이 야만적인 지역으로만 알려져 있던 메소포타미아 지역의 신화와 역사가 유럽학계에 던진 충격의 실체입니다. 그 가운데 하나가 바로 엔키신화이고 수메르신화입니다. 인류사에서 아직까지 수메르의 신들

---

[1] 이 항목의 내용은 『수메르, 혹은 신들의 고향』(제카리아 시친 저, 이근영 역, 도서출판 AK, 2009)을 많이 참고하였다.

보다 더 오래된 신들에 대한 기록은 발견되지 않고 있습니다. 따라서 인류사에서 수메르신들이 가장 오래된 신들이다, 이렇게 말할 수 있습니다.

수메르의 판테온에는 신들의 왕이라고 칭해지는 안이 있고, 그의 두 아들인 엔릴과 엔키가 있습니다. 그중에서도 엔키는 인간에게 우호적이며 인간을 옹호한 신으로, 우리 인간에게는 특별한 존재라 하겠습니다. 본격적으로 엔키를 들여다보기에 앞서 그의 아버지 안과 형 엔릴을 먼저 살펴보겠습니다.

(1) 안^{AN}

하늘과 땅을 모두 아우르는 신성가족의 우두머리는 안이었습니다. 안은 모든 신들의 위대한 아버지였으며 신들의 왕이었지요. 수메르의 그림문자에서 별처럼 표시되는 문자는 그것이 상징하는 의미가 시기에 따라 조금씩 달라집니다. 별은 신들 중에서 우두머리인 안을 가리켰지만, 하늘, 신성한 존재로서의 신^{God}, 그리고 안의 후예들인 신 일반을 상징하는 기호이기도 했습니다. '왕권'이라는 말도 수메르어로는 '아누투^{Anutu, 안의 권리}'라는 말에 기원을 두고 있다고 합니다. 안의 표식은 신성한 머리장식인 관, 권력의 상징인 홀, 그리고 목자의 상징인 지팡이였습니다.

안의 거처와 옥좌는 하늘에 있었습니다. 안의 거처가 하늘이긴 했지만 수메르 기록들을 보면 그가 땅으로 내려온 적도 있는데, 엔릴이나 엔키가 해결하지 못하는 큰 위기를 해결하거나 제의적 방문을 위해서 내려옵니다. 또 자신의 증손녀인 이난나를 만나기 위해서 내려오기도 합니다. 그런데 이렇게 이난나를 만나기 위해 땅으로 내려오는 것은

단순히 후손을 만나러 내려오
는 것이 아니라 성적인 결합
을 하기 위해서 내려오는 것
이었습니다. 지금의 우리식으
로 이야기하면 근친상간이 되
겠지만, 물론 그때 그것은 단
순한 근친상간이 아니라 문명
과 문화의 창조 과정으로 이
해할 수 있습니다. 이 같은 신
화적 설정은 사실 드문 것도
아니지요.

[그림 22]는 〈길가메시〉 점
토판의 설형문자, 즉 쐐기문
자인데, 점토판에 뾰족한 풀
이나 갈대로 그림을 그리듯
문자를 새겨 넣어서 만드는
것입니다. 글자의 모습이 쐐
기와 같이 생겼다고 하여 이
렇게 부릅니다. [그림 23]은

그림 22
길가메시 점토판의 설형문자

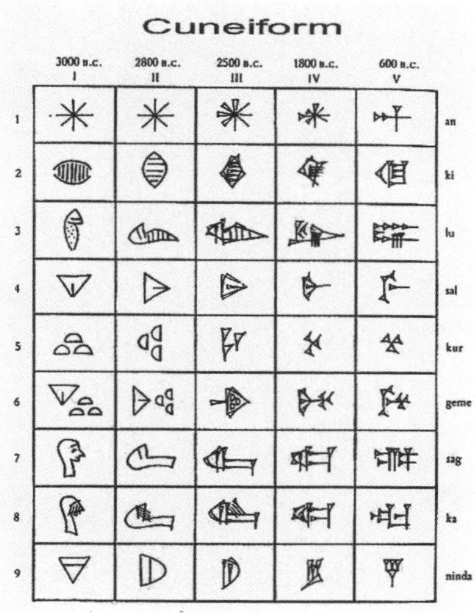

그림 23
쐐기문자의 음가와 문자의
변천

점토판에 새겨진 쐐기문자의 음가와 문자의 변천을 나타낸 표입니다.
가령 맨 위의 별처럼 생긴 설형문자를 보면 시대에 따라 의미가 조금
씩 달라지는데, 왼쪽부터 안, 하늘, 신으로 의미가 바뀌어 사용된 것을
볼 수 있습니다.

(2) 엔릴EN.LIL

엔릴은 안의 큰아들로 하늘의 거처에서 태어났습니다. 엔릴은 '모든 땅의 지도자'로 불렸고 '하늘에서는 왕자이며 땅에서는 우두머리'였습니다. 엔릴이 수드를 유혹하여 자신의 아내로 삼았고, 수드는 닌릴NIN.LIL이라는 새 이름을 얻게 됩니다. 엔릴이 물가에 있는 수드를 유혹하여 결합한 것으로 나오지만, 신화를 통해 그 내막을 살펴보면 수드가 왕의 아들인 엔릴을 유혹하기 위해 물가에서 목욕을 하고 있었던 것을 알 수 있습니다.

엔릴은 신들이 인류에 대해 결정한 일을 확실하게 집행하는 책임을 맡은 신이었습니다. 그에게는 대항하는 적들에게 사용할 수 있는 '모든 것을 없애 버리는 바람'이라는 무기도 있었습니다. 또 성경에 나오는 '노아의 방주'처럼 인류를 멸종시키기 위해 '대홍수'를 계획한 것도 엔릴이었습니다.

이렇게 보면 엔릴은 인간과 적대적인 관계에 있는 신이거나 혹은 인간을 별로 좋아하지 않는 신이구나 하고 생각할 수 있습니다. 그러나 사람들과 잘 지낼 때의 엔릴은 은혜를 베푸는 친절한 신이기도 했습니다. 수메르 기록에 따르면, 마치 중국의 신농씨처럼 쟁기와 곡괭이 같은 농기구와 농업 기술을 인간에게 베푼 신이 바로 엔릴이었다고 합니다. 엔릴은 이렇듯 기본적으로 인간에게 우호적인 신이지만, 인간이 덤빈다든지 적대적인 관계에 놓이면 아예 멸종시키려고도 하는 신입니다. '하늘과 땅의 신', '안의 장자', '왕권의 수여자', '신들의 우두머리', '신과 인간의 아버지', '농업의 전수자' 등등 그를 형용하는 말들이 많았는데, 이 모두가 그가 지닌 권력과 인간에 대한 통치력, 지배력을 잘 보여주고 있는 표현들입니다.

그림 24
아다 인장(The Adda Seal)
에서 인장과 점토판 면모

(3) 엔키 EN.KI

안의 또 다른 아들이 엔키였으며 에아 EA 라고도 불렸습니다. 엔릴과 마찬가지로 엔키 역시 본래는 '하늘의 신'이었는데 땅으로 내려온 뒤 인간과 깊은 관계를 맺는 '하늘과 땅의 신'이 되었습니다. 엔키는 특히 '짠물의 신', 즉 바다와 대양의 신이었습니다. 엔키는 압수 Apsu, 깊은 곳 를 지배하는 바다의 신으로 먼 바다를 항해할 수 있는 배를 만들었고, 아프리카와 같은 먼 곳으로부터 귀금속과 보석들을 수메르로 가져오 기도 했습니다. 엔키는 티그리스 강을 '신선하고 생명을 주는 물'로 채 웠으며, 또 하급 신들을 시켜 티그리스와 유프라테스 강에 배가 다닐 수 있는 운하를 건설하도록 했습니다. 또 습지를 막고 물고기를 풀어 온갖 새의 보금자리로 만들었으며, 좋은 건축 재료가 되는 갈대를 자 라게 하는 등 실로 인간과 깊은 관계를 맺은 신이었습니다.

실제로 많은 수메르의 기록들은 엔키를 인류의 가장 위대한 후원자 이며 인류에게 문명을 가져다준 신으로 묘사하고 있습니다. 앞서 말한 바와 같이 엔릴도 인간에게 농기구를 가져다주거나 농경기술을 가르 쳐주지만, 엔키는 그보다 훨씬 더 많은 종류의 기구나 기술로써 인류 에게 전폭적인 후원자 역할을 하고 있는 신이라고 할 수 있습니다.

신들이 어떤 이유를 들어 인류를 벌하거나 멸종시키려고 할 경우,

그림 25
아다 인장의 엔키와
이시무드 확대 그림

엔릴은 지상으로 내려와 그것을 집행하는 존재인데, 엔키는 신들의 모임에서 인간을 가장 옹호한 신으로도 묘사됩니다. 수메르와 아카드의 대홍수에 대한 기록을 보면, 엔키는 다른 신들의 결정에 불복해 자신을 따르는 인간들이 재앙을 피할 수 있도록 도운 신이기도 합니다.

모든 기록으로 보건대, 엔릴은 안과 그의 정식 아내인 안투의 아들이며 법적인 장자임이 분명합니다. 그렇게 보면 엔키는 정식 아내와 사이에서 태어난 아들이 아닌 것이지요. 그런데도 불구하고 엔키는 자신이 "신성한 안의 장자로 태어난, 바로 그가 나다"라고 외치며 엔릴과 신성한 왕권을 놓고 다투면서 신화 상으로 많은 이야기와 사건을 일으키게 됩니다.

점토판에 나타난 엔키의 모습을 보면 머리에 관을 쓰고 어깨에는 항상 주렁주렁 무언가가 달려 있습니다. [그림 25]의 가운데를 보면, 엔키의 어깨에 달린 장식은 바로 물고기가 가득찬 물이라는 사실을 알수 있습니다. 엔키가 애초에 바다와 대양의 신이라고 했지요. 그처럼 인류에게 물고기가 가득찬 물을 제공해주는, 그런 좋은 세상을 만들어주는 존재로서의 엔키를 형상화한 모습이라 하겠습니다. 엔키의 어깨에서 흘러내리는 물을 티그리스와 유프라테스 두 강이라고 해석하기도 합니다. 점토판에서 엔키의 오른쪽에 두 얼굴을 지닌 사람이 보이는데 엔키의 시종 고관 우시무(이시무드)입니다.

(4) 수메르 신들의 계보도

수메르 신들의 계보도를 보면 중요도에 따라 숫자를 붙인 것을 확인할 수 있습니다. 최고의 신인 안에게는 60, 그리고 그의 아들 엔릴과 엔키에게는 각각 50과 40이라는 숫자를 붙였습니다. 그리고 그 아내를 비롯한 여신들에게는 남신보다 5씩 적은 55, 45, 35 등의 숫자를 붙였습니다. 수메르에서는 이렇게 해서 12명의 신을 중요한 신으로 여기고 있었습니다. 수메르에서는 예전에 60진법을 사용했기 때문에 그 최상의 숫자인 60을 신들의 우두머리인 안에게 부여하고, 다른 신들에게는 그 아래 숫자를 부여한 것입니다. 10에서 60까지 0으로 끝나는 숫자는 모두 남신들에게 주어졌고, 5로 끝나는 숫자들은 여신들에게 주어졌습니다.

이렇게 각각의 신들에게 부여된 숫자를 파악함으로써 수메르 문명이 융성할 당시 하늘과 땅의 신들로서 중요한 자리를 차지하고 있던 신들이 누구였는지 알 수 있으며, 그들의 수가 정확히 12명이었다는 사실도 확인할 수 있습니다.

남신(6명)	여신(6명)
60-안(아누)	55-안투(안의 부인)
50-엔릴	45-닌릴(엔릴의 부인)
40-엔키(에아)	35-닌키(엔키의 부인)
30-난나(신)	25-닌갈(난나의 부인)
20-우투(샤마시)	15-이난나(이슈타르, 난나의 딸)
10-이시쿠르(아마드)	5-닌후르쌍(안의 딸)

다음의 [그림 26]을 보면 남신 뒤에 아내인 여신이 겹쳐져 있는데, 이 관계가 정식 부부의 관계입니다. 그런데 이 수메르 신들의 계보도

그림 26
수메르 주요 신들의 계보도

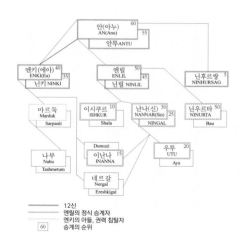

에는 정식 부부 사이에서 낳은 후손도 있고, 그렇지 않고 다른 경로, 주로 근친상간을 통해서 낳은 후손도 있습니다. 엔릴을 예로 들어 보면, 엔릴은 안과 정식 아내인 안투 사이에서 낳은 장자이지요. 그 엔릴은 닌릴과 혼인하여 난나와 이시쿠르 두 아들을 낳습니다. 그런데 엔릴의 실제 승계자는 이 두 아들이 아니라 오른쪽에 있는 닌우르타입니다. 닌우르타는 엔릴과 닌릴 사이에서 태어난 아들이 아니라 엔릴과 닌후르쌍 사이에서 태어난 아들입니다. 닌후르쌍은 안이 안투가 아닌 다른 여성과의 사이에서 낳은 딸, 그러니까 엔릴과는 이복남매 사이입니다. 이 닌우르타에게 숫자 50이 부여된 것이 중요합니다. 만약 신의 계보에서 엔릴이 사라진다면 엔릴의 그 자리를 다른 신이 아닌 바로 닌우르타가 차지할 수 있다는 의미가 되니까요. 그러니까 엔릴과 닌후르쌍 사이에서 태어난 닌우르타가 엔릴의 최고 후계자가 되는 것입니다.

엔키신화의 실상

(1) 엔키신화와 에리두

수메르는 도시국가의 면모를 가진 나라들로 왕조를 구성하고 있었습니다. 도시는 하늘의 신에 의해서 설계되었으며, 일정하게 신전 또는 사원을 지어야 했습니다. 사원마다 주신이 존재하게 됩니다. 엔키는 에리두Eridu의 주신이었습니다. 에리두는 우르의 남서쪽으로 7마일 떨어진 고대도시입니다. 메소포타미아의 남쪽, 그러니까 현재의 이라크 디카르주 지구Dhi Qar Governorate에 에리두가 있었

그림 27
함무라비 시대의 바빌로니아

그림 28
2011년에 촬영된 에리두의 유적지

습니다. 수메르 전설에 의하면 에리두는 에아로 알려진 수메르의 신 엔키에 의해 설립된 고대도시로, 아카드인들은 엔키를 이 도시의 수호신으로 여겼습니다. 이 고대도시 에리두 안에 지구라트라는 신전탑이 있는데, 지구라트는 내부를 진흙 벽돌로 채우고 외부는 구운 벽돌로 덮은 피라미드형의 계단식 건축물입니다.

(2) 엔키신화의 실제적 면모[2]

수메르신화에 나타나는 엔키신화의 모습이나 성격이 워낙 다양하기 때문에 일률적으로 정립해서 말하기는 쉽지 않습니다. 그렇지만 그 중 핵적인 성격이나 모습을 정리하면 대체로 다음과 같이 몇 가지로 간추

---

2   이 항목의 수메르신화 내용은 『수메르 신화』(조철수 저, 도서출판 서해문집, 2005 초판 2쇄)를 많이 참고하였다.

릴 수 있습니다. 특히 이에 대한 고전적인 견해를 정리한 책에 기대어 그것들을 살펴보도록 하겠습니다.[3]

1) 인간 창조의 신

노아의 방주처럼 대홍수 때 살아남은 인간인 아트라하시스의 이야기를 담은 〈아트라하시스의 태초 이야기〉의 첫 행은 "신들이 사람 대신에 노동을 하였고 노역을 감당했다"로 시작합니다. 사람이 나타나기 전 세상에는 신들만이 있었는데, 그때부터 이미 신들은 고도로 조직된 도성사회에서 살고 있었습니다. 모든 신들의 아버지인 안이 하늘을 지배하고 대기의 신 엔릴이 땅위를 지배하는데, 엔릴은 작은 신들에게 운하 파는 일을 시켰습니다. 그런데 노동에 지친 신들이 소동을 일으키자, 엔키가 모신母神 닌투에게 말하여 신 대신 노역을 담당할 피조물을 만들 계획을 세웁니다. 닌투가 반란을 일으킨 작은 신들의 우두머리의 살과 피를 점토에 섞고, 다른 신들이 그 점토에 침을 뱉었습니다. 산파 여신들이 모이자 엔키가 그 점토를 밟고 닌투가 주문을 읊으며 열네 개의 점토 덩어리를 떼어 냈습니다. 열 달 후에 산파 여신들의 자궁에서 남자 일곱 명, 여자 일곱 명이 나왔습니다. 그 이후로는 사람들이 호미와 삽을 만들어 운하와 수로 파는 노역을 시작했습니다. 그 과정을 신화를 통해 간략히 살펴보면 다음과 같습니다.

신들이 사람 대신에

노동을 하였고 노역을 감당했다.

---

[3] Samuel Noah Kramer, *Sumerian Mythology*, University of Pennsylvania Press,1998./ Samuel Noah Kramer & John Maier, *Myths of Enki, the Crafty God*, Oxford University Press, 1989.

신들의 노역은 컸고

노동은 힘겹고 고생이 많았다.

(중략)

신들은 티그리스 강(바닥)을 팠으며

유프라테스 강(바닥)을 팠다.

깊은 [우물도 팠으며]

[....을] 세웠다.

(중략)

그들은 고역의 햇수를 세었다.

40×60년 이상이나 [일했다.]

밤낮으로 노동을 감당했다.

그들은 불평불만에 가득 찼고

파 놓은 흙더미 위에서 투덜거렸다.

"의전관인 우리의 닌우르타를 만나자.

그는 우리를 중노동에서 벗어나게 해 줄 것이다.

신들의 고문관 용사 엔릴에게

가자, 그의 거처에서 그를 끌어내자."

이상은 노동에 지친 작은 신들이 엔릴에 대해 반역을 도모하는 내용입니다.

에아는 입을 열고

형제 신들에게 말했다.

"우리가 왜 그들을 비난합니까?"

그들의 노동은 힘겹고 고생이 많습니다.

매일 땅이 [외치며]

울부짖음이 심하며 시끄러운 소리를 듣습니다.

(중략)

산파 여신 벨레트일리가 있습니다.

그녀가 인간적인 사람을 만들어서

그 사람이 이 멍에를 지게 합시다.

그가 멍에를 지고, 신들의 노역을 맡게 합시다.

　에아, 즉 엔키가 작은 신들의 고충을 이해하고, 인간 창조를 제안하는 장면이지요.

앞을 내다보는 에아와 마미는

운명의 집에 들어갔다.

출산 여신들이 모두 모였으며

그는 그녀 앞에서 점토를 밟았다.

그녀는 주문呪文을 읽었으며

그녀 앞에 앉은 에아는 세었다.

주문이 끝나자,

그녀는 열네 개 점토 덩어리를 떼어냈다.

일곱 덩어리는 오른쪽에

일곱 덩어리는 왼쪽에 놓았다.

그 사이에 흙벽돌을 놓고

갈대(줄기 끝으로)로 탯줄을 자르게 했다.

지혜롭고 배움이 있는 출산 여신 일곱을 불렀다.

일곱으로는 남자를 만들고

일곱으로는 여자를 만들었다.

출산 여신, 운명의 창조주에게

그는 그녀 앞에서 둘 둘씩

둘 둘씩 짝지어 주었다.[4]

인간을 창조하는 장면입니다.

여기서 주목되는 것은 신과 신들의 관계, 신과 인간의 기본적 관계입니다. 수메르신화에서는 신 자체의 고안이 중요하고, 신이 신을 고용하여 인간이 할 일을 대신하는 것이 핵심입니다. 이것은 수메르신화의 독자적인 사고방식을 보여주는 것으로 파악되는데, 이에 대하여 톨킬드 야콥슨 교수는 주목할 만한 견해를 피력한 바 있습니다.[5] 즉 메소포타미아 사람들은 고대 수메르의 도시에 대해서 특별한 생각을 하고 있었다는 것입니다. 도시마다 그 도시를 소유하고 있는 신들이 있고, 도시의 모든 시민은 지배자부터 노예까지 그 수호신들에 의해서 고용되어 있다고 생각하는 것이지요. 그들은 인간세계의 모든 것들이 천상에 실재하는 것들의 복제품이라고 보는 세계관을 유지하고 있었습니다. 원로들의 모임이 도시를 다스리듯이 신들의 모임이 다른 신들을 통치한다고 생각했습니다. 시골에서의 사람들이 살던 방식이 변화하고 도시에서의 삶이 도시문화와 신의 세계관을 결정했습니다. 자연

---

4 위의 책, pp.77~91.
5 Thorkild Jacobsen, Mesopotamia, *The Intellectual Adventure of Ancient Man: An Essay of Speculative Thought in the Ancient Near East*, The University of Chicago Press, 1977, pp.186~197.

에 의존하는 것이 아니라 계획된 도시에서 일정한 준거를 가지고 만들어진 도시를 말합니다. 도시는 창조주인 신의 세계를 복사한 것이고, 그러한 의미에서 신들의 세계를 그대로 모방한 신들의 복사판이고 신에게 고용된 곳이라고 하는 가설이 있습니다. 톨킬드 야콥슨이 이렇게 주장했습니다.[6]

중간 중간 생략을 하긴 했지만, 위 신화 내용을 통해 작은 신들이 도시를 만들고 유지하기 위해 매우 긴 시간동안 힘겨운 노동을 했으며, 그 과정에서 쌓인 불만이 땅을 다스리는 신인 엔릴과 의전관 닌우르타를 향하는 것을 알 수 있습니다. 화가 난 작은 신들이 무기를 들고 엔릴의 집을 둘러싸자 엔릴은 신들의 아버지인 안에게 요청하여 신들의 회의를 엽니다. 이에 엔키가 신들의 노동을 대신할 창조물을 만들 것을 제안하고, 모신인 닌투와 함께 인간을 창조하는 것이지요.

2) 홍수에서 인간을 살린 신

이렇게 인간이 생겨난 뒤 또 다른 문제가 발생합니다.

인간들이 수없이 늘어나서 끊임없이 떠들어대는 것이지요. 황소처럼 울부짖기도 했으니까요. 엔릴은 쉴 수가 없었습니다. 엔릴은 역병과 가뭄으로 사람들의 수를 줄이려고 했는데, 에아(엔키)가 훼방을 놓아 성공할 수 없었습니다. 큰물의 지배자인 엔릴은 다시 홍수를 일으켜 인간들을 없애려 했습니다. 엔키는 이제 아트라하시스 왕에게 이 일을 알려주어 배를 만들게 하여 홍수에서 살아남을 수 있게 했습니다. 그래서 엔키는 홍수에서 인간을 살려낸 신으로 나타나기도 합니다.

6   Thorkild Jacobsen, Mesopotamia, *The Intellectual Adventure of Ancient Man: An Essay of Speculative Thought in the Ancient Near East*, The University of Chicago Press, 1977, pp.186~197.

600년, 600년이 채 지나가지 않았다.
사는 땅은 넓어지고 사람도 많아졌다.
땅은 황소처럼 울어댔다.
신은 울부짖는 소리로 불안했다.
엔릴은 외치는 소리를 듣고
큰 신들에게 말했다.
"인간들의 울부짖는 소리가 너무 심하며
그들의 소동으로 쉴 수가 없다.
역병을 일으키자."[7]

인간의 소란 때문에 화가 난 신들이 인간에게 고통을 주려 하는 것
이지요.

바람에 떨어진 새들, 한 바구니의 물고기,
그는 물시계를 열고 그것을 채웠다.
일곱 밤 때까지 올 홍수를 말한 것이었다.
아트라하시스는 전갈을 받았다.
그는 장로들을 그의 문 앞에 모았다.
아트라하시스는 입을 열고
연장자들에게 말했다.
"내 신은 당신들의 신과 뜻을 같이하지 않습니다.
에아와 엔릴은 서로 화를 냅니다.
그들이 [내 집]에서 나를 쫓아냈습니다.

---

7   이하 위의 책, pp.97~118.

나는 항상 [에아]를 경외하여

그는 이 일을 나에게 말했습니다.

나는 더 이상 [...]에서 살 수 없습니다.

나는 엔릴의 땅에 [발을 디딜 수가] 없습니다.

나는 [압수로 내려가서] 내 신과 [살아야 합니다.]

이것이 그가 나에게 한 말입니다."

아트라하시스가 엔키로부터 홍수에 대비할 것을 들었다는 말입니다.

닌투는 [....] 울부짖었다.

".... 폭풍 이는 바다가 되었다.

잠자리 떼처럼 그들은 강을 메웠다.

뗏목처럼 그들은 강변에 널려 있었고,

뗏목처럼 들판의 강둑에 널려 있었다.

나는 그들을 보았고, 울었다."

그들을 위한 통곡으로 지쳤다.

대홍수로 인해 인간들이 고통을 받자 모신 닌투가 괴로워하는 모습입니다.

용사 엔릴은 큰 배를 보았다.

그는 이기기 작은 신들에게 화가 치밀었다.

아눈나키 큰 신들, 우리 모두가 하나로 맹세했다.

"어디로 생명이 빠져나갔느냐?

어떻게 사람이 파멸에서 살 수 있었느냐?"

아누는 입을 열고

용사 엔릴에게 말했다.

"에아 말고 누가 있겠느냐?

[갈대 담에게] 이 일을 알려 주었다."

에아는 입을 열고

큰 신들에게 말했다.

"당신들을 위해서 내가 했습니다.

내가 생명을 보존하게 했습니다."

　살아남은 인간을 보면서 엔릴과 엔키가 보이는 반응입니다.

　다른 토판의 내용을 더 살펴보면, 인간의 소란스러움에 지친 신들은 인간을 벌하기 위해 "사람들에게 먹을 것을 없애자. 굶주릴 만큼 곡식을 줄이자. 아다드(천둥신)는 비를 내리지 말라. 아래에 지하수에서 큰 물이 올라오지 않을 것이다. 바람이 불어 땅이 마를 것이다. 구름이 뭉쳤으나 비는 오지 않을 것이다. 밭에서 얻는 수확은 줄어들 것이다. 난다바(곡식 여신)는 그녀의 가슴을 가려라. 그들에게 기쁨이 없을 것이며 [그들의 얼굴은] 처참할 것이다."라며 인간에게 고통을 주기 위한 구체적인 방법을 여러 신들에게 제시하는 내용이 나옵니다. 그러나 "그(엔릴)는 [에아] 때문에 화가 가득 찼다. 우리, 아눈나키 신들 모두가 [계획에] 동의했습니다. 아누(하늘신)와 아다드(천둥신)는 위를 지켰고 나는 아래에 땅을 지켰습니다. 에아가 나가서 사람들의 멍에를 벗기고 자유롭게 했습니다. 그는 [사람들에게 식량을] 풀어 주었고 [...]를 했습니다."라는 내용도 나오는 것으로 보아, 인류를 멸하려는 여러 신들의 계획을 에아(엔키)가 번번이 방해하고 있음을 알 수 있습니다.

신들이 마침내 최후의 방법으로 홍수를 일으키려 하자, 에아는 아트라하시스 왕에게 홍수에 대비하여 배를 만들고 생명을 구할 것을 전합니다. 결국 홍수가 나서 폐허가 되자 모신인 닌투는 통곡으로 슬픔을 대신합니다. 엔릴은 아트라하시스 왕을 비롯해 파멸에서 살아난 인류를 보자 불같이 화를 내지요. 에아는 자신이 인류를 보존하게 했노라 말함으로써, 엔릴과 대적하며 인류에 대한 애정을 분명히 드러냅니다. 신들의 노동을 대신할 존재로서 인류를 창조하는 방법을 제안한 엔키였습니다. 그런 만큼 자신의 제안으로 창조된 인류에 대해 딴 신들과는 다른 태도와 애정을 보이는 건 어찌 보면 당연한 듯싶지만, 사실 아버지 안의 아들로서 형 엔릴과 여러 차원에서 대적한다는 점은 그 역시 왕위 승계자로서의 욕망을 지닌 존재라는 점을 보여주는 것이기도 하지요. 엔키의 이런 면모도 잊지 말아야 할 것입니다.

3) 거룩한 도시 딜문

도시 딜문은 〈엔키와 닌후르쌍〉이라는 제목으로 알려진 신화 속에 나오는데, 홍수에서 살아남은 현자 지우수드라/우트나피시팀이 영원한 생명을 얻어 인간의 종자를 지키기 위해 살고 있다는 곳입니다. 성서의 '지상낙원'에 비교할 수 있는 이 딜문을 엔키가 닌시킬라에게 선물로 주고, 우물에서 단물이 솟아오르고 풍요로운 도시가 되도록 만들었습니다. 딜문에 대한 이 이야기가 신화적으로 어떤 의미를 가지고 있는지 그 내용을 먼저 살펴보도록 하겠습니다.

그곳은 깨끗했다. 그곳은 그 곳은 빛났다.

딜문에 까마귀가 까옥거리지 않았으며
닭이 꼬꼬댁하고 울지 않았다.
사자가 죽이지 않았으며
늑대가 양을 채어가지 않았다.
개가 새끼염소를 비틀어 버리는 것을 알지 못했으며
돼지가 보리 먹는 것을 알지 못했다.
과부가 엿기름을 지붕에 널어놓았는데
새들이 위에서 이 엿기름을 먹지 않았으며
비둘기가 날개 밑에 머리를 파묻지 않았다.

이 같은 묘사를 통해 딜문은 깨끗하고 정숙한 곳임을 알 수 있습니다. 까마귀도 닭도 울지 않고, 사자와 늑대, 개가 여린 짐승을 해치지 않았으며, 돼지나 새들이 먹는 것을 함부로 탐하지 않는 세상이 바로 딜문입니다. 고요하며 누구도 위험을 느끼는 행위를 하지 않는 세상, 딜문은 우리가 익히 아는 동물의 본성이 발현되지 않는 세상, 어쩌면 그러한 구별이 없었던 세상을 그리고 있는 듯합니다.

눈 아픈 사람이 "나는 눈 아프다"고 말하지 않았으며
머리 아픈 사람이 "나는 머리 아프다"고 말하지 않았다.
할머니가 "나는 할머니다"라고 말하지 않았으며
할아버지가 "나는 할아버지다"라고 말하지 않았다.
처녀가 목욕하지 않아도 도시에서 버림받지 않았으며
강을 건너간 사람이 "힘들다"라고 말하지 않았다.
통보자가 변두리를 돌지 않았으며

가수가 "일하러 가세" 노래를 부르지 않았고
도시 변두리에서 곡哭하지 않았다.

   고요하고 평화로운 세상을 그리고 있는 데 이어, 딜문은 사람이 아픔과 늙음에 대한 고통을 느끼지 않는 곳이며, 노동으로 인한 피로도, 노동에 대한 의무도, 청결이나 죽음에 대한 어떤 윤리적인 규율이나 강제도 없는 곳으로 그려지고 있습니다. 이처럼 딜문은 고통이나 힘겨움, 그리고 슬픔이 없는 곳이기도 하지요. 이 딜문을 엔키가 닌시킬라에게 증여합니다.

   닌시킬라는 그녀의 아버지 엔키에게 말했다.
   "당신이 도시를 주었습니다. 당신이 도시를 주었습니다.
   내 운명을 당신이 주었습니다.
   당신이 도시 딜문을 주었습니다. 당신이 도시를 주었습니다.
   강에 [선창船艙이] 없는 [도시]
   당신이 [도시 딜문을] 주었습니다. (도시를)
   [내 운명을 당신이 주었습니다.]
   밭과 농토와 [경작지가 없는 도시]
   [당신이 도시 딜문을 주었습니다. (도시를)]
   [내 운명을 당신이 주었습니다.]
   [단물의 연못이 없는 도시]
   [당신이 도시 딜문을 주었습니다. (도시를)]"

엔키가 닌시킬라[8]에게 도시 딜문을 증여하고, 닌시킬라가 도시 딜문에 대해 묘사하는 내용입니다. 닌시킬라가 엔키에게 받은 도시 딜문은 선창도 경작지도 연못도 없는 도시입니다. 사람이 자연을 상대로 한 문명화가 전혀 이루어지지 않은 도시의 형태인 것이지요.

"네 큰 발자국에서 물이 솟아오를 것이다.

네 도시는 그곳에서 풍요의 물을 마실 것이다.

딜문은 (풍요의 물을 마실 것이다.)

네 쓴물의 우물이 단물의 우물이 될 것이다.

네 도시가 나라의 선창가 집(창고)이 될 것이다.

딜문이 (나라의 선창가 집이 될 것이다.)"

이때에 그날 태양 아래

태양이 하늘에 서 있을 때에

에젠의 해변에 서 있는 계선주繫船柱에

잉어로 채운 난나의 집으로부터

땅 밑으로 물이 흘러 단물을 입구로 그녀에게 갖다 주었다.

그녀의 큰 발자국에서 물이 솟아올랐다.

그녀의 도시는 그 곳에서 풍요의 물을 마셨다.

딜문은 풍요의 물을 (마셨다.)

그녀의 쓴물의 우물이 단물의 우물로 되었다.

밭과 농토와 경작지에 곡식이 자랐다.

그녀의 도시는 나라의 선창가 집(창고)이 되었다.

---

8   닌시킬라Nin-Sikil-la는 '깨끗한/정한 여주'라는 뜻. 닌시킬라가 엔키를 아버지라고 칭하는 것은 부녀지간이라서가 아니다. 큰 신에 대해 작은 신이나 사람들이 부르는 호칭으로 보아야 한다.

딜문은 (나라의 선창가 집이 되었다.)

이때에 그날 태양 아래 그렇게 정말로 되었다.[9]

딜문을 닌시킬라에게 증여한 후, 엔키의 말대로 딜문 땅에서 물이 솟아오르고, 경작지에 곡식이 자라고, 배를 맬 수 있는 선창가가 생깁니다. 엔키가 다스렸던 딜문이 고요하고 안전하지만 새로운 생명과 창조가 이루어지지 않는 세상이라면, 닌시킬라의 딜문은 물이 흐르고 곡식이 자라고 배가 운항하는, 말하자면 죽음과 생명이 순환하는 역동적인 세상이 된 것입니다. 닌시킬라가 딜문을 받은 후로 이러한 도시의 순환과 문명화가 이루어진다는 것은, 남신인 엔키가 이루어내지 못하는 것을 여신의 생산성에 기인하여 이루어낸 것, 즉 또 다른 창조의 면모라고 볼 수 있습니다. 인간을 창조할 때에도 엔키가 먼저 제안을 했어도 결국에는 엔키와 모신인 닌투가 힘을 합해 이루어낸 것과 같이, 세상의 문명화도 닌시킬라에게 주어진 땅에 엔키가 일정한 영향력을 행사하여 이루어진 결과이기 때문입니다.

4) 왕성한 생산의 신

닌시킬라에게 딜문을 증여한 엔키는 자식을 낳기 위한 여정을 시작합니다. 이 내용은 〈엔키와 닌후르쌍〉이라는 제목으로 알려진 신화에 나타나는데, 자식을 낳기 위한 엔키의 행적이 파란만장합니다. 엔키는 우선 이복 남매인 닌투(닌후르쌍)와 잠자리를 하여 닌무를 낳습니다.

그 홀로 지혜 있는 이가 '나라의 어머니' 닌투에게

---

9   위의 책, pp.200~203.

엔키인 지혜 있는 이가 (나라의 어머니) 닌투에게

그의 성기로 그녀를 향해 수로를 파고 있었다.

그의 성기를 그녀를 향해 축축한 갈대밭에 빠뜨리고 있었다.

그는 성기를 밖으로 위엄스럽게 치켜 올리고 있었다.

(중략)

닌후르쌍의 속(자궁)에 물(정액)을 뿌렸다.

그녀는 물을 (그녀) 속에 받았다. 엔키의 물이었다.

하루였다. 그녀의 한 달이었다.

이틀이었다. 그녀의 두 달이었다.

삼일이었다. 그녀의 석 달이었다.

사일이었다. 그녀의 넉 달이었다.

오일이었다.

육일이었다.

칠일이었다.

팔일이었다.

구일이었다. 그녀의 아홉 달이었다. 여성의 달이었다.

좋은 기름처럼 좋은 기름처럼 고귀한 기름처럼

나라의 어머니 닌투는

닌무(새싹 여주)를 낳았다.

엔키는 닌후르쌍과의 사이에서 닌무를 낳습니다. 그런데 엔키는 딸인 닌무와 관계하여 다시 닌쿠라를 낳고, 닌쿠라와도 관계하여 웃투[10]를 낳게 됩니다.

10 Uttu. 수메르의 태양신 우투(Utu)와 혼동하기 쉽다.

닌무는 강둑을 향해 나갔다.

엔키는 연못에 들어앉아 있었다. 들어앉아 있었다.

그의 시종 이시무드에게 말했다.

"이 아리따운 작은 여인에게 입 맞출 수 없을까?

이 아리따운 닌무에게 (입 맞출 수 없을까?)"

그의 시종 이시무드는 대답했다.

"이 아리따운 작은 여인에게 입 맞출 수 없다니요.

이 아리따운 닌무에게 (입 맞출 수 없다니요.)

주인님, 바람을 일으키겠습니다. 바람을 일으키겠습니다."

  엔키가 닌무를 유혹하려 하자, 엔키의 시종 이시무드는 바람을 일으켜 닌무가 배 안으로 걸어오게 하고, 배 안에서 엔키가 닌무를 안도록 해줍니다. 엔키의 정액을 받은 닌무는 닌투와 같은 과정을 거쳐 딸 닌쿠라를 낳게 됩니다.

좋은 기름처럼 좋은 기름처럼 고귀한 기름처럼

닌무는 좋은 기름처럼

닌쿠라(신의 여주)를 낳았다.

(중략)

좋은 기름처럼 좋은 기름처럼 고귀한 기름처럼

닌쿠라는 좋은 기름처럼

잘생긴 여자 웃투(천 짜는 여신)를 낳았다.

  같은 과정을 거쳐 닌무는 닌쿠라를 낳고 닌쿠라 역시 강가를 거닐

다가 엔키의 꾀에 빠져 웃투를 낳게 됩니다. 이 과정에 시종 이시무드의 술수가 있었지만, 그 전에 이미 자손으로 태어난 여인들을 향한 엔키의 욕정이 있었습니다. 이를 보다 못한 닌후르쌍이 웃투에게 엔키의 유혹에 넘어가지 않을 방도를 알려주지만, 웃투 역시 엔키의 유혹에 넘어가 엔키의 정액을 몸에 받고 맙니다. 그 사실을 알게 된 닌후르쌍이 웃투의 아랫배에서 엔키의 물을 꺼내 정원에 뿌립니다. 그러자 정원에 여러 가지 풀이 자라납니다. 엔키가 호기심에 그 풀을 먹자 닌후르쌍은 엔키를 저주하며 떠나버립니다. 그러나 결국에는 여우가 닌후르쌍을 찾아 데려와 엔키의 저주를 풀어 줍니다. 닌후르쌍은 풀을 먹어 아픈 엔키를 안고 그 아픈 곳에서 작은 신들을 낳게 합니다.

> 닌후르쌍은 엔키를 그녀의 성기 위에 앉혔다.
> "내 동생, 어디가 너를 괴롭히느냐?"
> "내 머리 가죽이 나를 괴롭힙니다."
> 그녀는 '아버지 풀 신'을 태어나게 했다.
> "내 동생, 어디가 너를 괴롭히느냐?"
> "내 양털 가지(머리카락)가 나를 괴롭힙니다."
> 그녀는 '양털 꼬는 여주'를 태어나게 했다.
> "내 동생, 어디가 너를 괴롭히느냐?"
> "내 코가 나를 괴롭힙니다."
> 그녀는 '계선주에서 낳는 여주'를 태어나게 했다.
> "내 동생, 어디가 너를 괴롭히느냐?"
> "내 입이 나를 괴롭힙니다."

그녀는 '입을 채우는 여주'를 태어나게 했다.[11]

　이와 같은 순서로 닌후르쌍은 엔키의 아픈 몸에서 차례로 신을 태어나게 하지요. '아버지 풀신', '양털 꼬는 여주', '계선주에서 낳는 여주', '입을 채우는 여주', '목숨을 주는 여주', '팔을 치켜드는 새싹 여신', '갈비뼈 여주', '아름답게 하는 여주'를 태어나게 합니다. 이렇게 태어난 신들은 각자의 역할을 지니게 됩니다.
　이 신화의 마지막은 이렇습니다.

　　"엔키를 찬미하라!"

　엔키는 닌후르쌍과의 사이에서 자신을 이을 아들을 낳지 못했기 때문에 자신의 후손이 되는 여인들과 계속 관계를 맺는 것인데, 그래도 결국 아들을 얻지는 못했습니다. 그렇지만 각기 역할을 맡게 되는 작은 신들을 낳게 하는 업적을 이루어 내면서 '찬미'의 대상이 되었음을 알 수 있습니다.

엔키신의 신화적 의미와 신화사적 위상

　신들의 우두머리, 혹은 신들의 아버지라고 할 수 있는 안과 그의 아들 엔릴과 엔키의 계보를 간단히 훑었습니다. 그런 다음 특히 엔키신의 면모를 네 가지 측면에서 살펴보았습니다. 인류를 창조하고, 대홍수에서 인류를 구해내고, 딜문이라는 도시를 증여하면서 일정하게 변

11　위의 책, pp.203~216.

화시키고, 수없는 근친상간 끝에 닌투(닌후르쌍)와 인간을 위한 작은 신들을 낳았다는 이야기였습니다.

이런 신화를 통해 살펴본 엔키신의 면모를 다음과 같이 정리해 볼 수 있겠습니다.

(1) 인간 창조와 인간 재창조에 대한 기여: 인간의 노동과 홍수신화

엔키신의 면모를 정리하는 데 있어 성경과 비교하지 않을 수 없습니다. 성경에서는 신을 닮은 존재로서 인간을 만들지만, 수메르신화에서는 인간이 노동을 하는 신들의 반란에 대한 대안으로 만들어졌다는 점에서 차이점이 있습니다. 물론 공통점도 있습니다. 일단은 흙으로 인간을 만들었다는 점, 그리고 창조된 인간은 고통과 힘겨운 노동을 감당해야 하는 존재라는 점 등을 공통점으로 꼽을 수 있습니다. 낙원에서 살았던 아담과 이브는 선악과를 따먹고 나서 이성과 분별력이 생기지요. 그래서 옷도 입고, 노동도 해야 하고, 죽음도 맞게 되고, 출산도 하게 되는 고통을 겪습니다. 수메르신화에서 인간은 신들의 노동을 대신할 대안의 존재로서 엔키에 의해 제시되고 그로 인해 창조됩니다. 때문에 인간은 태어나면서부터 노동과 고통을 담당해야 하는 존재일 수밖에 없으며, 이 점은 성경과 공통됩니다. 또한 소동이나 타락 등의 이유를 들어 신들이 인간을 멸망시키려 할 때 물로 벌하려고 하는 측면에서 성경과 수메르신화는 공통됩니다. 신이 선택한 존재가 살아남아 인류가 다시 존속될 수 있다는 점 역시 공통적입니다. 인간 창조와 홍수신화의 차원에서 성경과 수메르신화를 비교하는 것은 이러한 차원에서 유의미한데, 그 과정에서 엔키의 역할이 인간에게 다가오는 내력과 의미는 훨씬 깊어집니다.

(2) 생명력이 살아 숨 쉬는 도시 건설에 기여: 지상낙원과 풍요로운 도시

앞에서 딜문신화를 살폈습니다. 딜문을 묘사한 내용과 비슷한 내용의 복음성가가 있습니다.

〈사막에 샘이 넘쳐 흐르리라〉
사막에 샘이 넘쳐 흐르리라
사막에 꽃이 피어 향내 내리라
주님이 다스리는 그 나라가 되면
사막이 꽃동산 되리
사자들이 어린 양과 뛰놀고
어린이들 함께 뒹구는
참사랑과 기쁨의 그 나라가
이제 속히 오리라

이 복음성가는 히브리 민요라고 알려져 있습니다. 기독교에서 부르는 이 노래가 묘사하는 지상낙원과 딜문신화는 매우 흡사합니다. 딜문은 굉장히 정숙하고 깨끗한 곳, 평화로운 곳으로 묘사되고 있습니다. 그러나 살짝 뒤집어보면 그곳은 활력도 없고 생명력도 없고 죽음도 없는 세상, 그러니까 새로운 탄생을 기대할 수도 없는 세상입니다. 표면적으로는 악도 없고 고통도 없고 평화롭고 정숙하고 밝고 빛나는 장소인 것 같지만, 사실은 생명력을 찾아볼 수 없는, 지상낙원이 아니라 죽음의 땅이라고 해석할 수도 있을 것 같습니다. 이런 땅을 엔키가 닌시킬라에게 선물로 주면서 '물이 솟아오르는' 도시로 바꿉니다. 물은 일정 정도 생명력을 상징하는 요소이니 새로운 생명이 나올 것이고, 그

물 흐르는 곳에 배가 다니고 그 물 흐르는 땅에서 곡식이 자라납니다.

엔키가 딜문이라는 도시를 닌시킬라에게 주면서 생명력이 정지된, 생명이 순환되지 않는 도시를 풍요로운 땅, 생명이 순환되며 물이 순환되는 도시로 만들었다는 사실을 알 수 있습니다. 엔키가 죽음의 땅처럼 묘사된 지상낙원을 닌시킬라의 생식력과 결합시켜 인간이 살 수 있는, 생명이 순환되는 생명의 도시로 만든 것이지요. 이러한 생명성은 최초의 창조와 달리 인간이 자연을 개척하여 문명을 일군다는 사실로도 확대할 수 있습니다. 이로써 엔키가 인류 창조는 물론 인간이 배를 운항하고 우물을 파고 곡식을 경작하는 등의 문명화에 커다란 영향을 끼친 존재라고 해석할 수도 있습니다.

(3) 왕위 승계에 대한 욕구: 근친상간과 작은 신들의 탄생

엔키가 닌후르쌍을 비롯해 자신의 자손이 되는 여인들과 근친상간을 통해 계속 자손을 낳는 점은 참 의아합니다. 굳이 성경이 아니더라도, 윤리적인 차원에서 누구나 근친상간을 굉장한 죄로 의식합니다. 그런데 왜 엔키가 끊임없이 근친상간을 시도했을까, 의문이 듭니다. 엔키는 사실 근친상간을 통해 아들을 얻고 싶었습니다. 그런데 닌무와 닌쿠라, 그리고 웃투까지 계속 딸을 낳습니다. 딸을 낳았기 때문에 엔키는 계속 근친상간을 통해서 자손을 보려고 했던 겁니다. 그런데 하필이면 계속해서 근친상간을 통해 아들을 얻고 싶어 했을까요? 엔키는 계속해서 딸을 낳지만, 형인 엔릴은 닌후르쌍과 관계를 해서 아들을 낳습니다. 이 아들 닌우르타가 엔릴의 강력한 후계자가 됩니다. 엔키는 근친상간을 통해 계속해서 딸만 낳고 끝내 아들을 얻지 못하지요. 그러다가 결국 닌후르쌍과의 관계를 통해 인간을 위한 작은 신들을 낳는 존재로 남게 됩니다.

구약에서 근친상간은 죄악이지요. 금기사항으로 등장합니다. 그런데 그 이전의 고대 법률을 보면 이복여동생과는 혼인을 할 수 있고 그 관계에서 낳은 아들은 다른 여인들과의 사이에서 낳은 아들보다 순위에서 우선권을 가진다는 내용이 있습니다.

앞서 수메르신의 계보도를 보면 엔릴과 닌릴의 아들인 이시쿠르와 난나보다 닌후르쌍과의 사이에서 낳은 닌우르타가 정식 승계자로 표시된 것이 확인됩니다. 이 시대에는 정식 아내가 있어도 다른 여인들과 혼인을 할 수 있었습니다. 이 중 이복여동생과의 관계에서 낳은 아들이 왕위계승이나 혈통을 잇는 데 우선한다는 것이지요. 그래서 엔키가 자기 부인이 있음에도 불구하고 닌후르쌍과의 관계를 통해 자손을 보고 싶어 하고, 딸을 낳았지만 그 후손과의 관계 속에서도 계속 자손을 보려고 했던 것입니다.

엔릴과 닌후르쌍 사이의 아들인 닌우르타가 정식 승계자가 되고 엔키가 계속해서 근친상간을 시도한 것은, 수메르인들은 근친상간을 통해서 태어나는 자손이 다른 아이들보다 순수한 존재라고 이해했기 때문입니다. 아무튼 왕위찬탈 또는 왕위승계를 위해 계속해서 근친상간을 시도했지만, 엔키는 결국 아들을 보지 못했습니다. 그렇지만 닌후르쌍과의 관계를 통해 인간을 위한 다양한 작은 신들을 탄생시켰다는 데서 엔릴보다는 인류에게 훨씬 더 우호적이고 많은 도움을 준 신이라고 할 수 있겠습니다.

이와 같이 인간의 창조 과정, 대홍수에서 인류가 살아남은 과정, 인류가 다양한 문명을 이룩하는 과정, 인류에게 다양한 기능을 수행하는 작은 신들의 탄생 과정에서 엔키가 발휘하는 영향력은 만만치 않다는 사실을 확인할 수 있었습니다. 장자인 엔릴보다 엔키의 면모를 여러 곳의 신화에서 다양하게 볼 수 있는 것은, 후계구도와 상관없이 인류에게 더 의미 있는 신으로서 엔키의 역할이 있었기 때문이라 생각합니다. 수메르신화 여러 곳에서 등장하는 이러한 엔키의 역할을 통해 고대인들의 세계관과 가치관을 다시 검토해 보는 것도 나름대로 의미 있는 작업이겠지요.

저승여행을 다녀 온 여신, 이난나

김은희(서울과학기술대 교수)

메소포타미아의 여신 이난나

　수메르신화 중 지난번에는 엔키라는 남성신에 대해서 살펴봤습니다. 이번에는 더 매력적이고 더 섹시한 여성신을 만날 차례입니다.

　제주도신화를 처음 접했을 때 생각을 해봅니다. 그때 저는 신화가 그냥 글로만 머물러 있지 않고 제주도 사람들의 삶 속에 깊숙이 투영되어 있는 모습을 보았습니다. 또 그들이 살아가는 데에도 신화가 굉장히 큰 영향을 미치고 있다는 사실을 알고, '아, 이런 게 정말 살아있는 신화구나' 하는 걸 느꼈습니다. 제가 이전에 알고 있던 다른 신화들, 예컨대 그리스로마신화나 북유럽신화는 그냥 텍스트로만 읽었을 뿐이어서인지, 실제 그렇게 살아있는 신화라는 느낌은 없었어요. 그런데 수메르신화를 읽으면서는, 물론 이 신화는 현재 살아있는 신화는 아니지만, 마치 제주도 사람들에게 신화가 지금도 여전히 영향을 미치고 있듯이, 당시의 수메르 사람들에게도 이런 신화가 큰 영향을 미쳤을 거라는 걸 느낄 수 있었습니다. 당시 수메르 사람들이 신화를 자신들과 직접적으로 연관 있는 무엇으로 인지했겠구나 하는 걸 느꼈다는 거죠.

수메르신화는 메소포타미아라고 하는 특정한 지역을 중심으로 전승되었는데, 저마다 다른 신격 다른 특징을 지닌 다양한 신들이 등장해 사람들의 삶에 깊은 영향을 미쳤던 것입니다. 그 가운데 살펴볼 신은 이난나라고 하는 여신입니다.

메소포타미아 지역에서 많이 나는 갈대가 있어요. 그 갈대를 삼각형 모양으로 다듬어서 찍으면 메소포타미아 문자의 삼각형 모양예: 이 나옵니다. 이렇게 찍어서 쐐기처럼 생긴 문자를 만들기 때문에 설형문자 혹은 쐐기문자라고 합니다. 이 문자는 흙을 다져서 펼친 토판에 찍어서 기록하게 되는데요, 이러한 토판들이 오늘날 메소포타미아 지역 신화 연구를 하는 데 있어서 매우 귀중한 자료가 되는 것입니다.

이난나는 쐐기문자로 라고 기록되어 있습니다. 는 옛 바빌로니아 때의 표기 방식입니다. 메소포타미아 지역의 바빌로니아는 전기 바빌로니아가 먼저 있었어요. 아시리아에게 일정 정도 땅을 빼앗기고 난 이후에 다시, 그러니까 기독교 성경의 바빌로니아 왕으로 여러 번 언급되는 느부갓네살[1]이 다시 후기 바빌로니아를 왕성한 도시로 만듭니다. 그러면서 수메르의 문자는 처음의 상형문자 형태에서 점차 기호화되면서, 나중에는 지금 보시듯 삼각형 끝과 실선의 형태만 남게 됩니다. 영토는 하나인데 새로운 민족이 들어와 통치하면서 이전에 존재했던 문화를 받아들입니다. 그래서 수메르 문화는 이후 아시리아와 바빌론으로 이어지는 것이죠. 수용된 문화의 중심에는 종교적 숭배의 대상

---

[1] Nebuchadnezzar. 네부카드네자르라고도 한다. 신 바빌론 제국의 2대 왕기원전 605~562년경. 유대를 멸망시키고 그들을 바빌로니아로 강제 이주시킨, 이른바 '바빌론 유수捕囚'로도 유명하다.

인 신들과 그들에 관해 기록하는 수단인 문자도 포함되어 있었습니다. 물론 수메르의 종교 속 신과 문자가 액면 그대로 수용되고 전승된 것만은 아닙니다. 수메르에서 바빌론으로 넘어가면서 새로운 신이 등장하기도 하고, 기존 신의 이름이 변하기도 하고, 더불어 문자의 형태도 변합니다. 메소포타미아에서는 이렇듯 수용과 변화의 과정을 거치면서 저마다 독자적인 문화를 형성해 간 것이 특징이라고 할 수 있겠습니다.

이러한 메소포타미아 문명의 수용과 변화의 연결고리 속에서 확인할 수 있는 여러 신들 가운데 지속적으로 등장하는 중요한 신 중 하나가 바로 이난나 여신입니다. 이난나 여신에 대해 다음과 같은 점들에 초점을 맞춰서 살펴보고자 합니다.

첫째, 세계적으로 보편적인 현상입니다만, 중세를 거치며 〈사라진 여신을 찾아서〉 여정을 떠날 것입니다. 고대 신화를 공부하다 보면 사라지거나 감춰지는 여신이 많은 것을 확인할 수 있습니다. 고대 중동에서도 사라진 여신들이 많은데, 그 가운데 특별히 멋지고 매력 넘치는 여신이 이난나입니다. 우리는 현대에는 사라진 고대의 여신 이난나의 흔적을 여러 자료들을 통해서 확인하는 것을 여정의 출발점으로 삼을 것입니다.

둘째, 〈이난나와 관련된 신화 판본〉이라는 장에서는 이난나와 관련된 신화 판본들을 중심으로 이난나가 어디서 왔는지 살펴보고자 합니다. 이난나가 등장하는 신화의 여러 판본들을 간단하게나마 짚어 보면서 이난나의 다면적인 성격과 특징을 확인할 수 있을 것입니다.

셋째, 〈이난나의 저승 여행〉은 이난나가 중요한 여신으로 등장한 여러 가지 이유 중에서도 특히 저승으로 여행을 다녀온 여신으로서의 면모를 확인하는 과정입니다. 이난나의 저승여행을 실제 신화자료를 통해 확인하면서 그 기록의 의미를 다시 되새겨볼 것입니다. 이난나는 여신으로서 다양한 면모를 보이지만, 그중에서도 특히 죽었다가 다시 살아난다는 점 때문에 매우 특별하게 여겨지는 여신이지요. 세계의 신화들 대다수가 저승을 다녀온 남성신에 대한 이야기를 하기에, 저승을 갔다 온 여성신에 대한 이야기는 손으로 꼽을 만큼밖에 없습니다. 이런 점에서도 이난나는 이야기할 만한 충분한 가치가 있습니다. 물론 마찬가지 이유로 우리나라의 바리공주도 아주 중요한 신화라고 할 수 있겠지요.

마지막으로, 〈이난나신화의 확장과 변화〉에서는 이난나신화가 메소포타미아 지역의 역사적 변화 과정에서 어떻게 전승되는지, 또 메소포타미아 지역을 벗어나서는 그 존재가 어떻게 인지되었는지를 살펴볼 것입니다. 메소포타미아 지역은 일찍이 셈족 이후 다양한 민족들이 번갈아 차지하게 되고, 그러면서 수메르의 신들 역시 후대로 가면서 거듭 이름이 바뀌며 수용됩니다. 마치 그리스 신들이 로마 시대를 거치며 이름이 바뀌듯이, 아시리아와 바빌로니아를 거치며 신들의 이름이 바뀌는 것이지요. 대표적인 것이 바로 이난나입니다. 이난나는 이름이 바뀔 뿐만 아니라 성격이 바뀌기도 하고, 메소포타미아뿐만 아니라 주변 지역으로까지 그 존재가 확장되면서 다른 신화에 영향을 미치기도 합니다. 그 흔적들이 어디의 무엇인지 살펴보면서 이난나에 대한 탐색의 여정을 마무리 짓도록 하겠습니다.

사라진 여신을 찾아서

오늘 우리의 주인공은 한때 이난나INANNA로 불렸고, 다른 한때는 이슈타르ISHTAR였으며, 또 한때는 릴리스LILITH라고도 불린 여신입니다. 이난나는 여러 자료에서 인닌, 엔닌, 닌닌, 닌니, 니난나, 니나르, 인난나, 엔닌나, 이르니나, 인니니, 나나, 그리고 닌 등으로 등장합니다.

　메소포타미아 지역의 수메르 문명은 본격적으로 우루크(우룩)에서 시작해서 아카드 제국을 거쳐 우르 시대까지 문화적으로 꽃을 피웠던 곳이라고 하겠습니다. '우루크'라는 이름이 크게 낯설지 않죠? 네, 2016년 KBS에서 방송한 드라마 〈태양의 후예〉에서는 송송 커플이 파견된 분쟁지역으로 등장합니다. 직접적인 연관성은 없지만, 의미 깊은 고대문명의 지명을 드라마 차원에서 활용한 사례라고 하겠습니다. 이 지역 수메르 문명의 초기인 우루크 시대는 기원전 4000~3000년경까지 유지되었습니다. 이 시기에 여러 도시들이 발달하기 시작하는데, 그 다양한 도시들에서 여러 신들의 명칭도 등장합니다. 이난나는 그중 특히 우루크를 비롯한 여러 도시에서 상당한 영향력을 미쳤던 여신으로 알려져 있습니다.

　하지만 이난나를 찾아나서는 길은 쉬운 길이 아닙니다. 현재의 이라크, 즉 메소포타미아 문명과 관련된 지역에 대한 고고학적 발굴은 1843년에 시작되어 이후 2000년대 초반까지 지속적으로 이루어졌습니다. 그러나 안타깝게도 미국이 이라크를 침공한 2003년 이후로는 더 이상 발굴을 하지 못하고 있고, 최근에는 IS로 인해서 그 지역에 있는 박물관들과 유적들이 공격을 받고 수많은 유물들이 파괴되었습니다. 어쨌거나 그동안 발굴한 고고학적 자료들을 통해 수메르의 신들에 대해 많은 것을 확인할 수 있었습니다.

　수메르 신화학자인 조르주 루는 수메르의 신들이 일곱 개의 층위로 나뉘어서 존재했다고 정리한 바 있습니다.[2]

---

[2]　조르주 루 저, 김유기 역, 『메소포타미아의 역사』(1), 한국문화사, 2013. 표는 pp.111~112의 내용을 위계에 따라서 다시 정리하여 7개 층위로 구분한 것이다.

우주의 세 신 : 안(아누), 엔릴, 엔키 등
천체의 신(달의 신 난나. 해의 신 우투 등)
저승세계의 신(에레쉬키갈, 네르갈), 전쟁의 신(니누르타)
광범위한 의미의 자연을 관장하는 신들 (광물, 식물, 가축과 양생동물, 다산과 출생, 치료, 폭풍우와 바람과 불)
도구(곡괭이, 벽돌 제조틀, 쟁기)와 직업(도공, 대장장이, 금은세공인 등)을 관장하는 신들의 무리
개인신(일종의 수호천사)
선하거나 악한 유령이나 귀신

　이들 중 상위에 있는 신들은 다시 천체의 신과 우주의 신으로 구분되는데, 천체의 신은 우리 인간들에게 직접적인 영향을 미치는 신들입니다. 해와 달, 별의 상징성을 통해서 인간에게 직접적인 영향을 미치지요. 그 상위에 존재하는 우주의 신들은 우주 또는 인간 세계를 총체적으로 관장하는 최고신들입니다. 이중 안_{AN. 아카드어로 아누}은 '신들의 신'으로, 신들의 논쟁을 조정하는 존재로서 최종적 판결의 권위를 갖고 있습니다. 그러나 위엄 있는 경외의 대상이되 인간사에는 관여하지 않는 신으로, 하늘 높은 곳에 멀찌감치 물러나 있지요. 이와 달리 엔릴이나 엔키는 인간에게 구체적이고 심각하게 영향을 미치는 신들입니다. 엔릴은 일명 '공기의 지배자' 혹은 '대기'라는 뜻을 가진 신으로, 지구 전체의 왕이라 할 수 있습니다. 또한 엔키는 '땅의 지배자'라는 뜻의 이름을 갖고 있으며, 물의 주인이기도 합니다. 아울러 기술과 과학, 예술의 발명가이자 보호자이며 마술의 수호자이기도 합니다. 다방면에서 두루 매력적인 면모를 갖고 있는 신이죠.

　그 밖에 저승세계를 관장하는 신들과 전쟁의 신 등이 그 다음 단계의 신들로 확인됩니다. 그보다 더 아래 단계는 자연신, 문명신, 인격신,

선악의 귀신 따위로 정리됩니다.

이와 같은 수메르 신들의 위계를 정리한 표에서 이난나는 두 번째 단계에 속하는 신들 중 하나입니다. 대개의 고대 신화 주인공이 남성으로 등장하는 것과 달리 이난나는 독보적으로 우뚝 선 여성신으로, 두무지와 함께 수메르신화에서 매우 중요한 역할을 합니다. 이 '하늘의 여주인'은 최고의 여신으로서 젊고 아름답고 부드럽고 관능적이고 교태를 부리기도 하지만, 동시에 부정不貞하고 변덕스러운 존재로, 때로는 격한 분노에 휩싸여 무시무시한 전사가 되기도 하면서, 아시리아와 바빌로니아에 이르기까지 큰 영향을 미치며 위대한 신의 반열에 올라간 것으로 평가됩니다.[3]

메소포타미아에서 이난나에 관한 기록은 여러 시대에 걸쳐서 확인됩니다. 그 역사적 원천자료들을 정리하면 아래의 표와 같습니다.

이난나 관련 역사적 원천 자료

연 도	시 대	원 자 료
기원전 5300~4100	우바이드Ubaid 시대	
기원전 4100~2900	우루크 시대	우루크의 화병
기원전 2900~2334	초기왕조 시대	
기원전 2334~2218	아카드 제국	writings by Enheduanna: ·*Nin-me-sara*, 이난나의 찬양 ·*In-nin sa-gur-ra*, 이난나의 찬미 송가 ·*In-nin me-hus-a*, 이난나와 에비흐 Inanna and Ebih ·난나의 찬양가, 이난나의 찬양
기원전 2218~2047	구티족Gutian 시대	
기원전 2047~1940	우르3Ur III 왕조 시대	이난나와 엔키 엔메르카르Enmerkar와 아라타의 주인the Lord of Aratta

---

3 　조르주 루 저, 김유기 역, 앞의 책. p.114.

이난나와 관련된 자료들은 화병이나 토판 같은 유물들을 통해서 확인됩니다. 그런데 메소포타미아의 초기인 우루크 시대에는 글로 기록된 자료, 즉 토판 자료는 많이 발굴되지 않았습니다. 대신 도자기, 인장[4], 화병 같은 자료들이 주로 발굴되었습니다. 이후 아카드 제국 시대에 이르면 토판에 해당하는 자료들, 실제 서사들을 확인할 수 있는 자료들이 발견되기 시작합니다. 이렇듯 다양한 유물들이 발굴되면서 그것들을 통해 현재 많은 수메르신화들을 다시 구성해 볼 수 있게 되었습니다.

예를 들어 메소포타미아의 초기 우루크 시대를 대표하면서 이난나의 신격을 확인할 수 있는 유물로 와르카의 화병Warka Vase을 들 수 있습니다.

우루크의 와르카 화병은, [그림 29]에서 볼 수 있듯이, 기다란 형태에 3단으로 구성되어 있습니다. 세계 여러 지역에서 발견되는 종교화와 같은 양상입니다. 3단으로 구역을 구분하는 종교화는 하단, 중단, 상단의 구성요소를 서로 다르게 배치하지요. 동서양 모두 상단에는 대개 신적 존재들을 배치합니다. 와르카 화병을 보면, 3단 구성의 가장 아래인 하단에는 양들이 있고, 가운데 단에는 무언가를 어깨에 메고 줄지어 가는 벌거벗은 남성들의 행렬이 보입니다. 그리고 상단에는 여러 공물이 담긴 용기와 동물들의 형상이 있습니다. 이 그림을 통해 추정해 보건대, 중단 남성들의 행렬 목적지가 상단이라고 볼 수 있을 것 같습니다. 실제 상단 그림을 자세히 살펴보면, 화병의 중간에 누군가가 있어서 이를 주인공이라 볼 수 있을 것 같은데, 여성인 듯한 그 인물을 마주보고 공물을 바치는 작은 사람과 그 뒤를 지키고 있는 한 남성

---

4 기원전 5000년경부터 단순한 디자인의 인장이 소유권을 표시하는 데 사용되었다. 기원전 3500년경에는 원통형 인장이 발명되었는데, 이를 점토판 위에 굴리면 특정한 모양이 나타난다.

그림 29
와르카 화병(Warka Vase).
소장처: 이라크 박물관, 유
물번호: IM19606. 기원전
3200~3000년경 우루크 시
대에 제작된 석고 자료로, 높
이 105㎝, 둘레 36㎝. 왼쪽
부터 이난나가 확인되는 상
단 세부도, 하단 세부도, 전
면의 모습.

이 확인됩니다. 중심에 있는, 여성으로 추정되는 인물의 뒤편으로 길게 갈대 형상의 문설주가 그려져 있습니다. 이렇게 공물을 받는 섬김의 대상, 즉 화병의 주인이 바로 이난나라고 추정됩니다. 이난나의 앞에 있는 복원된 부분 속의 존재는 하단의 크기가 작은 다른 사람들과는 달리 특정한 복장을 갖추고 있습니다. 이 남성은 와르카 지역의 왕으로 추정됩니다. 다시 정리하자면, 와르카 화병은 와르카를 다스리는 왕이 하단의 양들과 중단의 다양한 공물들을 벌거벗은 남성들을 통해 이난나 여신에게 바치는 과정을 담아낸 것이라 추측할 수 있겠습니다.

이와 같은 화병들이 수메르의 유적지에서 다수 발견되었습니다. 다른 화병에서도 역시 이난나의 형상과 갈대 모양으로 길게 서 있는 두 개의 문설주 형상이 확인됩니다. 바로 이 갈대 모양의 문설주가 이난나의 지위를 상징하는 여러 상형 중 하나입니다.

이난나의 이런 모습은 메소포타미아 지역의 신앙 행위를 기록한 자료 속에서도 확인할 수 있습니다. 이 경우 이난나는 가축의 번식이나 식물의 재생과 관련해서 등장합니다. 고대의 메소포타미아 지역에서는 해마다 두무지를 상징하는 왕이 이난나를 상징하는 여사제 중 한 명과 결합하는 의식을 행하는데, 이러한 신들의 신성한 결혼식에 의해서 가축의 번식 및 곡식과 과일의 재생이 보장된다고 믿었습니다. 실제 이러한 의례와 관련된 시가 바빌론 이전의 이신 왕조 이디-다간^{기원전 1974~1975}의 찬가에 남아 있습니다.[5] 그 시의 일부 내용은 다음과 같습니다.

> 왕이 당당하게 그녀의 품으로 다가가네.
> 그가 당당하게 이난나의 품으로 다가가네.
> 암마-우슘갈-안나(두무지의 별명)가 그녀 곁에 드러눕는다네.
> 그는 그녀의 신성한 품을 쓰다듬는다네.
> 여주인이 (왕의) 신성한 품에서 침대에 눕고,
> 순결한 이난나가 그의 신성한 품에서 침대에 누워,
> 그녀는 그의 침대에서 그와 사랑을 나누네.
> 그녀는 이딘-다간(두무지)에게 말하네
> '당신은 정말 내 사랑이에요!'라고.

궁궐의 특별한 방에 향수를 뿌린 등나무 침대를 놓고 그 위에 포근한 이불을 덮습니다. 그리고 여신이 목욕을 마치고 향기 나는 삼나무 기름을 바닥에 뿌리면 왕이 다가갑니다. 위의 시는 바로 그 장면을 그린 것입니다. 이윽고 왕과 여사제, 즉 두무지와 이난나가 교합을 마치면, 제물을 가져온 군중과 악사들을 불러들여 잔치가 벌어지는 광경이 이어집니다.

---

5   앞의 책, pp.114~115. 조르주 루는 이러한 의식이 이신 왕조 이후 사라진 것으로 추정된다고 말하고 있다.

암마-우슘갈-안나는 손을 뻗어서 먹고 마신다.

궁궐은 축제 분위기이고 왕은 즐거워한다.

사람들은 그 날을 풍족하게 보낸다.

사람들은 풍요를 기원할 때 신들의 교합이 매우 중요하다고 여겼으며, 이것을 모두가 참여하는 축제로 펼쳤습니다. 이 시에서도 역시 여러 사람들이 함께 음식을 나눠 먹고 마시면서 풍요를 기원하는 제의를 펼칩니다. 따라서 이 시는 이난나와 두무지의 신화적 성격을 밝히는 데에도 매우 귀중한 자료라고 하겠습니다.

화병의 부조와 시를 통해서 메소포타미아에서 이난나라는 존재가 신화적으로 어떻게 인지되었는지 살펴봤습니다. 그렇다면 실제 신화 속에서 이난나는 어디서 온 존재이며 어떤 신의 모습으로 확인되는지 살펴볼 차례입니다.

이난나와 관련된 신화 판본

(1) 우루크와 이난나

실제 이난나가 어디서 왔으며 어떤 존재인지, 여러 자료들을 통해서 확인해 보겠습니다.

수메르의 우루크는 기원전 4000~3000년경까지 유지되었는데, 그들의 문화는 이후 메소포타미아 지역의 다른 문화에도 지대한 영향을 끼칩니다. 인류는 처음 수렵 채집 생활을 하며 소규모 집단으로 살다가 정착을 하면서부터는 조금씩 집단이 커집니다. 이때 아시아의 여러 지역에서는 농업이 중심을 이루는 국가가 건설되기도 했습니다. 메소포타미아 지역에서는 도시가 개발되고 그 도시를 중심으로 교류나 교역이 활발히 이루어졌습니다. 이는 무엇보다 지리적 위치와 연관된 것으로, 메소포타미아 지역은 지중해와 페르시아 만 같은 물길은 물론 아시아·아프리카·유럽을 연결할 수 있는 육로까지 있어서 다양한 문화들이 교류할 수 있는 여건을 갖추고 있었습니다. 이러한 교류의 과정에서 상업이 발달하면서 단연 도시가 문화 생산과 소비의 중심지가 되었습니다. 그런데 도시가 커지면서 점차 거기에 모인 많은 사람들을 먹여 살리는 일도 중요해졌습니다. 그 때문에 더 강력한 지도자 또한 필요해졌지요. 다양한 생각을 가진 많은 사람들을 다스리고 그들의 삶을 안정적으로 이끌어 갈 수 있다는 믿음을 줄 수 있는 존재, 그 존재가 바로 왕입니다. 그런데 왕의 자격은 우선 왕의 능력과 상관없이 누구로부터 인정받았느냐에 따라 보장됩니다. 이 과정에서 당연히 신의 존재가 드러나게 됩니다. 곧 "나는 어떤 신으로부터 왕이 될 만하다고 인정받았다. 내 모든 일은 신을 위한 것이다." 등등. 고대 사회에서는 그런 힘을 가진 왕이야말로 대규모 집단을 유지시킬 수 있는 자격이 있다고 믿었습니다. 그렇게 탄생한 강력한 도시 중 하나가 바로 우루크이고, 그 도시를 지배했던 강력한 왕들 중 하나가 바로 길가메시라고 할 수 있지요.

이와 같은 도시의 성장과정을 통해서 등장했던 우루크는 현재의 위치로 볼 때 이라크의 남부지역에 해당하며, 그 일대에 있는 두 개의 쌍둥이 마을, 즉 서쪽의 쿨랍과 동쪽의 에안나가 합쳐진 곳입니다. 쿨랍은 수메르인의 최고신 안의 보호 아래 있었고, 에안나는 이난나 여신의 보호 아래 있었다고 합니다. 이 시대를 대표하는 유물로 실린더-인장과 같은 것들이 많이 발견되는데 모두 휴대가 가능한 것들입니다.

그리고 또 하나의 대표적인 유물이 바로 쐐기문자입니다.

메소포타미아의 역사를 이해하기 위해서는 메소포타미아의 신화를 공부해야 합니다. 왕을 뽑을 것이냐 안 뽑을 것이냐 하는 것도 신들이 결정하기 때문에, 어떤 신들이 권한을 갖고 있는지, 어떤 왕들이 어떤 신을 위해 일을 하는지가 매우 중요합니다. 이렇듯 신과 인간과의 관계가 밀접하기 때문에 자연히 인간의 모든 삶은 종교 혹은 종교적인 행위와 연계되어 있습니다. 당연히 그들은 신전을 중심으로 삶을 영위해 나갔다고 할 수 있습니다. 따라서 메소포타미아의 역사는 신의 역사라고 해도 과언이 아닙니다. 이제 메소포타미아의 여러 신들에 대해 살펴보겠습니다.

메소포타미아의 신들 중 특히 수메르의 우루크를 대표하는 신으로 안AN, 수메르어 ☆, 아카드어로 아누이 있습니다. 안은 하늘의 신입니다. 원래의 의미나 비유적 의미에서 가장 격이 높은 신으로, 별 모양의 표상으로 나타내고, 하늘ming과 신dingir을 모두 의미하는, 말 그대로 '모든 신들의 신'으로서 존재합니다. 그러나 지극히 관념적인 신으로 아무 때나 쉽게 그 모습을 드러내지는 않습니다.

또 다른 우루크의 신으로 엔릴ENLIL이 있습니다. 엔릴은 공기의 지배자 혹은 대기를 의미하는 신으로, 무한한 공간, 바람의 움직임과 힘, 생명의 호흡을 떠올리게 하는 신이면서 많은 무리의 목자입니다. 엔릴은 또 군주를 선택할 수도 있는 막강한 권력을 지닌 존재입니다. 이러한 엔릴의 신격, 신으로서의 면모를 분명하게 드러내는 기록의 한 대목을 보면 다음과 같습니다.

엔릴 '위대한 봉우리' 없이는,

어떤 도시도 건설되지 않으며, 어떤 거주지도 세워지지 않으리.

어떤 외양간도 지어지지 않으며, 어떤 양 우리도 설치되지 않으리.

어떤 왕도 세워지지 않으며, 위대한 사제도 태어나지 않으리.

강물이 불어나 넘쳐나지 않으리.

바다의 물고기는 등나무 서식지에 산란하지 않으리.

하늘의 새는 넓은 대지 위에 더는 둥지를 틀지 않으리.

하늘의 떠도는 구름은 더는 비를 내려 주지 않으리.

들의 자랑, 식물과 화초는 돋아나지 않으리.

밭과 초원에는 풍요로운 곡식이 더는 번성할 수 없으리.

산에 심긴 나무는 열매를 내지 않으리.[6]

엔릴의 의지가 있어야 세상이 존속합니다. 사람들의 필요와 그에 따른 신들의 필요를 채워주는 것도 엔릴입니다.

이 신들과 함께 등장하는 또 다른 주요 신 중 하나인 엔키ENKI, 아카드의 에아는 민물, 샘, 흐르는 물의 주인으로 '귀가 크다'는 표현으로 확인되며, 기술, 과학, 예술의 발명가이자 보호자이며, 마술사의 수호자입니다. 특히 엔키는 신들이 결정하며 '운명'을 할당하는 데 일정한 역할을 수행하는 '메'me가 있는 존재로 잘 알려져 있습니다. 엔릴이 공표한 법을 운용하는 것도 탁월한 지성을 가진 바로 이 엔키입니다.

그러나 수메르의 만신전에서 이난나(아카드의 이슈타르)는 단연 돋보이는 여성신의 자리를 차지하고 있습니다. 이난나는 엔릴의 손녀이고, 달의 신인 난나NANNA와 닌갈NINGAL의 딸이며, 해의 신인 우투UTU와 남매지간이며, 엔키의 아들인 두무지DUMUZI의 아내입니다.

6   앞의 책, pp.112~113.

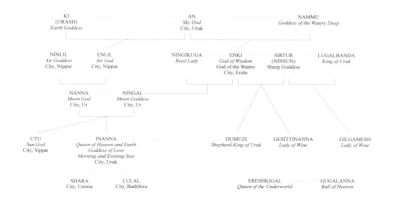

이난나의 가계도 표를 살펴보면, 수메르의 여러 신들이 각자 특정한 지역과 연계되어 있는 걸 확인할 수 있습니다.[7] 예를 들어, 안은 우루크, 엔릴은 니푸르, 엔키는 에리두, 이런 식으로 말입니다. 즉 신이 인간의 일정한 거주지로서 도시의 발달과 연계되었다는 것을 확인할 수 있는데요, 수메르 이후 아카드, 다시 그 이후의 우르 왕조 시대로 이어지는 과정에서 신들의 주거지 역시 확장되었던 것으로 보입니다. 특정 신들이 수메르의 중심지였던 우루크는 물론이고 니푸르, 에리두, 우르, 시파르 등지에서도 계속 나타나고 있습니다. 메소포타미아의 도시 발달과 왕조의 흥망성쇠에 따라서 수메르의 여러 신들도 확장되거나 변화되는 것입니다. 신들의 이러한 지역적 확장은 곧 수메르의 종교를 수용하는 지역이 점차 확대되는 과정을 보여주는 것이기도 합니다.

7　이난나의 가계도 표와 이에 대한 설명은 *Diane Wolkstein, Inanna* 및 *Samuel Noah Kramer, Inanna-Queen of Heaven and Earth*를 주로 참고했다.

이것은 신들의 계보 속에 등장하는 신들의 역할이 분화되는 과정과도 연계해서 설명할 수 있습니다. 즉 계보의 맨 위에 나타나는 신들은 그 직능적 면모가 분화되지 않은 채 복합적이며 관념적인 형태로만 존재합니다. 그러나 그 다음 세대로 이어지면서 엔릴과 닌릴, 엔키와 같은 신들은 그 직능이 세분화되기 시작합니다. 이러한 분화는 세대를 이어가면서, 또한 직능을 나눠가지면서 점점 더 세분화된다고 할 수 있습니다. 이는 종교 안에서 새로운 신이 만들어지는 과정을 보여주는 것이기도 합니다. 즉 처음에는 한 신이 모든 권능을 보여주지만, 점차 여러 신들이 각각의 직능을 나눠 맡게 되는 것이지요. 그리하여 농사를 도와주는 신, 병을 낫게 해주는 신, 공구의 신 등 저마다 다른 능력을 보여주는 신들로 분화되어 갑니다. 이처럼 이난나의 계보도는 신들의 계보도로서 중요할 뿐만 아니라, 수메르 종교의 변화 과정을 살펴볼 수 있다는 측면에서도, 또한 그 지역의 도시 발전과 연계해서도 중요한 정보를 제공하고 있습니다.

(2) 이난나 신화의 종류

본격적으로 이난나에 대해서 살펴보기 전에 이난나와 관련된 신화 자료의 종류에 대해서 먼저 확인할 필요가 있습니다. 앞의 이난나 가계도에서 보았듯이 이난나는 신화 속에서 수메르의 다양한 신들과 두루 만납니다. 그리고 그 과정에서 당연히 여러 가지 사건들을 만들어 내지요.

수메르보다 후대의 것이기는 하지만 이러한 이난나의 신격을 확인할 수 있는 중요한 자료로 우선 바빌론 시대 쿠두루Kudurru 지역의 표지석들을 들 수 있습니다. 이것들은 기원전 16~12세기에 메소포타미아에서 세력을 키운 국가로서 바빌로니아의 카사이트 (카시테) 시대에 쿠두루 지역에서 확인된 영토 표지석들입니다.

표지석 중 [그림 30]의 쿠두루 표지석에서는 다양한 신들과 여러 존재들을 확인할 수 있습니다. 이 표지석의 최상단에 오른쪽부터 (1)태양 디스크 원형(태양신), (2)초승달(달의 신), (3)8각형 별(이난나), 그 아래 단의 왼쪽부터 (4)솟은 머리장식이 있는 신전, (5)솟은 머리장식이 있는 신전, (6)거북이가 올라앉은 신전, (7)나선형 장식이 있는 신전, (8)쐐기 모양이 얹어진 신전, (9)뾰족한 창끝을 세운 신전, 그 아래에 굵은 선으로 경계를 나누어서 두 번째 하단의 기록부에 오른쪽부터 (10)등대가 있는 신전, (11)등잔이 있는 신전, (12)멍에를 씌운 신전, (13)돌진하는 전갈이 있는 신전, (14)개가 올라앉은 신전, (15)사자 머리를 한 철퇴 또는 갈고리가 있는 신전, 돌의 하단 오른쪽 끝에 (16)옥수수 다발이 있는 신전, 돌의 왼쪽 하단에서 상단까지 이어지면서 (17)큰뱀 등을 그리고 있습니다.[8] 이 표지석을 통해서 이난나의 표상은 바로 8각형의 별이며, 신의 직능은 바

그림 30
쿠두루 표지석
(Kudurru of Gula-Eresh)

---

8   대영박물관 소장유물 해설에 기록된 내용을 가져온 것임. (1) Solar disc, (2) Crescent, (3) Eight-pointed star, (4) Horned headdress upon a shrine, (5) Horned headdress upon a shrine, (6) Turtle upon a shrine, (7) Twin spirals upon a shrine (the spirals here curl inward and spring from a stem, thus presenting striking differences from the so-called inverted yoke), (8) Wedge upon a shrine (the thicker end of the wedge is here indented, and its face is ornamented with a decorative band), and (9) Spear-head upon a shrine; Lower register, (10) Lightning-fork upon a shrine, (11) Lamp upon a shrine, (12) Yoke upon a shrine, (13) Scorpion upon a shrine, (14) Dog upon a shrine, (15) Lion-headed mace a upon a shrine; below the second register on Face B, (16) Sheaf of corn upon a shrine; Left side and top of stone, (17) Serpent. http://www.britishmuseum. org/research/collection_online/collection_object_details.aspx?assetId=32434001&obje ctId=369354&partId=1

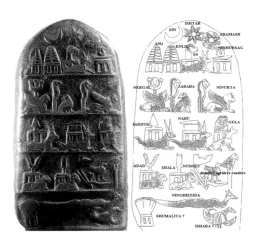

그림 31
쿠두루 표지석 : 멜리쉬팍
2세 왕기원전 1186~1172의 바
빌로니아 기증 석비

빌로니아까지 이어지
고 있음을 확인할 수
있습니다.

또한 [그림 31]의 쿠
두루 표지석은 멜리쉬
팍 2세 왕대의 것입니
다. 이 표지석에도 특
정한 신의 표상과 여
러 신들과 연계된 동
물들이 표기되어 있습

니다. 상단의 가운데 부분에 바빌로니아의 이슈타르 즉 이난나가 금성
(별)의 표상으로 나타나고 있는 것을 비롯해, 바빌로니아의 달의 신 신
SIN, 수메르의 NANNA, 해의 신 샤마쉬SHAMASH, 수메르의 UTU 등이 아누, 엔
릴, 에아, 닌후르쌍과 함께 새겨진 것을 확인할 수 있습니다. 하단에는
여러 동물 형상으로 상징되는 신들이 새겨져 있습니다.

이난나에 대한 신화가 널리 알려져 있는 것과 달리 실제 그 전모가
다 밝혀진 것은 아닙니다. 많은 자료들이 여전히 제대로 판독되지 않
고 있습니다. 그러나 다음과 같은 서사시들을 통해서 이난나의 신화적
면모를 일정 부분 확인할 수는 있습니다.

1) 엔키와 세상 질서 ENKI and the World Order

‘엔키와 세상 질서’는 엔키 신의 창조와 깊은 관련이 있다. 그 창조 과
정에서 이난나가 엔키를 찾아와 일방적으로 자신만이 제외된 채로 권
력의 이양이 이루어졌다고 넋두리를 한다. 이에 엔키 신이 자신을 향

그림 32
이난나와 훌루푸 나무

해 불평을 늘어놓는 이난나에게 고유한 임무와 영역이 있음을 알려주는 신화이다. 이 신화의 마지막 부분에서 엔키는 이난나에게, "이난나여, 너는 파괴될 수 없는 것을 파괴할 힘이 있고, 세울 수 없는 것을 세울 힘이 있노라." 하고 말하여 이난나에게 파괴와 생산의 능력을 준다.

2) 훌루푸 나무 The huluppu tree

길가메시의 동료 엔키두의 저승여행 신화에 등장한다. 이 신화에서는 훌루푸 나무가 자라는 것을 본 이난나가 그것으로 침대와 의자를 만들려 하였으나, 뱀, 천둥새, 여자 허깨비가 선점하는 바람에 슬픔에 빠진다. 그러나 이난나는 곧 길가메시에게 부탁하여 그들을 쫓아낸 다음 훌루푸 나무로 침대와 왕좌를 만들어 달라고 해서 뜻을 이룬다.

[그림 32]는 신화 속 한 장면이 기록된 인장으로, 오른쪽에 훌루푸 나무를 휘여 넘어뜨려서 가지를 꺾고 있는 길가메시의 모습이 보인다. 훌루푸 나무의 왼쪽에는 앉아있는 이난나가 별 문장으로 확인된다.

3) 엔메르카르와 아라타의 주인ENMERKAR and the Lord of Aratta

이난나가 서두와 결말에 잠시 등장하는데, 우루크 도시와 아라타의 도시 사이에서 갈등하는 것이 핵심적 요소인 신화이다. 고대 전설 속 수메르의 고대도시기원전 2500~2100 아라타는 이난나가 처음 영지를 받아서 집을 갖고 있었다. 아라타의 군주 에슈케시단나En-suhgir-ana 또는 Ensuhkeshdanna 왕과 우루크의 군주 엔메르카르가 이난나의 총애를 얻기 위해 경쟁하는 것이 주요한 내용이다. 결국 우루크의 엔메르카르가 승리를 거둬 이난나는 우루크의 안의 신전에서 주인 자리를 차지한다. 아라타의 여주인 자리 역시 여전히 유지한다.9

4) 신성한 힘의 도둑질Theft of the mes

이난나가 에리두의 엔키를 찾아가서 그의 신전을 방문한다. 이난나가 술에 취한 엔키에게서 신성한 권능인 메[그림 33]에서 막대, 반지, 로프로 형상화)를 훔쳐내는 것을 요점으로 한다. 술에서 깬 엔키가 이난나에게 준 메를 찾으려고 그의 시종인 이시무드를 시켜 설득하게 하였지만, 이난나의 시종 닌슈부르와 대결에서 지고 만다. 결국 메의 탈환은 실패로 끝이 나고 만다. 곧 이난나가 천상, 지상, 지하로 이어지는 신성한 권능을 차지하게 되는 과정을 보여주는 것이다.

5) 에비흐의 파괴Destruction of Ebih

엔헤두안나Enheduanna 여류 시인이 적은 시 속에서 확인된 이야기에는 무시무시한 힘을 가진 이난나가 자고로스 산맥 속 에비흐 산의 신

---

9   김석희 역, 『초창기 문명의 서사시- 메소포타미아 문명』(타임라이프 신화와 인류 시리즈), 이레, 2008. pp.64~65.

을 철저하게 파괴하는 과정이 기록되어 있다. 그곳이 반역의 땅이기 때문이다. 이난나가 가진 여러 모습 중에서 특히 전쟁의 여신, 군사의 여신으로서의 강인한 모습을 보여주는 이야기이다.

6) 이난나와 슈칼레투다 INANNA and SHUKALETUDA

슈칼레투다는 길가메시의 할아버지 격인 신이다. 이난나가 정원사인 슈칼레투다가 기른 나무 아래서 쉬다가 잠이 들었는데, 슈칼레투다가 몰래 겁탈을 한다. 이난나는 이 모욕적인 행위를 저지른 범인을 찾아다닌다. 그러다가 마침내 엔키 신의 도움으로 무지개처럼 하늘을 날 수 있는 날개를 얻어 범인인 슈칼레투다를 찾아내 죽이고 자신의 정당함을 인정받게 된다는 이야기이다.

7) 이난나가 하늘의 지배권을 갖다 INANNA Takes Command of Heaven

이난나와 우투의 대화로 시작한다. 이난나는 법과 정의를 다루는 신이 있는 시파르로 우투를 찾아가서 자신이 어떻게 어려움을 극복하고 하늘의 지배권을 선택하게 되었는지를 말한다. 이어 이난나는 자신의 뜻을 이루기 위해 아버지 신인 안을 찾아가고, 안으로부터 우루크의 에안나 신전이 제 소유임을 인정받게 된다.[10]

8) 이난나와 두무지의 구애 Courtship of INANNA and DUMUZI

이난나와 오라버니인 우투의 장난스러운 대화로 시작한다. 그러다

---

10 https://en.wikipedia.org/wiki/Inanna

그림 34
이난나의 슈칼레투다에 대한
최종 결정: 슈칼레투다는 이
난나에게 살해되어 그 이름
만은 영원히 남게 되었다.

가 이난나가 양치기인 두무지와 농부인 엔킴
두ENKIMDU 사이에서 어떻게 양치기를 자신의
배우자로 선택하게 되었는지 보여주는 것이
이 신화의 내용이다. '결혼', '신혼' 혹은 '아가
雅歌'라는 제목으로 전해지기도 한다.[11] 이난나
는 우투의 권유로 두무지와 인연을 맺게 된다.
둘 사이의 결혼 과정에서 두무지가 각종 음식
물을 선물로 싸들고 이난나의 집을 찾아가고,
이어 이난나와 깊은 사랑의 관계를 맺는 과정이 그려진다.

9) 이난나의 저승여행Descent into the Underworld

이난나의 지하세계 방문에 대한 내용을 담고 있는 장편의 신화로,
이난나 관련 신화 중에서 가장 유명하다. 건기와 우기, 목축과 농사의
상관성을 신화적으로 구성한 것이라 추정된다.

그림 35
이난나의 저승방문으로 추정되는 인장과 그 해석: 신과 괴물, 왜소해 보이는 인간이 산과 함께 표현된 원통
형 인장으로 그 의미는 밝혀지지 않았다. 중앙에 보이는 여신은 이난나로 추정되며, 등장인물의 배경을 차
지하고 있는 좌우의 산들은 수메르 북동쪽의 거대한 자그로스 산맥으로 추정된다. 수메르어의 쿠르kur가 산
이면서 저승, 동쪽을 뜻하다는 점에서 저승의 입구에 선 이난나를 새긴 것으로 추정된다.[12]

---

11 조철수, 「인안나와 두무지의 아가」, 『수메르 신화』, 서해문집, 2003. pp.232~269.
12 김산해 지음, 『수메르, 최초의 사랑을 외치다』, 휴머니스트, 2007. p.88.

그림 36
이슈타르의 화병에 그려진
이난나(좌), 사각형의 구운
진흙 부조 패널 속의 이난나
(우).

　세계 보편신화가 초기에는 여성신을 중심으로 만들어졌으나, 고대 도시 사회를 중심으로 남성신에게 그 권력이 이전되면서 기존의 여성신은 없어지거나 힘이 약화됩니다. 이난나 역시 앞서 정리한 아홉 가지의 신화에서 수많은 시련을 겪지만, 그럼에도 자신의 능력을 발현해 꿋꿋이 살아남은 여성신으로서 주목됩니다. 이난나의 이러한 신격을 드러내는 수많은 형상들이 전해오고 있습니다.

　[그림 36]의 유물자료에서 특히 오른쪽에 보이는 부조물은 '구운 부조물' 또는 '밤의 여왕'으로 알려져 있습니다. 자세히 살펴보면, 이난나는 대개 네 쌍의 뿔로 이루어진 머리장식 카피에를 머리에 쓰고, 엔키에게 받은 무지개처럼 하늘을 날 수 있는 날개를 달고 있습니다. 또 목에는 목걸이를, 양쪽 귀에는 측량용 귀걸이를, 두 손목에는 정교한

팔찌를 착용했고, 두 손은 어깨 위로 올려 각각 막대기와 고리를 잡고 있으며, 산 또는 언덕이 많은 땅을 나타내는 사자 한 쌍의 등을 밟고 있습니다. 발은 독수리의 발톱을 하고 있어 하늘과 땅을 다스리는 신의 권능을 상징적으로 나타냅니다. 그리고 여신의 옆을 올빼미들이 지키고 있지요. 여성신으로서의 면모를 강조하기 위해 성기를 드러내고 있다는 점도 특징입니다.

이러한 이난나의 형상이 단순한 형태로 나타나는 것이 왼쪽의 화병에 그려진 이슈타르라고 할 수 있습니다. 오른쪽의 구운 부조물에 비해 후대의 것이지만, 패널 속 이난나의 형상을 거의 그대로 드러내고 있다고 해도 과언이 아니지요. 거기에서는 여성신의 생산신으로서의 면모가 훨씬 강조되어, 성기가 두드러지게 표현되어 있음을 알 수 있습니다. 이러한 모습은 당시 제작된 수많은 이난나 상에서도 두루 확인됩니다. 어떤 경우에는 아예 이난나의 성기에서 곡물이 자라나서 열매를 맺고 있는 것으로 표현되기도 합니다.

이난나는 이렇듯 여성신으로서 하늘과 땅의 운명을 관장하는 존재로서의 면모뿐만 아니라, 전쟁의 여신이며 강력한 힘으로서 세상을 제압하는 여신으로서의 면모 또한 지닙니다. 이 역시 여러 신화 속의 행적과 함께 토판과 인장, 표지석 등의 유물을 통해서도 드러납니다. 즉, 이난나는 우투와의 대화를 통해 우루크의 에안나 신전을 차지하게 된 여신이며, 엔키의 메를 가져온 여신이며, 수메르의 일곱 도시에서 섬겨진 여신이며, 때로는 강력한 힘을 숨기지 않고 응징하는 모습을 드러내는 전사로서의 여신입니다. 그리하여 하늘의 지배권을 가진 이 여신은 지상으로 내려와 지상의 지배자가 되었고, 자신을 지키기 위해 하늘을 가로질러 무지개처럼 날 수 있는 존재이며, 다시 지하세계로 내려가서 죽었다가도 다시 부활하는 존재입니다. 이난나는 이토록 다양한 모습을 보여주며 수메르의 여성 영웅으로서 지위 또한 차지하는데, 나아가 아카드와 바빌로니아에서도 매우 중요한 신으로서 자리를 유지하게 됩니다.

이난나의 저승 여행

앞서 제시한 이난나와 관련된 여러 신화자료 가운데 가장 주목받고 있는 것이 여기서 다루고자 하는 〈이난나의 하강 신화〉입니다. 이 신화의 제목을 달리 〈이난나의 저승 여행〉 혹은 〈이난나의 이계 여행〉 등으로 부르기도 하지요.

우리나라도 마찬가지였지만 고대에는 저승의 개념이 지금의 기독교나 불교 등에서 말하는 지옥이나 저승 개념과는 달랐습니다. 고대 초기에 저승은 생전의 행적에 대해 심판을 받거나 벌을 받는다는 개념이 없는 곳이었습니다. 그러던 것이 이후 고대 국가가 커지고 종교가 강력한 힘을 가지게 되면서 저승에 대한 개념도 조금씩 바뀌게 됩니다. 나아가 중세가 되면 전혀 다른 개념이 형성되죠. 동양에서는 불교와 유교가 저승에 대해 중요한 개념을 제시하는데요. 먼저 유교에서는 공자가 말하길 "괴력난신怪力亂神에 대해서는 말하지 않는다"고 해서, 저승에 대해서 말하지 않습니다. 반면 불교에서는 오랫동안 저승에 대해서 말해왔고, 그 구체적인 모습도 변모시켜 왔습니다. 불교의 저승은 도교나 다른 종교의 영향도 받으면서 점점 더 구체적인 모습을 갖추게 되었지요. 서양에서도 중세에 들어와 천당과 지옥이 구체적인 형상을 갖추게 되었고, '최후의 심판'과 같은 심판 개념도 구체화됩니다. 그리고 근대에 들어서면 종교개혁과 르네상스 등의 영향으로 다시 한 번 그 모습을 바꾸게 되는 것이죠.

그러나 이와 같이 복잡한 저승관은 고대 초기에는 없었습니다. 그저 이곳에서 사니까 '이승'인 것이고, 저곳으로 가니까 '저승'인 것이지요. 인간은 여기서 살다가 저기로 가는 겁니다. 여러분이 아는 대형 무덤들이 시기적으로 고대에만 나타나는 것은 이 때문이지요. 그러한 대형 무덤 안에는 왕뿐만 아니라 시종들, 타던 말들, 도구들이 두루 부장되어 있습니다. 그런 무덤을 만든 것은 여기서 살던 것처럼 저기 가서도 살아야 했기 때문입니다. 그러다가 종교의식이 발달하면서 저승 개념도 달라지지요. 그때부터는 저승이라는 곳이 실존하는 공간적 개념이 아니라 관념적 공간으로 변하게 되고, 그 과정에서 무덤의 크기도 점차 줄어듭니다. 피라미드 형태의 대형 무덤들이나 우리나라의 신라나 백제, 고구려의 고분 역시 마찬가지입니다. 그런 것들은 초기 고대 국가의 저승관을 나타내는 유물들이라고 볼 수 있겠지요. 이난나가 찾아가는 저승은 바로 그런 고대의 저승입니다.

이난나신화는 일찍이 여러 연구자들에 의해서 주목된 바 있습니다.[13] 그중 미국의 저명한 수메르학자 샤무엘 노아 크레이머는 〈이난나의 저승 여행〉 신화를 특정하게 지칭하여 쿠르신화Myth of Kur라고 말한 바 있는데, 이것은 주목할 만한 어떤 해석의 단서를 보여줍니다.[14]

쿠르kur는 본래 '산'을 뜻했는데, 이것이 발전하여 '낯선 땅foreign land'이 되고, 다시 '땅land'이라는 개념으로 진전되며, 더 확장된 의미

[13] Diane Wolkstein, Samuel Noah Kramer, *Inanna, Queen of Heaven and Earth: Her Stories and Hymns from Sumer*, Harper Perennial, 1983.
[14] Samuel Noah Kramer, *Sumerian Mythology*, University of Pennsylvania Press(Revised edition,1998, p.76.

를 가지게 되어서는 쿠르 갈kur-gal 즉 '위대한 땅great land'이라는 개념이 됩니다. 그것이 더 나아가서 우주적 개념으로 전환되면 키-갈ki-gal, 즉 '위대한 하계great below' 또는 '저승세계nether world', '저승 땅nether land'을 가리키는 말로 발전하게 되죠. 나중에는 이 개념이 더 발전하여 '지표earth's crust'와 '시원적인 물primeval water' 사이에 존재하는 '텅 빈 공간empty space'이라는 개념으로까지 발전합니다.

크레이머는 이 점을 들어서 이 신화를 하계 여행이라고 보았습니다. 그는 하계 여행에 관한 신화로 흔히 두 가지 사례를 들고 있는데, 하나가 이난나이고 다른 하나는 길가메시와 엔키두신화에서 엔키두가 다녀온 쿠르신화입니다. 둘이 공놀이를 하다가 공이 굴러 떨어진 곳이 바로 저승이었죠. 길가메시가 그곳에는 여러 가지 금기가 있으니 가지 말라고 해도 엔키두가 말을 듣지 않고 내려갔다가 곤욕을 치르지요. 거기서는 저승이 대체로 황량한 불모지로 그려집니다. 마찬가지로 이난나가 다녀온 곳이 저승이라면 그러한 관념 자체가 중요한 의미를 지니게 됩니다. 이난나신화의 핵심이 이 저승 여행에 있다고 해도 과언이 아닙니다.

앞서도 살폈지만, 이난나는 '하늘의 여왕'이라는 뜻으로, 말 그대로 하늘의 여주인이고, 금성의 여신으로 천체를 관장하며, 당시 가장 중요한 세 신 중 하나였으며, 사랑과 풍요를 담당하고, 세상을 유지하는 가장 원초적인 힘을 갖고 있습니다. 그런 반면 전쟁의 여신이기도 합니다. 원한다면 사랑이건 전쟁에서의 승리건 얻지 못할 게 없는 최강의 여신이었지요. 그렇지만 그런 이난나의 힘도 미치지 못하는 곳이 하나 있었으니 그게 바로 지하세계라는 영역이었습니다. 이난나는 지하세계까지 지배하고 싶었어요. 그래서 지하세계로 내려가 직접 저승을 정복하겠다고 결심하게 됩니다.

〈이난나의 저승 여행〉 중 지하세계로 떠나는 모습이 그려져 있는 전반부에서 이난나의 위상을 확인할 수 있습니다.

> 큰 하늘에서 큰 땅에 귀를 기울였다.
> 여신은 큰 하늘에서 큰 땅에 귀를 기울였다.
> 이난나는 큰 하늘에서 큰 땅에 귀를 기울였다.
> 여주는 하늘을 버리고 땅을 버리고 저승에 내려갔다.
> 이난나는 하늘을 버리고 땅을 버리고 저승에 내려갔다.
> 주권主權을 버리고 대여사제권을 버리고 저승에 내려갔다.
> 우루크의 신전 에안나를 버리고 저승에 내려갔다.
> 바드티비라의 신전 에무쉬칼람마를 버리고
> 자발람의 신전 기구나를 버리고
> 아답의 신전 에샤라를 버리고
> 니푸르의 신전 에바라두르가라를 버리고
> 키쉬의 신전 후르상칼람마를 버리고
> 아카드의 신전 에울마쉬를 버리고 저승에 내려갔다.[15]

여기서 우루크, 바드티비라, 자발람, 아답, 니푸르, 키쉬, 아카드와 같은 도시들은 이난나 신전이 있었던 지역을 뜻합니다. 이난나가 수메르에서 얼마나 광범위하게 섬겨졌는지 알 수 있습니다.

이어지는 신화의 줄거리를 정리하면 다음과 같습니다.

---

[15] Inana's descent to the nether world: composite text. 원문 출처 : http://etcsl.orinst.ox.ac.uk/section1/c141.htm

'하늘의 여주'인 이난나는 하늘과 땅을 버리고 저승에 내려가겠다고 결심한다. 일곱 개 도시의 신전들을 버리고, 일곱 개의 메를 몸에 지니고, 사제권과 주권의 상징인 왕관, 가발, 청금석으로 된 목걸이, 젖가슴 위의 구슬, 잣대와 측량줄, 제위복 등을 걸치고, 그리고 몸에 화장을 한 모습으로-다른 판본에서는 이것을 "눈에 검은 치장을 하고"로 표현하고 있는데, 그것은 "모든 남성들이 나에게 오라"라는 뜻이다-, 또 가슴 장식을 하고, 손목에는 황금 팔찌를 낀 채 저승을 향해 떠난다.

이난나는 먼저 에키쉬누갈 신전에 있는 아버지신 난나에게 자신의 안전을 빈다. 이어 시종 닌슈부르^{Ninshubur}에게 자신이 만일 저승에서 다시 올라오지 못하면, 엔릴, 난나, 아누, 엔키 등의 신들에게 가서 구해 달라고 요청할 것을 당부한다.

이난나는 저승 입구에 당도하여 문지기 네티^{Neti}에게 저승에 온 이유를 거짓으로 말하고 저승으로 들어간다. 이난나는 지하세계의 관습에 따라 입을 열어서는 안 된다는 말을 듣는다. 그리고 일곱 개의 저승 대문을 지날 때마다 입고 걸쳤던 갖가지 장식들을 하나씩 빼앗긴다.

끝내 벌거숭이가 된 이난나는 저승신인 아눈나키^{Anunnaki}들에게 재판을 받는다. 저승의 여주인이며 이난나의 자매인 에레쉬키갈^{Ereshkigal}이 이난나를 보자 벌떡 일어났으며, 그 순간 이난나는 그녀의 의자에 주저앉았다. 이를 지켜보던 아눈나키 큰 신들이 이난나를 저주하자 그녀는 두들겨 맞은 고깃덩어리처럼 변하였고, 빛바랜 시체 조각이 되어 담벼락에 걸린다.

이난나가 저승에서 돌아오지 않자 그녀의 시종 닌슈부르는 엔릴과 난나에게 달려가서 원조를 요청했으나 아무 도움도 받지 못한다. 이어 지혜의 신 엔키에게 애원하니 기꺼이 도와준다. 그는 자기 손톱 밑에서 때를 꺼내어 무성無性의 '애가哀歌 시인'인 갈라-투라gala-tura와 쿠르-자라kur-jara를 만든 다음, 그들에게 '생명초'와 '생명수'를 들려 저승으로 보낸다. 두 애가 시인, 즉 '곡哭꾼'들은 신음하며 누워 있는 에레쉬키갈에게 호의를 얻어 내고, 두들겨 맞은 채 담에 걸려 있는 고깃덩어리를 내려 달라고 한다. 그런 다음 그 위에 생명초와 생명수를 뿌렸다. 이난나는 다시 일어난다.

이난나가 저승을 떠나 세상으로 올라가려고 할 때, 아눈나키 큰 신들은 저승에 내려온 이상 그 누구도 온전히 돌아갈 수 없다고 말하면서, 그녀를 대신할 자를 붙잡아 오도록 저승사자들을 동반시킨다. 그들은 세상에 올라와 이난나가 돌아오지 않아 슬퍼하는 시종과 이난나의 두 아들을 만난다. 저승사자들이 그들을 붙잡아 가려고 하였으나 이난나는 반대한다.

다시 이난나의 남편 양치기 두무지가 사는 쿨랍 평원에 가자, 마침 두무지는 화려한 옷을 입은 채 잔치를 즐기고 있었다. 화가 난 이난나는 두무지를 저주하고 죽음의 눈으로 바라보며 저승사자들에게 그를 붙잡아 가도록 한다. 두무지가 이난나의 오빠인 태양신 우투에게 살려 달라고 애원하자, 우투는 그를 도마뱀으로 모습을 바꾸어 도망치게 한다. 두무지는 그의 누이인 '포도주 여신' 게쉬틴안나Geshtinanna가 있는 양조장으로 도망갔으나, 초파리가 이난나에게 두무지의 행방을 알려 주어 결국 붙잡히고 만다.

그 후는 결락으로 다소 불분명하지만, 두무지가 저승에 잡혀간 것을 안타깝게 여긴 게쉬틴안나가 동생을 도우려고 명계冥界로 내려가서 애원하고, 그로부터 두무지와 게쉬틴안나가 각각 반년씩 저승에 가 있는 것으로 운명이 결정된다.

이처럼 전개되는 이난나신화의 내용을 구조적 측면에서 고찰한 논의가 있는데, 대표적인 연구자로 다이안 볼크스타인을 들 수 있습니다. 볼크스타인은 저명한 신화학자 엘리아데의 이론을 가지고 이난나신화가 다음과 같이 특정한 패턴을 지니고 있다고 분석했습니다.[16]

가) 가족으로부터 분리
  : 하늘과 땅을 버리고, 또 자신의 신전을 버리고 내려가는 이난나의 모습을 보인다.
나) 우주적 어둠the cosmic night, 탄생 전 세계a pre-natal state로의 회귀
  : 저승이나 하계로 여행을 하는 것으로, 간지르Ganzir의 네티가 지키고 있는 곳, 깊은 어둠이 있는 곳으로 가는 것과 같은 의미를 지닌다.
다) 죽음, 단절, 수난
  : 이난나가 겪는 과정을 말한다. 죽음을 맞이하고 자신의 세계와 완전하게 단절되는 것이 핵심이다.
라) 재생
  : 엔키의 도움으로 애가 시인(곡꾼)들이 생명초와 생명수로 이난나를 재생하는 과정으로, 저승에서 이승으로 복귀하는 것이며, 샤먼의 재생의례와 관련된다.
마) '다른 것'의 살해killing of another
  : 남편인 두무지에 대한 복수이며, 저승세계에서 부활하는 것의 반복이다.

---

16 Diane Wolkstein, Samuel Noah Kramer, *Inanna, Queen of Heaven and Earth: Her Stories and Hymns from Sumer*, Harper Perennial, 1983, p.156.

특히 이 신화의 핵심은 이난나의 재생과 두무지의 저승-이승 순환적 존재 변환에 관한 것이라 할 만합니다. 수메르어 판본 〈이난나와 두무지의 죽음과 부활〉에는 저승에서 돌아온 이난나가 저승사자들과 함께 이난나를 대신할 자를 찾아 여행을 계속하다가 쿨랍에 당도했을 때, 두무지가 아내인 이난나가 죽었는데 괴로워하기는커녕 도시의 유일한 군주가 된 것에 만족하여 멋진 옷을 차려입고 왕좌에 앉아 있는 것을 보고 격분하는 모습이 잘 드러나 있습니다. 분노한 이난나는 죽음의 눈을 그에게 고정시키며, 저승사자들에게 "이 자를 데려가라"는 말로 두무지의 운명을 결정짓습니다. 두무지는 이난나의 오빠인 우투에게 찾아가서 원조를 받게 되어 누이인 게쉬틴안나의 집으로 도망칩니다. 그렇지만 결국 붙잡혀 지하세계로 끌려가게 됩니다. 수메르 판본의 마지막에서는 에레쉬키갈이 두무지를 1년의 반을 지상에서 머무를 수 있게 허락하는 대신, 두무지를 대신하여 그의 누이 게쉬틴안나가 지하세계에 머무르도록 합니다. 에레쉬키갈의 허락으로 이난나와 두무지가 부활할 수 있게 된 것이지요. 이난나의 저승행은 결국 그 목적을 달성하지 못하고, 두무지와 게쉬틴안나의 죽음과 재생의 순환이라는 새로운 질서를 만드는 것으로 끝이 납니다.

이와 달리 아카드어 판본인 〈이슈타르의 명계 하강〉에 따르면, 이난나는 이슈타르로, 두무지는 탐무즈로 바뀌어서 전승됩니다. 수메르어 판본이 발굴되기 이전에는 아카드어 판본을 통해 신화가 먼저 알려졌지요. 아카드어 판본은 이슈타르가 붙잡히면서 일어난 파멸적인 결과를 강조합니다. 즉 이슈타르가 지하세계로 내려간 뒤 황소는 암소를 올라타지 않고, 당나귀가 수정을 하지 않고, 거리 남자들이 처녀를 임신시키지 않고 따로 누워서 지냅니다. 그렇게 되자 위대한 신 재상 팝 슈칼의 얼굴이 어두워집니다. 그는 아버지 닌에게 달려가 울먹이며 이슈타르의 일을 고합니다. 이것은 곧 인간과 동물의 생산이 완전히 멈춰버린 상태를 표현한 것이지요. 이러한 파국은 사랑과 풍요의 여신과 그 여신이 사랑하는 남편 탐무즈 사이에서 신성 결혼이 중단된 결과입니다. 우리는 아카드어 판본을 통해서 풍요의 여신 이슈타르(이난나)와 탐무즈(두무지)의 결합이 생명의 순환, 즉 계절의 변화와 깊이 연관되어 있음을 확인할 수 있습니다.

이난나신화의 확장과 변화

이난나신화는 수메르 멸망 이후 아카드, 바빌론에 이어 그리스신화에도 수용되고, 심지어 기독교신화에까지 영향을 미치면서 지속적으로 그 흔적을 남깁니다. 이것은 크게 두 가지 방향에서 나타나는데요. 하나는 저승 여행과 부활신화로서의 측면, 다른 하나는 강력한 힘과 욕망을 가진 여성신이라는 측면입니다.

이난나신화의 확장 과정의 하나인 저승 여행과 부활신화로서의 면모는 가족관계에 있는 두 존재의 저승행과 부활에 관한 것으로, 여러 신화 속에서 확인할 수 있습니다. 특히 아카드어 판본을 통해서 잘 알려진 이슈타르의 저승행과 이슈타르의 복귀를 대신한 탐무즈 이야기, 탐무즈의 저승행을 대신한 게쉬틴안나의 일화 등은 풍요와 계절의 변화를 상징하는 중요한 코드로 활용되고 있습니다. 이것들은 신의 죽음과 부활을 계절의 변화와 연관시키는 신화의 전형으로 활용됩니다. 그리하여 이 신화는 이집트의 〈이시스와 오시리스〉, 그리스의 〈페르세포네와 데메테르〉, 〈오르페우스와 에우리디케〉, 〈아도니스〉, 그리고 기독교의 〈예수 부활〉의 신화로 이어집니다.

가령, 이집트의 〈이시스와 오시리스〉 신화는 갑작스러운 죽음에 이르게 된 오시리스를 위해 아들인 호루스가 세트와 경쟁을 하고, 그 승리의 결과로 오시리스를 부활시킵니다. 이는 저승에서의 부활이라는 모티브가 공유된 것이지요. 이와 달리 그리스의 〈페르세포네와 데메테르〉는 하데스와 결혼할 운명인 딸 페르세포네를 위해 어머니가 희생함으로써 이승행과 저승행의 반복을 통해 생명의 순환구조라는 자연의 질서가 만들어지는 과정을 확인할 수 있는 자료입니다. 또한 〈오르페우스와 에우리디케〉 신화에서는 신의 저주로 죽음에 이른 에우리디케를 다시 살리기 위해 오르페우스가 음악으로 저승의 존재들을 감동시키는데, 여기서도 죽은 자의 부활 화소와 부활할 때의 금기 화소 등이 확인됩니다.

이난나의 남편 두무지(탐무즈) 역시 고대로부터 다른 신화는 물론 시인들에게도 많은 영감을 안겨주었는데, 특히 팔레스타인과 그리스에 큰 영향을 미쳤습니다. 현재 시리아 시인으로 노벨문학상 후보로도 자주 거론되는 아도니스[17] 시인의 경우에도 탐무즈신화의 죽음과 부활의 이미지를 자신의 주요한 시세계로 끌어들이는 것으로 유명합니다. 또 이러한 흔적들은 그리스의 아도니스신화의 경우와 같이 남성의 죽음과 지상으로의 부활이라는 화소에서도 확인되었지요. 더욱이 누군가를 대신하여 죽음에 이르게 된다는 화소는 뒤에 기독교에서 인류를 대신하여 희생한 예수와 같은 면모가 있다고 평가되기도 합니다. 실제로, 양치기인 두무지를 예수와 연결선상에 놓고 볼 수 있는 측면이 있다는 점이 새뮤얼 노아 크레이머 등에 의해 제기되기도 했습니

---

17 Adonis 혹은 Adunis. 1930년생. 시인이자 문예비평가, 현대 아랍시단을 대표하는 시인.

다. 즉 이러한 신화들은 이난나와 두무지의 신화 속 일화를 통해 특정한 인물의 죽음 또는 저승행 이후 이를 안타까워하거나 떠난 자의 고통을 대신하는 자들이 등장하며, 경우에 따라서는 부활하는 자를 대신하는 존재를 저승에 남기게 하는 식으로 다양하게 확장되고 변화된 것이라고 하겠습니다.

이와 달리 이난나신화가 확장과 변화를 일으킨 면모 중 여성성을 강조하는, 강력한 힘과 욕망을 가진 여성신이라는 측면은, 특히 바빌론의 이슈타르와 같은 시기를 배경으로 하고 있는 『벤시라 입문』 속 〈최초의 여성, 릴리스〉를 통해서 확인할 수 있습니다.[18] 바빌론 2기의 강력한 국가를 건설한 느부갓네살 2세와 관련된 기록 부분에서 그의 아들의 병을 낫게 할 방법으로 등장한 세노이Senoy, 산세노이Sansenoy, 세만겔로프Semangelof의 세 천자 이름을 쓴 부적에 관한 내력 가운데 릴리스라는 여성이 등장합니다. 릴리스는 아담과 함께 최초에 하느님이 만든 여성으로, 성경에 기술된 남성들의 권위와 더불어 하느님의 권위마저 부정합니다.[19] 그리하여 하느님이 만든 세상에서 생명을 소멸시키는 역할을 지닌 악한 여성으로 등장하죠. 아마도 릴리스의 여성중심적 사고와 우월한 여성성의 항변이 기독교와 어울리지 않았던 것이었겠지요. 릴리스의 이런 표상은 이슈타르 혹은 이난나와 공유되는 측면이 많습니다. 곧 릴리스도 이난나가 보여주듯 욕망을 품은 강력한 여성성, 즉 팜므파탈과 같은 속성을 지니는데, 기독교시대에 접어들자 그녀는 이단적인 존재로 강력히 부정되면서 그 이름이 점차 감추어지

---

18 http://en.wikipedia.org/wiki/Lilith 〈Alphabet of Ben Sira〉

19 릴리스 혹은 릴리트Lilith는 유대 신화나 메소포타미아 문헌에 등장하는 여성으로, 유대 신화에서는 그녀를 아담의 첫 번째 아내라고 간주한다. 흔히 성적으로 방탕하고, 심지어 악마적인 성격을 지닌 존재로 묘사되기도 한다.

게 됩니다. 릴리스와 관련된 기록은 매우 한정적으로 등장합니다. 그
럼에도 불구하고 이난나라고 하는 존재는 후대까지 없어지지 않고 유
지되었습니다.

강력한 군사력을 지닌 도시국가를 꿈꾼 바빌론 시대에 이르면 이슈
타르는 전쟁의 신이라는 면모가 더욱 강조된 여신으로 변모합니다. 이
는 이난나가 가진 강력한 힘이 반영된 것이라 할 수 있습니다. 그러한
면모는 바빌론에서 유물로 발견된 '이슈타르의 문'을 통해서도 확인할
수 있습니다.

이슈타르의 문은 바빌론 내부의 여덟 번째 내성문으로, 기원전 575
년에 느부갓네살 2세의 지시에 의해 도시의 정북방, 왕궁의 동쪽에 지
어진 것입니다. 과거 불가사의로 여겨지던 이슈타르의 문은 20세기에
들어와 발굴이 완료될 당시 14미터나 되는 문이 두 개가 있었습니다.
왼쪽은 1930년 로베르트 콜데바이가 독일 베를린 페르가몬 박물관에
서 복원한 바빌론의 이슈타르의 문입니다. 이 문에는 청색으로 채색된

타일에 꽃무늬, 오록스, 용, 사자 등이 그려져 있어요. 오른쪽은 이슈타르의 문에 있는 꽃무늬 위의 오록스입니다. 오록스는 중동 지역에 있던 야생소를 말합니다.

이난나 혹은 다른 신들의 저승행은 도대체 무엇을 의미하는 것일까요. 이난나신화에서는 이를 명확하게 밝히고 있지 않습니다. 일차적으로 이난나가 저승에 왜 갔는지를 확인해야 하지만, 실제 두 가지의 신화 판본 중 수메르 판본은 전혀 확인할 길이 없고, 아카드 판본에서는 일정한 이유를 설명하고 있습니다. 수메르 판본의 경우, 많은 학자들은 이난나가 저승을 차지하기 위해서 간 것이라고 봅니다. 아카드 판본에서는 저승으로 잡혀갈 두무지를 위해 저승의 허락을 받기 위해 갔다는 입장이 있습니다. 어떤 경우든 근본적인 측면에서 이난나는 하고자 했던 일에서 실패했다고 볼 수 있습니다.

앞서 언급한 것과 같이 이난나 이외에도 세계 여러 지역 신화에 저승에 간 존재에 대한 이야기들이 있습니다. 인간이 간 경우도 있고, 신이 간 경우도 있습니다. 이 중 우리나라와 북아메리카에 전승되는 두 개의 이야기를 예로 들어보겠습니다.

우리나라 함경도 지역에 전승되던 무가 중 〈도랑선비와 청정각시〉가 있습니다.[20] 청정각시는 첫날밤에 결혼식만 치르고 죽은 남편 도랑선비를 만나러 저승으로 가기 위해 수많은 고행을 하지만, 아무리 노력해도 가지 못합니다. 결과적으로는 도랑선비를 잠깐 만날 수는 있었으나 둘이 함께 살 수는 없다는 것을 깨닫죠. 도랑선비는 자신과 살기를 원한다면 집의 대들보에 목을 매어 죽어야만 만날 수 있다고 말합

---

[20] 현재 채록된 〈도랑선비와 청정각시〉 무속서사시 자료는 세 가지가 있다. (1) 호시아비 김근성 구연본, 『조선신가유편』, 향토문화사, 1930; (2) 이고분 구연본, 『한국무가집Ⅲ』, 집문당, 1978; (3) 장채순 구연본, 『함경도 망묵굿』, 열화당, 1985.

니다. 곧 산사람으로는 저승에 갈 수 없다, 이승과 저승의 경계를 허물 수 없다는 이야기인 것입니다.

북아메리카 신화 중에는 〈저승에 간 코요테와 독수리〉 이야기가 있습니다.[21] 이 이야기에서 코요테는 독수리에게 저승에 가 있는 자신들의 친구와 가족, 친척 들을 다시 이승으로 데려오자고 합니다. 그리하여 저승에 간 코요테와 독수리는 거기서 자신의 가족들과 친척, 친구들이 그림자와 같은 모습으로 즐겁게 춤을 추면서 사는 모습을 보게 됩니다. 그럼에도 원래 하고자 했던 대로 친구들을 자루에 담아서 이승으로 데리고 나옵니다. 그러나 저승에서는 그림자와 같은 모습을 하고 있던 존재들이 이승이 가까워질수록 인간의 모습을 갖추게 됩니다. 자루가 무거워지고 또 자루 안에서 시끄러운 소리가 나자 귀찮아진 코요테가 그들을 이승과 저승의 경계 어디쯤에서, 자루를 풀어주고 가면 알아서들 돌아올 것이라고 하고는 달아나지요. 결국 더 이상 죽은 자들을 살려내려고 하지 말자는 이야기입니다.

이 두 가지의 이야기를 통해 이승과 저승은 아무리 노력해도 서로 구분되어 있는 곳이고, 저곳과 이곳은 어떻게 해도 벗어날 수 없다는 사실을 확인하게 됩니다. 삶의 이치와 죽음의 이치가 서로 다르다는 것을 말한다고도 할 수 있습니다. 대신, 사람은 결국 죽을 것이기 때문에 대충 살자는 이야기인가? 아닙니다. 정반대로, 언제 죽을지 모르지만 지금 이 순간 열심히, 행복하게, 잘 살자는 말을 건네고 있다고 하겠지요. 힘을 가진 강력한 하늘과 땅의 여신인 이난나조차 그랬고, 청정각시와 코요테도 깨달은 것처럼, 저승여행 이야기들은 대부분 죽음을

---

[21] 리처드 어도스, 알폰소 오르티스 편저, 김주관 역, 「코요테와 독수리, 죽은 자들의 땅을 방문하다」, 『(북아메리카 원주민) 트릭스터 이야기』, 한길사, 2014. pp.64~68.

극복할 수 없다고 끝을 맺습니다. 그렇다고 죽음을 인정하자는 차원에
서 끝나는 것은 아닙니다. 이런 신화들은 죽음을 극복할 수 없기 때문
에 오히려 현실적인 삶에서 최선을 다하자고 이야기했을 것이라고 생
각합니다.

이난나의 원형적인 모습에서 우리는 창조와 생명에 대한 수메르인
들의 인식을 엿볼 수 있습니다. 앞서 언급한 바 있는 루마니아 출신의
신화학자 엘리아데는 수메르어 판본의 소설적 구성 뒤에 원초적인 관
념이 감춰져 있다고 보았습니다.[22] 즉 모든 창조와 생식 행위에는 '죽
음'이 뒤따른다는 관념이 깔려 있다, 이것은 왕의 의례적 '죽음'을 승
인한다는 것이다. 엘리아데의 해석은 이렇습니다. "수메르어 텍스트
속에 전해진 이야기의 배경에는 우주의 풍요의 순환을 보증하기 위해
이난나가 확립한 '비의'가 존재한다." 즉 이난나의 부활신화는 고도의
종교 현상이라는 것입니다.
이 신화는 에레쉬키갈이 지배하는 지하왕국을 정복하고자 했던 사

---

22   Mircea Eliade, *Mythes, reves et mysteres; Myths, Dreams and Mysteries* (trans. Philip
Mairet), Harper & Row, New York, 1967, pp.197~200.

랑과 풍요의 여신의 실패를 말합니다. 즉 죽음은 정복의 대상이 될 수 없다는 것, 생명과 죽음이 교차하는 현실을 받아들여야 한다는 것이지요. 죽음과 어둠, 결핍 없이는 삶도 없다는 사실이 수메르인들이 깨달은 교훈이었습니다. 결국 이난나의 모험, 죽음, 부활은 오히려 인간의 삶에 대한 성찰이라고 할 수 있습니다. 그런 의미에서 죽음이 상징하는 것, 그것은 결국 삶의 근본적 진실이라 하겠습니다.

길가메시 이야기:
죽음과 허무를 이기는
도시문명

신연우(서울과학기술대 교수)

수메르신화와 〈길가메시 이야기〉

　수메르신화가 다양하고 분량도 굉장히 많습니다. 그중에서도 〈이난나신화〉와 함께 〈길가메시 이야기〉가 가장 널리 알려져 있고 사람들에게 흥미를 주고 있습니다. 지금 읽어도 이런 이야기가 다 있었구나, 거듭 감탄하게 하는 훌륭한 신화입니다. 한편으로 어떤 사람들은 이것이 신화인가 의구심을 가지고 있기도 합니다. 그런 의구심이 어디서 비롯했는지 이 수업을 들으면서 한번 생각해 보시기 바랍니다.

　〈길가메시 이야기〉는 여러 관점에서 접근할 수 있습니다. 저는 죽음과 대면하는 인간의 이야기, 그리고 죽음 앞에 섰을 때 자신이 누구인지, 어떻게 살아야 했는지 되돌아보는 이야기라는 점에 초점을 맞출 것입니다.

　이 이야기는 지금부터 4~5000년 전 메소포타미아 지역에서 만들어진 이야기, 그것도 장편 서사시입니다. 우리나라 문명이 반만년 되었

그림 39
메소포타미아 지도

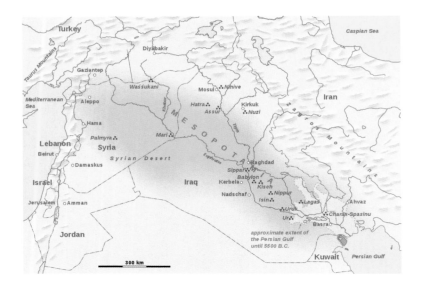

다고, 〈단군신화〉에서 곰이 사람이 되었다고 하는 그런 시대의 이야기입니다. 이 지역의 문명은 좀 더 오래되어서 약 7~8000년 되었습니다.

메소포타미아란 말은 두 강 사이의 땅, 즉 티그리스 강과 유프라테스 강 사이의 땅이라는 뜻입니다.

지도를 보시면 위쪽에 티그리스 강과 아래쪽에 유프라테스 강이 있습니다. 이 두 개의 강은 바다, 즉 페르시아 만으로 흘러갑니다. 강이 바다와 만나는 곳에 진흙, 점토가 많이 생성됩니다. 이런 자연환경 속에서 신화와 문자가 만들어졌습니다.

강 아래쪽 바다와 인접한 유역에 우르와 우루크 같은 도시가 있었습니다. 주로 현재의 이라크 지역이고, 그 주변에 이란, 사우디아라비아, 쿠웨이트 같은 나라들이 있습니다. 최근에는 이란, 이라크 접경 지역에서 지진이 나서 500명쯤 사망했다는 뉴스도 있었는데, 다 아시지요?

지도에서 우루크라는 지역이 우리가 이야기할 주요 배경입니다. 우루크라는 말의 모음이 바뀌어서 이라크가 된 것 같지요? 그러고 보니 공전의 히트를 친 텔레비전 드라마 〈태양의 후예〉의 배경이 된 나라도 우루크였지요. 지진이 나는 것도 그렇고, 아마 이라크를 염두에 두었는지도 모르겠습니다.

우르라는 지역은 기독교 〈창세기〉에서 아브람이 가족을 데리고 떠나는 지역으로 유명합니다. 성경에서는 갈대아 우르라고 하는데 아브람 당시에는 아직 갈대아라는 말은 없었고 수메르의 우르였다고 합니다. 아브람의 아버지 데라 때였다고 하는 말도 있지요. 나중에 네 후손이 별들처럼 많게 번성할 것이라는 하나님의 축복을 받고, 이름도 아브라함으로 바꿉니다.

지도에서 레바논 왼쪽의 바다가 지중해이고 거기 접해있는 곳이 이스라엘입니다. 위쪽으로 아나톨리아 반도에는 터키가 있고요. 이 지역에서는 제일 먼저 수메르 문명이 생겨났고, 뒤를 이어 바빌로니아와 아시리아 문명이 번성했습니다. 한 가지 재미있는 것은, 문명이 바뀌면서 3000년이 지나도 수메르 지역에서 창안해 썼던 문자, 쐐기문자(설형문자)를 조금씩 변형하면서 계속 사용했다는 사실입니다. 이 지역은 강 하구에 위치해 있어 개펄이 많습니다. 그 펄, 진흙, 점토를 가지고 진흙판 즉 점토판을 만들어서 그 위에 쐐기문자를 새깁니다. 처음에는 상형문자로 시작했지만 점토판에 쓰느라고 상형문자를 변형하여 쐐기문자가 되었습니다. 그 점토판을 햇볕에 말려서 단단하게 굳히지요. 만들어진 그대로 오래 가지만, 그래도 세월이 꽤 오래되면서 많이 부서지고 말았습니다.

〈길가메시 이야기〉는 메소포타미아 지역에서 지금부터 약 5000년

그림 40
사자를 안고 있는 길가메시
부조

전에 만들어진, 세상에서 가장 오래된 이야기 중 하나입니다. 수메르 지역에서 비롯되어서 바빌로니아 때 크게 번성한 것 같습니다. 수메르 지역의 〈길가메시 이야기〉는 너무 오래된 것이라서 그런지 이야기가 전체적으로 구비되어 있지 못하고 짜임새도 없습니다. 기승전결을 다 갖추지 못했는데, 토판을 다 발굴하거나 해석하지 못해서 그런지도 모르지요. 그래서 학계에서는 바빌로니아 때 만들어진 〈길가메시 이야기〉를 표준으로 삼고 있습니다. 우리도 그 표준 판본을 따라가고자 합니다.

길가메시는 실존인물입니다. 그는 기원전 2750년 즈음 우루크, 지금의 이라크를 다스리던 수메르의 다섯 번째 왕으로 신화의 인물이 되었습니다. 사자를 강아지처럼 안고 있는 부조의 인물이 꼭 길가메시라고 할 수는 없지만, 그런 분위기의 사람이었다고 보시면 될 것 같습니다.

이 이야기는 완성된 이야기가 아니라 부분 부분으로 구전되던 이야기가 정리되어 글씨로 새겨져 남게 되었습니다. 하나로 엮이기 어려운 이야기들도 여러 점토판에 새겨졌습니다. 그걸 이본이라고 하는데요,

현재 다수의 이본들이 남아 있습니다.

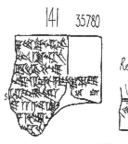

[그림 41]이 쐐기문자 토판을 옮겨 적은 그림입니다. 점토판의 글씨가 그대로는 잘 보이지도 않고 해서, 이걸 해석하는 학자들은 이렇게 종이에 글씨를 옮겨 적고 정리해서 해석을 하곤 합니다.

그림 41
쐐기문자 토판을 옮겨 적은 것

거듭 말하지만, 이 지역에서는 입에서 입으로 전해지던 부분 부분의 여러 이야기들을 점토판에 기록했는데, 비슷한 이야기를 담고 있는 점토판들이 많이 있습니다. 같은 시대 것들도 있고, 시대가 다르지만 같은 이야기의 점토판들도 있어서 전체적인 분량이 대단히 많습니다. 특히 〈길가메시 이야기〉는 쐐기문자 학교에서 쓰던 학습용 교과서이기라도 했던 듯 연습용 토판이 많이 남아 있습니다. 당시에도 학교가 있었고, 학생들이 야단을 맞아가며 공부했다는 기록까지 점토판에 남아 있습니다. 그때나 지금이나 사람 사는 모습은 비슷한 데가 많이 있나 봅니다.

이 지역에 기원전 10세기경 신-리케-운니니라는 사람이 살았습니다. 그 이름은 "달의 신이시여, 내 기도를 들어 주소서"라는 뜻이라고 합니다. 학자들은 그가 전해오던 부분 부분의 〈길가메시 이야기〉를 하나로 구성하고 편집해서 12개의 점토판으로 만들었을 것으로 보고 있습니다. 12개의 이야기가 하나로 이어지는 완성품입니다. 이것을 '표준판 바빌로니아 〈길가메시 이야기〉'라고 합니다. 전문적인 학자가 파고드는 경우가 아니라면, 〈길가메시 이야기〉 하면 대개 이 판본을 말합니다.

이것도 2500년이나 세상에 알려지지 않고 잠들어 있었습니다. 티그리스 강 주변에 니네베라는 도시가 있었습니다. 우리말 성경에는 니느

그림 42
조지 스미스

웨라고 되어 있습니다. 아시리아의 수도였는데 여기에 국제적인 도서관이 있었고 아슈르바니팔 왕이 수집한 27,000여 개의 토판이 있었다고 합니다. 기원전 612년 니네베가 멸망하면서 이 모든 토판이 2500년간 잠들어 있게 된 것이었죠. 아무도 그 존재를 모르는 채 역사는 무심히 흘러갔습니다.

그러다가 영국이 대영제국으로 한창 강성하던 무렵인 1850년, 영국인 고고학자 라야드와 현지인 조수 라쌈이 이 도시의 발굴을 시작하여 유물들을 찾아냈고, 그것들을 대영박물관으로 이송했습니다. 해독하지는 못했지만 뭔가 중요한 것이라는 느낌을 가졌겠지요. 거기서, 그러니까 대영박물관에서 점토판들을 분류하던 조지 스미스라는 젊은 학자가 엄청난 일을 저지릅니다. 1872년, 바로 잘 보존된 길가메시 홍수 이야기 토판을 발견하게 된 것입니다. 찬찬히 해독을 해보니 배, 동식물, 비둘기, 까마귀 등등 성경에 나오는 노아의 홍수 이야기와 유사하다는 사실을 알아차립니다. 그가 이를 국제학술대회에서 발표하자 영국 사회에 난리가 납니다. 결국 성경이 이방인인 바빌로니아의 이야기를 모방하여 만든 것이라는 내용이잖아요. 거기에 대단한 충격을 받았던 것입니다. 1859년에 간행된 다윈의 『종의 기원』보다도 그 충격이 더 크지 않았을까 합니다. 곧 한 신문사와 박물관에서 조지 스미스를 이라크 지역으로 보내 발굴조사를 하게 하는데, 안타깝게도 그는 니네베에서 이질에 걸려 36살 젊은 나이에 죽고 맙니다. 어쨌든 이런 과정을 통해 〈길가메시 이야기〉가 점차 세상에 알려지게 되었습니다.

〈길가메시 이야기〉는 11개의 토판과 1개의 부록 편으로 되어 있습니다. 그러나 파손된 부분이 많아서 약 6~70% 정도만 해독할 수 있고 나머지는 다른 여러 토판으로 보완하고 있습니다. 이해가 가지 않는 부분들을 예일대학, 펜실베니아대학, 대영박물관 등 여러 곳에 산재해 있는 다른 토판들을 이용해서 파악하고 있습니다. 아직도 해독을 기다리는 토판들이 많습니다.

<길가메시 이야기> 12개의 토판

이제 이 토판들의 내용을 하나 하나 살펴보겠습니다.

[토판 1] 엔키두의 출현

첫째 토판의 앞부분은 <길가메시 이야기>를 전체적으로 요약 소개하고 있습니다. 제일 첫 구절이 "심연을 본 자, 나라의 기초……."입니다. 저 깊은 곳, 삶의 심연을 들여다 본 자라는 것이지요. 그 말과 나라의 기초가 된 사람이라는 말이 연결되어 있습니다. 이 두 구절이 이 서사시 전체를 집약한다고 할 수 있습니다. 그 자세한 내용을 앞으로 설명하겠다는 것입니다.

> 그는 먼 길에서 돌아와 지쳤고, 평화를 발견했다
> 그의 모든 수고를 돌판에 새겨 넣었다

그가 먼 길을 돌아온 이야기가 바로 <길가메시 서사시>의 내용입니다. 돌아온 그는 지쳤지만 평화로웠습니다. 그가 돌에 새겨 넣은 것이 우리가 읽는 <길가메시 서사시>라는 것이지요.

하지만 본격적인 이야기는 뜻밖에도 폭군, 독재자로서의 길가메시를 보여주는 것으로 시작됩니다. 그는 백성을 괴롭히고 초야권을 행사합니다. 아버지는 아들을 만나지 못하고, 딸은 어머니를 만나지 못했다고 합니다. 초야권初夜權이란 결혼할 신부의 첫날밤을 신랑이 아니라 군주가 먼저 치른다는 겁니다. 영화 〈브레이브 하트〉(멜 깁슨, 1995)에 초야권이 소재로 사용되었지요. 영화에서는 스코틀랜드가 영국으로부터 독립하자는 전쟁이 전개되고, 〈길가메시〉에서는 우루크 백성들이 신들에게 탄원합니다. 이대로는 못살겠다고요. 그러자 신들이 모여 대책을 논의한 결과, 신 아루루가 흙으로 엔키두를 창조합니다. 길가메시에 필적한 힘을 가진 용사를 만든 것이지요.

길가메시는 2/3는 신이고 1/3은 인간으로 태어났습니다. 어머니는 닌순이라고 하는 소의 형상을 한 여신이고, 아버지는 루갈반다라고 하는 인간 왕입니다. 신이면서 인간인, 또는 신도 아니고 인간도 아닌 중간 존재로서의 길가메시를 제시했다고 볼 수 있습니다. 어떤 책에서는 평범한 인간과 신 사이에서 태어나 혼자일 수밖에 없는 길가메시가 그 태생적 외로움 때문에 백성들을 괴롭힌 것이라고 설명하기도 합니다.

그보다는 우리 〈주몽신화〉처럼 영웅에게 인간을 넘어서는 능력을 부여하기 위해 신을 한 쪽 부모로 설정했다고 볼 수 있습니다. 주몽은 하늘에서 내려온 해모수와 지상의 여인 유화 사이에서 났지요. 그래서 인간적인 면모와 현실의 문제를 가지고 있는데, 그걸 해결하는 것은 인간을 넘어선 신적인 능력이라고 보는 거지요. 길가메시의 능력도 인간을 넘어서는 것이라는 점에서 유사합니다.

그런데 길가메시의 경우는 좀 더 흥미로운 부분이 있습니다.

이 지역 문화에는 새해맞이 축제를 통해서 낡은 1년을 벗어던지고 새로운 해를 맞이합니다. 이때 신들이 세계를 창조한 것을 본받아서 남녀신의 결합을 재현합니다. 신이 직접 할 수는 없으니까 신을 대표한 신전의 여사제와 왕이 결합하는 의례를 행합니다. 이 결합으로 태어난 사람이 왕이 되는 경우가 있는데 길가메시도 그런 경우라고 이해할 수 있습니다. 이때 길가메시의 경우는 어머니가 신이고 아버지는 인간 왕이었다는 것이지요.

그러나 길가메시는 폭군으로 설정되었습니다. 신들이 혼돈이었던 우주에 질서를 가져와서 세상을 만들었는데, 그 세상에 아직 사회적 질서가 제대로 잡히지 않았다는 뜻입니다. 그리고 그런 길가메시를 통제하기 위하여 엔키두라는 초인이 창조되었습니다. 갓 창조되어 아직 인간의 문화를 모르는 털북숭이 엔키두는 숲에서 동물들과 함께 생활했습니다.

그러다가 사냥꾼의 덫과 함정을 못 쓰게 합니다. 잡힌 동물은 풀어놓습니다. 살기 어려워진 사냥꾼은 아버지의 충고대로 우루크로 가서 길가메시 왕에게 사연을 말하고, 창녀 샴하트와 함께 돌아오게 됩니다. 샴하트는 여신 이슈타르의 도시인 우루크의 신전 창녀입니다. 신전을 지키는 여자들이 하는 일 중의 하나가 먼 곳에서 오는 자들과 자는 것입니다. 역사적인 의미에서 지금의 창녀와는 좀 다른 것 같습니다.

샴하트는 숲의 동물들이 물 마시러 오는 우물에서 엔키두를 기다립니다. 엔키두가 오자 샴하트가 옷을 다 벗고 그를 유혹하지요. 여성의 마력에 빠진 엔키두는 일주일이나 성교를 하고 힘이 약해집니다. 예전에 함께 지내던 동물들을 보고 다가가지만 동물들은 그를 거부하고 달아납니다.

그녀의 기쁨으로 만족되었을 때

그는 그의 동물들에게로 눈을 돌렸다

가젤들은 엔키두를 보고 달아나기 시작했다

들판의 동물들은 그의 모습을 피했다

엔키두는 순수했던 몸을 더럽혔다

동물들은 뛰고 있는데 그의 다리는 서 있었다

엔키두는 약해졌고 전처럼 뛸 수 없었다

그러나 그는 지혜를, 이해력을 갖게 되었다

(중략)

당신은 지혜로워졌어요. 신처럼 되었어요

왜 들판에서 동물들과 어울립니까?

  신화에서 인간이 '신처럼 되었다'는 말은 에덴동산에서 뱀이 이브에
게 한 말입니다. 하느님이 금지한 선악과를 먹으면 눈이 밝아져서 하
느님처럼 된다고 했지요. 그 말은 동물의 상태를 벗어나 지혜를 갖게
되었다는 말로 이해할 수 있습니다. 인간은 에덴동산에서 나와야 했습
니다. 에덴동산에만 있어서는 인간의 문화를 만들 수 없었겠지요. 에
덴동산을 나온 아담과 이브처럼 엔키두도 자연에서 인간 문화로 전환
합니다. 당신은 신처럼 되었다, 왜 동물들과 살려고 하는가, 인간의 마
을로 가자, 하고 샴하트는 엔키두를 설득합니다.
  당황한 엔키두에게 샴하트가 도시 생활의 즐거움에 대해 들려주었
습니다. 포도주, 음악, 춤 등등에 대해 알려주며 함께 길가메시가 다스
리는 도시로 가자고 권유합니다.

그러는 동안 우루크의 길가메시도 엔키두에 대한 꿈을 꿉니다.

엔키두는 자연에서 인간 문명으로 이행하는 인류의 모습을 축소해서 보여줍니다. 그런데 하필 여성과의 성합을 통해서인가 하는 점은 좀 의아하지요? 그것은 자연이 아닌가요? 일차적으로는 엔키두가 동물이 아닌 인간과 어울리는 모습을 제시하는 것으로 이해해볼 수 있습니다. 동물밖에 없던 숲을 벗어나야 하니 인간과의 만남이 필수입니다. 그때 인간과 맺는 관계 중 가장 친밀한 것이 성교입니다. 나아가 인간의 성교는 동물과 다르다는 점도 주목할 수 있습니다. 예전에 〈불을 찾아서〉(장 자크 아노, 1981)라는 영화가 있었습니다. 구석기시대 원시인들이 나오는데, 한 남자가 불을 찾아다니다가 다른 부족 여성과 성교를 하게 됩니다. 남자는 동물처럼 뒤에서 하려고 하는데 여성이 그를 돌려세워서 마주볼 수 있게 합니다. 성교할 때 서로 얼굴을 보는 것은 인간만의 문화로 이해됩니다. 이 경우 성교는 당연히 문화적인 의미를 지닙니다. 문화로서의 성교라는 점은 동물의 교미와는 여러모로 다른 것이지요. 구약성서에서 에덴동산의 순수 자연에서 벗어나 문명으로 이행하는 모습과 유사하다고 말할 수 있습니다. 그리고 폭군 길가메시 역시 엔키두와 만남을 통해 균형을 회복하여 달라집니다.

[토판 2] 순화되는 엔키두

[토판2]는 부서진 부분이 너무 많아서 다른 오래된 이본들에서 이야기를 채웠습니다.

샴하트가 자기 옷을 나누어 엔키두에게 입히고 함께 숲을 나옵니다. 옷을 입는다는 것 자체가 커다란 변화를 말해줍니다. 우선 숲의 사냥꾼 집에 묵게 됩니다. 여기서 엔키두는 처음으로 빵과 맥주를 접합니다. 맥주를 일곱 잔 마시고 취해서 노래도 합니다. 인간이 된 엔키두는 오히려 늑대와 사자를 쫓아내어 사냥꾼들을 지켜줍니다.

그러다가 결혼식 축하 차 우루크로 가는 남자를 만나 길가메시의 횡포, 초야권에 대해 듣고 분개합니다. 그래서 이놈을 손봐줘야 한다며 우루크로 떠납니다. 이제, 신부의 집 앞에 와서 길가메시를 막습니다. 둘은 황소처럼 한바탕 싸움을 시작하지만, 싸우다가 정이 든다고 둘은 서로 끌어안고 화해하며 형제가 됩니다. 길가메시는 횡포를 멈추었습니다.

그 대신 길가메시는 엔키두에게 삼나무 숲을 지키는 괴물 훔바바(후 와와)를 무찌르러 가자고 합니다. 엔키두는 강력하게 만류합니다. 자연에서 온 엔키두는 자연의 힘을 알기에 두려워하는 것이죠. 그런데도 길가메시는 그를 처치하러 가기로 결심했습니다. 이유는, 역사에 지울 수 없는 이름을 남기고 싶었기 때문이었습니다. 이제 엔키두도 어쩔 수 없었습니다. 둘은 함께 대장장이에게 가서 각종 무기를 주문 제작 한 다음 마침내 길을 떠납니다.

훔바바를 제거하는 이야기는 자연을 정복해 가는 인간의 모습이라고 볼 수 있습니다. 옛날 자연을 정복하는 것은 왕이 해야 할 일이었습니다. 가령 고대 중국에서도 왕들은 사냥을 하고 황하가 범람하지 않게 공사를 책임졌습니다. 사냥은 위험한 동물을 잡고 그 지역에 인간이 살 수 있도록 해주는 거지요. 재미로 스포츠로 하던 것이 아니었습니다. 길가메시는 삼나무 숲의 괴물을 무찌르고 나서야 삼나무를 채취할 수 있었습니다. 삼나무를 날라다가 궁전을 짓는다고 합니다. 자연의 원초적인 힘을 괴물로 보았다는 것도 납득할 수 있습니다. 자연은 인간의 힘만으로는 대적하기 어려운 힘든 상대였을 테니까요. 그 추상적인 힘을 괴물이라는 이미지로 구체화해서 보여주는 거지요.

생각해보면 논밭 경작지를 만들거나 도시를 만들거나 모두 자연을 다스리는 일입니다. 논밭은 자연일까요? 그렇지 않지요. 자연에 인간의 손을 대서 인공적으로 만들어 놓은 식량 생산기지인 것이지요. 우리가 지금 보는 모든 것은 순수 자연인 게 하나도 없습니다. 자연농원도 사람이 쉴 수 있게 인공적으로 만든 거지요? 진짜 자연에 가고 싶으세요? 맹수와 곤충과 뱀들이 우글거리는? 자연 그대로의 자연은 거칠고 위험해서 사람이 살기 어렵습니다. 사람이 살만하게 손을 대야 합니다. 사실 우리가 먹는 곡식도 자연 그대로가 아닐 것입니다. 쌀이나 옥수수나 과거의 자연 그대로의 모습이 아니지요. 씨앗이 바람에 날려야 하니까 훨씬 작았습니다. 인간이 사육을 하는 것이 번식에 오히려 이롭게 되었다는 걸 알게 되자 옥수수는 조금씩 커졌습니다. 바람에 날리는 것이 아니라 인간이 번식을 하게 해주니까, 클수록 좋으니까 점점 커져서 지금의 옥수수가 되었습니다.

지중해 연안에 위치한 레바논의 국기에는 삼나무가 그려져 있죠. 그만큼 이 지역에서는 삼나무가 대단히 유용한 식물입니다.

[토판 3] 삼목숲 원정 준비

[토판 3]과 [토판 4] 역시 심하게 훼손되어서 다른 토판 내용으로 보완했다고 합니다.

길가메시는 성문에서 백성들에게 삼목 숲에 가서 훔바바를 죽이겠다는 계획을 발표합니다. 그러자 장로들은 염려를 하고 그래도 가겠다는 길가메시에게 충고를 해줍니다. 길가메시는 어머니 여신 닌순에게 가서 축복을 빕니다. 닌순은 사제 복장을 하고 태양신 샤마시에게 아들의 원정에 축복을 내려주어 성공하고 돌아올 수 있게 도와달라고 빕니다. 그리고 엔키두를 아들로 삼고 길가메시를 도와서 잘 다녀오라고 합니다. 이런 내용들이 상세하게 길게 기술되어 있습니다. 줄거리로는 간단하지만요.

닌순은, 신년 축제에서 왕과 신전 여사제가 잠자리 즉 성혼례를 통해 풍요를 비는 제의를 갖는데 바로 그때의 여사제인 듯합니다. 태양신 샤마시에게 비는 것이 닌순의 역할이라는 점이 여기서 잘 드러나지요.

[토판 4] 삼목숲으로 떠남

길가메시와 엔키두는 드디어 길을 떠납니다. 둘은 사흘마다 캠프를 치고 숙박합니다. 신에게 제사를 바치고 잠자리에 드는데 매번 꿈을 꿉니다. 길가메시의 경우 모두 다섯 차례 악몽이 나옵니다. 그때마다 무섭고 소름끼치는 자를 봅니다. 길가메시는 겁을 먹습니다. 꿈에서 깨어나며 말합니다.

> 친구여 자네가 날 불렀나?
> 내가 왜 잠에서 깼지?
> 왜 이렇게 혼란스럽지?
> 신이 다녀간 건 아닌가?
> 살갗은 왜 이렇게 떨리지?

엔키두는 그때마다 그 꿈을 길몽으로 해석하고 격려해주며 길을 나아갑니다. 숲 가까이 이르자 훔바바의 우레 같은 소리가 들리고 이번에는 엔키두가 공포에 떱니다. 그러자 거꾸로 길가메시가 응원합니다.

이렇게 서로가 서로에게 힘이 되는 가운데 훔바바를 만납니다. [그림 43]의 사진은 훔바바 조각상이라고 알려져 있습니다. 괴물이니까 괴물처럼 그려내면 되겠지요? 아무도 본 사람은 없으니까 누가 아니라고 할 수도 없을 테고요.

그림 43
훔바바로 추정되는 조각상

[토판 5] 훔바바와 전투

거대한 숲의 문 앞에서 길가메시와 엔키두는 두려움에 떱니다. 영웅들이라지만 인간적인 두려움도 큽니다. 거대한 삼나무들로 그득한 어두운 숲이 보이고 쿵쿵 하는 훔바바의 발자국 소리도 들려옵니다. 드디어 마주한 이들은 서로 입씨름을 합니다. 서로 멍청이라느니 하룻강아지라느니 하면서 말이지요. 길가메시는 벌벌 떨면서 태양신 샤마시에게 도와달라고 기도합니다. 신은 동서남북의 바람과 태풍, 토네이도 이런 바람들을 모두 열세 개 불러와서 바람 폭풍을 일으켜 훔바바를 제압합니다.

더 오래된 수메르의 토판본에는 길가메시가 훔바바에게 속임수를 쓰는 것으로 나옵니다. 훔바바에게 자기 누이들을 아내로 주겠다고 하면서 훔바바가 가진 일곱 개의 힘(오러)을 다 써버리게 하는 것이지요. 그렇게 힘을 다 빼앗고 난 뒤 친척이 되었다고 좋아하는 훔바바에게 다가가 무기를 휘둘러 쓰러뜨립니다.

비열하지요? 그렇지만 고대 영웅들은 속임수를 잘 썼습니다. 우리 주몽도 속임수를 써서 송양왕의 나라를 빼앗았지요. 야곱은 속임수를 써서 아버지 이삭으로부터 하느님의 축복을 얻어냅니다. 헤르메스나 토르 등 속임수를 업으로 삼는 신도 많습니다. 인간뿐 아니라 동물, 심지어는 식물도 속임수를 쓰는 것 아세요? 고대에 속임수는 힘을 이기

그림 44
길가메시와 엔키두가
훔바바를 잡아 처치하다

는 지혜로 이해되었다고도 보입니다. 인간이 자연을 이기는 것은 힘이 아니겠지요. 인간이 가지고 있는 지혜일 것입니다.

이제 죽게 된 훔바바가 길가메시에게 자비를 탄원합니다. 살려달라고 빕니다. 측은한 모습에 길가메시의 마음이 흔들립니다. 그러나 엔키두의 충고로 결국 훔바바를 죽입니다. 그런 다음 삼나무를 베어 우루크로 가져갑니다. 그 나무들로 성문을 만듭니다. 훔바바를 죽여야 삼나무를 가져올 수 있었는데, 이렇게 해서 자연의 죽음이 시작되었습니다.

이 부분은 자연과의 대결이 얼마나 어려운 일인지 보여줍니다. 그러면서도 인간이 끝내 자연을 정복한다는 개념을 보여줍니다. 자연과의 싸움, 강력한 인간의 의지로 자연과 싸운다는 개념은 서양의 개념입니다. 동양, 특히 한국·중국·일본에서처럼 자연에 순응한다는 생각과는 다릅니다. 어떤 학자는 이를 동양은 폭포를 사랑하고 서양은 분수를 만들었다는 식으로 대조해서 설명하기도 했습니다. 폭포는 자연 그대로의 모습에 순응하는 것이고, 분수는 자연을 거슬러서 만든 인공의 작품이지요. 지금은 동서양 어디나 할 것 없이 자연을 정복하고 착취하는 서양식 사고로 무장하고 있지만 말입니다.

[토판 5]는 두려움을 피할 수 없지만 집단 속에서 큰일을 성취하는 인간이 자연을 정복하는 모습을 그리고 있습니다. 그러나 자연의 힘인 훔바바를 죽이지만, 동시에 자신들도 패망하는 길을 걷게 됩니다.

[그림 44]와 [그림 45]는 인장 cylinder seal 그림이라고 하는데요, 길이가 1인 치쯤 되는 원통에 새겨진 그림으로 도 장처럼 사용하는 것입니다. 점토판에 대고 밀면 원통의 그림이 길게 사각형 으로 찍히게 됩니다. 특히 [그림 44]는

그림 45
인장 그림

가운데 있는 훔바바를 길가메시와 엔키두가 양쪽에서 잡아 처치하는 장면을 그린 것입니다.

[토판 6] 이슈타르와 하늘 황소

길가메시는 우루크로 돌아와 씻고 왕의 옷으로 멋지게 치장합니다. 그러자 길가메시의 아름다움에 반한 여신 이슈타르가 나타나 청혼합 니다. 자기와 결혼하면 세상의 부와 권세를 다 주겠노라 약속합니다. 인간이 여신과 결혼하다니! 길가메시는 좋아했을까요?

천만에요. 길가메시는 그녀의 사랑은 덧없고 자신은 장난감이 될 뿐 이라고 일언지하에 거절합니다. 두무지를 비롯해 그녀의 전 남편들의 불행을 열거하며 이슈타르를 모욕합니다. 앞의 이난나 강의에서 살펴 셨겠지만, 결국 이슈타르 대신 저승으로 끌려갔지요. 다른 남편은 동 물로 만들어놓기도 했지요. 멀쩡하게 산 남편이 없습니다. 사실, 다산 과 풍요의 여신 이슈타르는 바람둥이 여신이기도 했어요. 길가메시가 이런 점에서는 똘똘하지요? 당신 같은 상대와 결혼해서는 좋을 게 없 다고 한마디로 거절하는 것입니다.

거절도 지나치면 모욕이 되지요. 화가 머리끝까지 난 이슈타르는 하 늘로 올라가 아버지 아누에게 울면서 하소연합니다. 길가메시를 죽여

버리게 하늘황소를 내달라고 합니다. 하늘황소가 어떤 의미일지는 이야기 끝에 다시 생각해보겠습니다. 아버지인 하늘신 아누가 처음에는 네 잘못이라고 지적하자 이슈타르는 더 크게 웁니다. 말을 안 들어주면 죽은 자들을 풀어놓아서 세상을 혼란에 빠뜨리겠다, 지상에 7년 가뭄을 내려 보내겠다 하는 식으로 아버지를 위협합니다. 아버지는 결국 딸에게 지고 맙니다. 이러면 안 되는데 하면서도 다들 자식에게 지잖아요. 4000년 전에도 그랬다니 공감도 가고 또 한편으로 씁쓸하기도 하고 그러네요.

[그림 46]은 이슈타르일 것으로 추측합니다. 메소포타미아 지역에서 이슈타르는 중요한 여신입니다. 수메르에서는 이난나로 알려져 있고, 다른 지역으로 퍼져서 셈족의 아스타롯, 이집트의 이시스 여신 등과도 관계가 있습니다.

드디어 하늘황소가 등장합니다. 우루크로 내려오는 것이지요. 굉장합니다. 땅이 갈라지고 많은 사람들이 죽어갑니다. 이에 두 영웅이 나섭니다. 엔키두가 황소의 꼬리를 잡고, 길가메시가 양 어깨 사이를 찔러 죽입니다. 그것도 모자라 엔키두는 소의 넓적다리를 찢어 이슈타르에게 던지고 모욕합니다. "너도 이렇게 만들어버리겠다" 하면서요. 백성들은 환호합니다. 두 영웅이 너무 많이 나간 것 같습니다. 신을 이렇게까지 모욕할 필요는 없었을 텐데 말입니다.

오른쪽 그림은 엔키두와 길가메시가 하늘황소를 처치하는 장면입니다. 날개 달린 하늘황소의 꼬리를 잡은 쪽이 엔키두이고 머리 뒤쪽으로 칼을 꽂는 쪽이 길가메시이지요.

그날 밤 엔키두는 꿈을 꿉니다. 이 장면은 다음 토판으로 넘어갑니다.

[토판 6]의 사건은 결론적으

로 우루크의 신인 이슈타르에게 너무 심했다는 느낌을 줍니다. 길가메시와 엔키두는 승리에 취해 자신들이 인간임을 망각한 것이지요. 그리스신화에도 종종 나타나는, 교만으로 인한 인간의 패망과 유사한 느낌도 듭니다.

하늘황소는 내려오면서 땅을 쩍쩍 갈라지게 하고 사람들은 타죽는 걸로 보아 가뭄 같은 자연재해로 볼 수도 있습니다. 결국 이 이야기는 자연재해를 물리치기 위한 노력과 희생으로 볼 여지도 있다는 거지요. 훔바바 같은 자연을 제압하는 것과 하늘황소와 같은 자연재해를 극복하는 것이 인류의 먼 선조들이 감당했던 일들이었을 테니까요.

[토판 7] 엔키두의 죽음

[토판 7]은 엔키두가 꾼 꿈으로 시작됩니다. 훔바바와 하늘황소를 죽인 일로 신들은 회의를 열었고, 둘 중 하나는 죽어야 한다는 것, 결국 신들이 엔키두를 죽이기로 하는 꿈이었습니다. 그 장면에서 꿈을 깨는

엔키두는 자기 운명 앞에 괴로워합니다. 괴로움 끝에 엔키두는 병들어 눕게 됩니다.

나무로 만든 문을 보며 삼나무 숲의 괴물을 저주하고, 자기를 인간 사회로 데려온 사냥꾼이며 창녀 등 모든 것을 저주하는 내용이 주를 이룹니다. 애초 동물 상태로 있었다면 이런 비극이 있었겠느냐고 생각하고 모든 것을 저주합니다. 마치 에덴동산에 그냥 있었다면 비극이 없었을 텐데 하는 것과 마찬가지겠지요. 그러나 인간은 에덴을 나와야 합니다. 괴롭지만 비극을 감내해야 합니다. 그게 인간이지요. 그래서 인간이고요.

이에 태양신 샤마시가 타이릅니다. 그들 덕분에 동물에서 인간 문화로 오지 않았느냐고 타이릅니다. 그 즐거움을 누렸던 것을 감사해야 하지 않느냐고 말해줍니다. 이 말에 설득되어서 엔키두는 모든 저주를 취소하고 복을 빌어줍니다.

두 번째 꿈에서는 저승의 어둠 속에 있는 많은 사람들을 봅니다. 깨어난 엔키두는 전투에서 죽지 못함을 한탄하지만 죽음을 선택할 수는 없습니다. 결국 12일을 앓다가 엔키두는 죽습니다.

[토판 7]은 신화의 한중간인데, 인간적 공훈이 성취되는 바로 그 한복판에서 돌연 죽음의 문제로 전환됩니다. 죽음! 강하고 아름답고 용감한 인물도 그 죽음 앞에서는 한없이 나약하고 떨고 있는 모습으로 나타납니다. 남에게 책임을 씌우고 원망도 하면서 말입니다.

[토판 8] 엔키두의 장례식
[토판 8]은 엔키두의 주검 앞에 있는 격한 슬픔의 길가메시를 보여주고, 이어서 온 도시 사람들이 통곡하는 장면입니다. 길가메시는 온갖 좋

은 것들, 청금석, 보석들을 골라 엔키두를 장식합니다. 이어서 저승 신들에게 제사를 드립니다. 저승에서라도 잘 있기를 바라는 마음이겠지요.

그렇게 죽음을 지켜보는 것은 자기 자신의 죽음의 인식과는 다른 것 같습니다. 어떤 판본에서는 며칠이나 슬픔 속에서 엔키두 옆을 지키던 길가메시가 마침내 엔키두의 코에서 벌레가 나오는 것을 봅니다. 주검이 확 달라지자 죽음에 대한 생각도 확 달라집니다. 죽음이 갑자기 너무도 현실적이 되고 두려워집니다. 남의 죽음이 아니라 자신의 죽음이 떠올랐거든요.

이 장면은 일본 창세신화에서 죽음의 세계에 간 이자나기 신 이야기와 유사합니다. 이자나기는 죽은 아내 이자나미를 찾아 저승으로 가서 함께 되돌아오기로 했지만, 정작 몸에 구더기가 그득한 아내의 흉한 모습을 보고는 무서워서 냅다 달아납니다. 뒤도 안 돌아보지요.

[토판 9] 길가메시의 방랑

장례를 성대하게 마치고 나서 자신의 죽음에 대한 두려움이 엄습한 길가메시가 방황합니다.

> 친구 엔키두를 위해 길가메시는
> 비통하게 울면서 광야를 헤맸다
>
> 나도 죽겠지, 엔키두와 같이 되지 않으랴?
> 슬픔이 내 심장으로 파고든다
> 나는 죽음이 두렵다. 그래서 광야를 헤매
> 우트나피시티를 찾겠다

자연을 정복했던 이 영웅은 자신의 죽음과 대면했을 때 한 인간으로 돌아갔습니다. 영웅의 모습은 온데간데없이 사라집니다. 대신, 진정한 영웅은 무엇인가, 자연을 정복하는 외적인 힘이 아니라 자기 내면의 공포, 죽음에 대한 공포를 어떻게 대면하고 극복해야 할 것인가로 주제가 전환됩니다.

이제 길가메시는 우루크를 떠나 해가 뜨는 곳에 산다는 불멸의 인간 우트나피시팀을 찾아서 방랑합니다. 바빌로니아 표준판에는 위의 인용처럼 '우트나피시티'로 되어 있는데 대부분의 경우에는 '우트나피시팀'으로 되어 있습니다. 여기서는 일반적인 경우를 따라서 우트나피시팀으로 쓰겠습니다. 다른 판본에서 그는 '지우수드라'라고도 불립니다.

길가메시는 먼 길 끝에 마슈라라는 큰 산에 도착했고, 산을 지키는 전갈 인간의 도움으로 태양이 가는 길을 따라 가게 됩니다. 어둠과 바람의 긴긴 터널을 지나 보석 정원에 도착합니다.

앞서, 털북숭이가 되어 광야를 헤매는 길가메시는 엔키두의 처음 모습과 같습니다. 죽음 앞에서는 인간이 쌓아올렸다는 문명과 문화마저 얼마나 무의미한가를 보여주는 듯합니다. 이제 길가메시는 자연이 아니라 죽음이라는 인간의 원초적 고통을 해결하고자 하는 겸허하고 외로운 탐구자가 된 길가메시입니다.

[토판 10] 세계의 끝

보석의 정원 너머에는 황량한 벌판에 쓸쓸한 주막이 하나 있고 주막집 여주인은 베일을 쓰고 있습니다. 여인의 이름은 시두리입니다. 인간이 올 수 없는 곳을 온 길가메시를 피해 숨지만 길가메시는 절박한 모습을 보입니다. 사연을 들은 시두리는 우투나피시팀을 만나러 가겠다는 길가메시에게 충고를 해줍니다.

"네가 찾는 그 삶을 너는 찾을 수 없으리라"라고 합니다. 처음부터 포기하라고 단적으로 말해줍니다. 신은 인간에게 영생을 마련해주지 않았다고, 영생은 신들 자신에게만 허여했다 하고, 이어서 이렇게 말합니다.

> 길가메시, 배부르게 먹고
>
> 밤이나 낮이나 너 자신을 즐기라
>
> 매일 즐겁게 하라
>
> 춤추고 놀아라
>
> 네 옷을 깨끗하게 하고
>
> 머리를 감고 물에 목욕을 하라
>
> 네 손을 잡은 아이들을 바라보고
>
> 아내를 안아 기쁘게 하라

우리의 일상을 잘 살라는 거지요. 더 이상의 욕심을 부리지 말고. 집에 혼자 있어도 옷을 깨끗이 입고 머리를 감고 아이들과 놀아주고 부부가 서로 안아주고. 다들 이렇게 하고 사시지요? (웃음) 그러나 길가메시는 더 큰 걸 바랍니다. 그건 나도 안다. 그것으로 만족할 수 없다하며 포기하지 않습니다. 그래서 시두리는 딜문으로 가는 강을 건너게 해줄 뱃사공 우르샤나비를 만나게 해줍니다. 이 강은 인간이 건널 수 없는 강입니다. 인간의 길이 아니라는 걸 상징합니다. 결국 강을 건넌 길가메시는 우투나피시팀을 만나 자신의 이야기를 하고 당신처럼 영생을 얻고 싶다고, 그 방법을 묻습니다. 답은 시두리의 말과 비슷합니다. 인간으로서의 행복에 만족하라는 거지요.

[토판 10]은 시두리와 우르샤나비, 우트나피시팀 모두 인간의 삶을 즐기고 만족하라고 충고하는 내용이었습니다.

[토판 11] 부정되는 불멸

우트나피시팀은 길가메시에게 자신이 어떻게 영생을 얻게 되었는지 말해줍니다. 이것이 유명한 대홍수 이야기입니다. 구약 성서의 노아의 홍수 이야기와 흡사해서 영국 사회를 흔들어놓았던 것이지요. 대홍수 이야기는 세계적이어서, 그리스의 데우칼리온과 퓌라, 필레몬과 바우키스, 우리나라의 장자못 전설 등이 있고, 그밖에도 세계 어느 곳에서나 전승됩니다. 그중에서도 길가메시의 홍수 이야기가 세계 홍수신화의 첫 모습이라고 할 수 있겠지요.

하여간 신들이 모든 인간을 멸망시키기로 결정한 상태에서 우트나피시팀이라는 사람은 에아 신의 귀띔으로 방주를 만들고 살아있는 모든 동식물과 가족과 소유물을 싣습니다.

[그림 48]은 사진은 바로 이 홍수 이야기 부분이 들어 있는 11번 점토판입니다. 대영박물관에 소장되어 있고요. 1872년에 조지 스미스가 해독한 후 발표하여 영국 사회에 충격을 주었다는 그 토판입니다.

내용을 보겠습니다.

홍수가 그친 뒤 그는 비둘기, 제비, 까마귀 등을 날려 보내서 물이 줄고 땅이 나타나는지 봅니다. 까마귀가 돌아오지 않자 배에서 내려 신들에게 제사를 올립니다. 성경에는 이 장면에서 무지개가 등장하지요. 다시는 홍수로 인간을 멸망시키지 않겠다는 신의 약속이었지요. 인간을 이런 식으로 다 죽일 건 뭐냐고 신들의 항의를 받은 엔릴이 우트나

피시팀과 그 아내를 축복하고 영생을 허락
합니다.

이야기를 마친 우트나피시팀이 길가메
시를 보며 묻습니다. 신들이 너를 위해 다
시 회의를 열겠느냐고, 말을 할 수 없는 길
가메시에게 그는 시험 삼아 일주일간 잠을
이겨보라고 제안합니다. 잠은 작은 죽음
입니다. 그것도 이기지 못하면 진짜 죽음
은 말할 것도 없겠지요. 길가메시는 잠 안
자는 건 자신 있었습니다. 그렇지만 먼 여
행을 하고 온 그는 바로 잠이 들고 맙니다.

그림 48
〈길가메시〉 이야기 11번
점토판

길가메시가 딴 소리 할까봐 우트나피시팀은 아내에게 빵을 구워 시간
이 흐른 증거를 남깁니다. 길가메시가 잠에서 깨어났을 때 일주일이
지나 있었고 빵에는 시간이 흐른 표시가 났습니다. 첫 번째 구운 빵은
흙처럼 말랐고, 그 전날 빵은 곰팡이가 피어 있었고, 어제 구운 빵은 먹
을 수 있었지요.

우트나피시팀은 풀이 죽은 길가메시를 떠나게 하고, 우르샤나비의
왕래를 금지합니다. 그래서 둘은 같은 길로 돌아 나옵니다. 떠나는 길
가메시의 안타까운 모습에 우트나피시팀의 아내가 신들의 비밀을 하
나 알려줍니다. 깊은 바다 속에 불로초, 회춘초가 있다고 알려줍니다.

길가메시는 바다 속으로 들어가 힘들게 그 회춘초를 따옵니다. 이걸
가지고 좋아서 길가메시는 우루크로 돌아갑니다. 사람들에게 이걸 줄
생각으로 기뻐합니다. 폭군이었던 길가메시가 백성들 생각을 하는 장
면입니다. 이런 여행, 고생을 통해서 다른 사람을 생각하게끔 성장한

모습입니다. 그러나 안타까운 일이 벌어집니다.

가는 길에 연못이 있어서 길가메시는 목욕을 하게 됩니다. 덥고 지쳤으니까요. 회춘초를 물에 가지고 들어갈 수 없으니까 바위 옆에 놓고 목욕을 했습니다. 그래서 벌어진 일은 다음과 같습니다.

> 길가메시는 연못을 보았고 그 물은 시원했다
> 아래로 내려가 물에서 목욕을 했다
> 식물의 향기를 뱀이 맡고
> 조용히 와서 먹었다
>
> 돌아가며 뱀은 껍질을 벗었고
> 길가메시는 앉아서 울었다
> 뺨 아래로 눈물이 흘렀다
> (중략)
> 누구를 위해서 내 손이 그런 고생을 했나
> 누구를 위해서 내 심장의 피를 다 쏟았나

길가메시의 통곡이 들리는 것 같지 않습니까? 너무 실망하고 기운이 빠져서 울지도 못했을까요? 우리의 문제이기도 하니까 공감이 크지요. 이래서 인간은 결국 죽지만, 뱀은 허물을 벗어가며 다시 젊어진다는 유래담이기도 합니다.

결국엔 모든 것을 포기하고 우루크로 돌아온 길가메시가 뱃사공 우르샤나비에게 도시를 보여줍니다.

오, 우르샤나비, 우루크의 성벽에 올라 이리저리 걸어보라

그 기초를 살펴보고 그 벽돌을 잘 보아라

그 벽돌은 화로에 구워지지 않았는가

그 기초는 일곱 현자가 놓지 않았는가

성벽, 벽돌, 들판, 과수원, 이슈타르 신전 등을 다 보여줍니다. 그리고서는 결국 성벽을 짓고 들판을 개간하여 도시를 만드는 일 등 인간이 해왔던 일들이 자신이 할 일이라고 합니다. 떠났던 곳으로 돌아왔습니다. 달라져서요. 죽음을 피할 수 있는 방법을 찾아서 떠났지만, 돌아왔을 때는 죽음을 받아들이게 되는, 어떤 의미에서 진정한 영웅 길가메시의 모습을 보여줍니다.

길가메시는 인간의 한계를 인지하고서도 신에게 의지하기보다는 인간의 업적에 주목합니다. 신의 모습이 아니라 인간의 모습을 그린 게 아닌가 하는 사람들도 있습니다. 인간의 활동과 인간의 슬픔 등을 얘기하는 것이지 신에 대한 것이 아니라고 합니다.

이것으로 엔키두에 대한 애도도 마침표를 찍게 됩니다. 죽음은 받아들여야 하는 것이고, 인간은 인간으로서 할 일을 해야 한다고 생각하는 겁니다. 이로써 〈길가메시 이야기〉가 끝납니다.

[토판 12]는 기도문과 저승 이야기 등으로 부록의 성격이라서 생략합니다.

이러한 결말을 우리는 어떻게 보아야 할까요. 비관적이지요? 아니면 긍정적인 모습으로 볼 수도 있을까요?

전반기의 길가메시 모습으로 보면 비관적이지만, 인간의 모습으로

그림 49
지구라트(좌), 바벨탑(우)

서는 긍정적일 수 있습니다. 도시를 다시 보게 되는 겁니다. 자신이 잘
나서 성취용으로 그냥 만든 것이 아니라는 겁니다. 인간 길가메시가 새
롭게 보는 도시 우루크는 이제 인간의 창조성과 의지와 노력으로 이루
어진 기적이라는 것입니다. 문명이 무엇인가를 다시 생각하게 합니다.

영국 시인 윌리엄 쿠버가 이런 말을 했다지요.

"신은 자연을 만들었지만, 인간은 도시를 만들었다."

자연은 신이 만든 것이지만 도시를 만들지는 않았지요. 도시는 인간
이 만들었다는 거죠. 신의 할 일은 자연을 만드는 것이고, 인간이 할 일
은 문명을 만드는 것이라고 하는 거죠.

[그림 49]는 이라크에 있었다고 생각되는 지구라트의 모습입니다.
큰 건물을 사막에 세웠어요. 성경의 바벨탑은 이것을 나타낸 것이라고
보지요. 인간들이 교만했죠. 자꾸 높이 쌓아서 신들에게 이르자고 했
지요. 그러다 정말 하늘까지 이르겠구나 싶어서 신들은 인간의 말을
섞어버립니다. 서로 못 알아먹게끔 하는 것이지요. 이제 벽돌 가져와
하면 물을 가져가고 합니다. 이렇게 혼란스러워서 일이 이뤄지지 못
하게 합니다. 이것을 '바벨'이라고, 언어가 혼탁하다고 해서 바벨이라

고 했다 라는 거죠. 이를 바벨탑으로 본 유대문화는 신 중심 사회로 갑니다. 신의 분노를 초래해서 결국 인간의 노력은 실패로 돌아갔고 인간은 신의 뜻을 거스르지 말고 살아야 한다는 큰 반성과 교훈으로 이어지지요. 지리적으로 가까운 경쟁국가 이집트도 신 중심 사회로 갑니다. 그러나 메소포타미아 지역은 다릅니다. 인간에 대한 관심을 보여주면서, 신 중심이 아니라, 물론 신을 섬기지만, 신이 해줄 수 있는 것과 인간이 해야 하는 것은 엄연히 다르다는 사실에 초점을 맞춥니다.

〈길가메시 이야기〉의 의미

지금까지 11개의 이야기를 보았습니다. 이제 전체적인 내용을 종합해봅시다.

우선 이 서사시는 불멸이 불가능한 인간 길가메시의 모습을 보여준다고 하겠습니다. 길가메시는 길가메시 자신이 아니라 모든 인간을 대표합니다. 길가메시가 보여준 인간의 모습, 그것이 바로 우리의 모습이고, 인간은 불멸을 얻을 수 없다는 사실을 받아들이라고 얘기하고 있습니다. 이렇게 볼 때 뱀이 회춘초를 먹었을 때 길가메시는 절망하지만, 그 부분에서 길가메시가 목욕하고 나온 것은 목욕 이상의 상징적인 의미를 지닙니다. 신의 특성인 불멸을 얻으려는 탐색 과정에서 길가메시는 목욕을 통해서 신이 아니라 인간의 모습으로 다시 태어나죠. 목욕은 이처럼 새로 태어난다는 상징적 의미를 갖는데, 깨끗해진다는 소극적인 의미도 있지만 죽음을 경험하고 다시 태어난다는 상징적인 의미도 있습니다. 예수님도 요단 강에 들어갔다가 나오는 상징적 행위를 통해서 하나님의 아들로 다시 태어납니다. 길가메시가 2/3 이상의 신의 모습을 완전히 버리고 인간으로 다시 태어나고, 자신의 고장인 우루크로 돌아와 인간으로서 할 일을 해야 한다고 하는 거죠.

어떤 사람들은 전체 이야기를 심리학적으로 보기도 합니다. 엔키두가 누구냐? 길가메시의 제2의 자아다, 분신이다. 누구나 자기 안에 야생의 힘이 있는데, 그것과 잘 타협하면 놀라운 성취가 일어난다고 심리학적으로 해석하고 있습니다. 엔키두가 보여주는 자연의 모습은 사실 길가메시의 내면의 모습이라는 거죠. 그것과 잘 타협하여 큰일을 이뤄요. 에너지니까, 자아는 일종의 에너지라고 할 수 있는데, 그것과 타협하여 큰일을 이루는 인간의 모습이라고 해석할 수도 있다는 거죠.

여성의 경우 내면의 그 원초적인 힘, 에너지를 '늑대'라고도 부르는 사람도 있습니다. 『늑대와 함께 달리는 여인들』(1992)[1]이라는 심리학 책처럼 여성들이 자기 안에 갖고 있는 힘, 에너지를 만나는 것, 긍정과 부정의 양면을 다 가지고 있는 여성의 내면의 힘을 늑대라고 합니다. 여성학 분야에서 많이 보고 있습니다. 이처럼 길가메시를 심리학적으로도 볼 수 있습니다만, 이제 우리는 인류사와 관련해서 이해를 시도해 보겠습니다.

초기의 길가메시가 보여준 폭군의 이미지는 폭력과 초야권 등 질서 없는 초기 인간사회의 모습을 드러냅니다. 엔키두는 자연 속의 인간으로, 인간의 질서가 아닌 자연의 질서를 상징합니다. 길가메시와 엔키두가 만나는 것은 길가메시가 갖고 있는 폭력적인 면에 자연이 함축하는 질서를 보완하는 것으로 볼 수도 있습니다. 엔키두는 자연의 질서를 알고 있기 때문에 훔바바를 무찌르러 가자는 것을 막습니다만, 결

---

[1] 원제는 *Women Who Run With The Wolves*. 한글 번역본은 클라리사 에스테스 저, 손영미 역, 『늑대와 함께 달리는 여인들』, 이루, 2013.

국에는 인간에게 동화된 모습을 보여줍니다. 이 둘은 아직 죽음을 이해하지 못하는 단계를 보여줍니다.

이런 모습을 우리와 연관 지어 볼 수 있습니다. 역사가 수렵시대, 농경시대, 도시문명시대로 이어진다고 보면, 수렵시대는 자연 체계 내의 인간의 모습이라고 할 수 있습니다. 엔키두가 보여주는 것처럼 자연과 하나가 된 털북숭이의 모습으로 동물과 구분되지 않습니다. 의식 속에서 자연과 인간은 나뉘어져 있지 않고, 인간과 동물이 구분되어 있지 않습니다. 자연과 같은 존재인 거죠. 다른 말로 하면 주체와 객체의 구분이 없다고도 할 수 있습니다.

뒤를 이어 농경시대가 왔어요. 농경시대와 수렵시대는 엄청난 차이가 있습니다. 농경이라는 것은 농사를 짓는 거잖아요. 농사를 짓는다는 것은 논밭을 만드는 것이고 자연을 변형하는 것입니다. 도시에 비하면 자연스럽지만 논밭이라는 것은 원래 자연이 아닙니다. 인간이 가공하고 변형시킨 것이잖아요. 앞에서 언급한 대로 기원전 4000년경의 손가락 만하던 옥수수가, 그게 식량이 되니까 사람들이 자꾸 발전을 거듭하여 변형시킵니다. 짐승도 잡아다가 길들여서 가축으로 바꾸는 것이지요. 자연과 인간이 한데 섞여 있다가, 이제 자연 대 인간의 상태로 변합니다. 인간이 주체가 되어 객체인 자연을 변형시킵니다. 주체가 객체를 구분하여, 인간은 이제 자연을 자기가 마음먹은 대로 변형시킬 대상으로 인식합니다.

농경과 목축을 놓고도 다툼이 벌어지게 됩니다. 구약성서 〈창세기〉 아벨과 카인의 대립을 보면, 카인은 농사를 지어 하나님에게 바치는 인물이고, 아벨은 사냥하고 동물을 목축하여 하나님에게 바치는 인물입니다. 하나님은 아벨 것은 받아들이고 카인 것은 받아들이지 않습니다. 원래 유대인은 목축 쪽이잖아요. 그리고 가나안은 농경 지역이잖아요. 아마도 이 두 집단의 싸움을 그린 것 같아요. 야웨(야훼, 여호와)는 목축의 신이어서 아벨의 것을 받아들이고, 이에 카인이 분노에 차 동생인 아벨을 죽인다는 거죠. 이 형제의 싸움을 농경과 목축의 싸움으로 해석하기도 합니다. 카인과 아벨 이야기는 인상 깊어서 이를 소재로 한 작품도 많지요. 영화도 있고, 드라마도 있고, 황순원 선생님의 소설도 있지요.

우리나라 제주도에도 수렵과 목축의 대립이 중요한 소재인 신화들이 있습니다. 대표적인 것으로 〈송당본풀이〉는 목축의 소천국과 농경의 백주또할망이 부부이면서도 대립하여 갈라섭니다. 〈세경본풀이〉에서는 목축신 정수남과 농경신 자청비의 대립이 격화되어 자청비가 정수남을 살해하는 데까지 이릅니다. 농경과 목축의 싸움이 잘 나타나 있습니다.

길가메시는 결국 자연과 인간의 힘을 합쳐 도시문명을 건설하는 인간의 모습을 보여줍니다. 훔바바를 퇴치하는 것도 엔키두의 도움으로 가능합니다. 그러나 이야기는 점차 도시 중심의 문명으로 흘러갑니다. 자연과 목축은 생각하지 않고 주체로서의 인간만을 강조하는 식으로 이야기가 전개됩니다. 신까지도 모멸하고 모욕을 주면서 인간의 힘을 으스대고 뻐기는, 자기들 딴에는 발전된 모습을 보여주죠. 도시문명 일변도로 흐릅니다.

다시 말하자면, 농경이라는 것은 경작지가 인위적 자연이기 때문에 죽음을 객체화시키는 겁니다. 수렵에서는 죽음이라는 모습이 선명하게 드러나지 않는데, 농경에서는 죽고 사는 것이 수렵, 목축보다 선명하게 드러납니다. 왜냐하면 농경은 자신이 직접 기르니까 죽는다는 것이 무엇인지 이해를 한다는 거죠. 이 경우, 농경은 죽음을 자연의 순환으로 이해합니다. 봄이 되면 싹이 나고, 여름에는 무성했다가, 가을에는 열매 맺고, 겨울이 되면 죽어버리죠. 그런데 이게 진짜 죽는 건가요? 죽는 거 아니잖아요. 내년 봄에 또 날 거잖아요. 이렇게 모든 생명은 눈에 보이는 건 죽지만, 사실은 생명의 원래 모습은 내년 봄이 되면 다시 태어날 거라고 생각하죠. 마찬가지로 사람은 죽어도 내세에 다시 어디선가 태어날 거라고 생각하죠. 이렇게 농경문화에서는 삶과 죽음을 자연의 순환으로 이해할 수 있게 됩니다.

그런데 도시문명은 자연이 아니죠. 도시는 1년 단위로 순환되는 게 아니죠. 도시는 직선이지요. 앞으로 나아가는 것입니다. 그래서 순환이라는 개념이 없고 직선적 사고방식이죠. 그 속에서 삶은 일회적일 수밖에 없습니다. 직선 속에서는 하나의 작은 선분에 지나지 않습니다. 태어났다가 살다가 죽으면 끝이지, 순환이라는 개념을 갖지 않아요. 이렇게 되면 죽음이 비극적이죠. 수렵이나 농경 때는 죽음을 받아들이기 쉬워요. 식물을 보면 다 아니까요. 봄이 되면 다시 태어나잖아요. 그런데 도시문명이라는 개념은 순환과 재생을 부정하죠. 다시 돌아올 길이 없다는 것을 받아들여야 합니다. 도시는 인간을 위대하게 만들면서 동시에 인간을 죽음 앞에 선 왜소한 존재로 만들죠.

미켈란젤로의 〈천지창조〉는 신의 역할을 보여주죠. 신은 자연과 인간을 만들었는데, 그러면 인간은 무엇을 만들어야 하나? 바로 도시입니다. 조엘 코트킨Joel Kotkin이 지은 『도시의 역사』라는 책[2]이 있는데, 내용은 한마디로 '인류의 역사는 도시를 개척해온 역사'라는 거지요.

---

2   윤철희 역, 『도시의 역사』, 을유문화사, 2007.

그림 50
미켈란젤로의 〈천지창조〉

도시는 문명이라고 바꿔 말할 수 있습니다. 인간의 생각과 손과 발로 만든 도시, 자연과 다른 개념의 사고방식이 도시가 갖고 있는 의미라는 것입니다. 다시 말해 신에게 저항해서, 죽음에 저항해서, 인간이 할 수 있는 일을 해야 되기 때문에 도시를 만들었다는 거죠. 결국 도시는 신이 자연을 만든 것에 짝이 되게 인간의 활동으로 이뤄졌다는 것을 얘기하고 있습니다. 피할 수 없는 죽음의 비극성에 맞서는 인간의 길이 바로 도시라는 것이지요.

이와 관련해서 〈길가메시 서사시〉에서 두 가지 중요한 점이 나왔어요. 하나는 주막집 여주인 시두리가 말해준 거죠. 개인의 일상에서 즐거움을 찾아라. 다른 하나는 도시와 문명의 건설이 인간이 해야 할 일이라는 점을 길가메시가 돌아오며 자각했다는 것입니다.

미국 뉴욕이든 호주 멜버른이든 우리 서울이든 커다란 도시들, 이것들은 신이 만든 것이 아니죠. 사람이 만든 것입니다. 사람의 의미를 여기서 찾자는 거죠. 자연이 아니라, 죽음을 부정하는 것이 아니라, 죽음을 피할 수 없다고 인지하고 수용하지만, 이런 도시를 만드는 존재로서 인간이 있다는 사실을 보여주는 것입니다. 결국 문명이라는 것은 죽음과 허무에 대한 인간의 대응방식이고, 이를 다룬 이 이야기는 이제 농경을 벗어나 문명으로 진행하는 단계의 길가메시의 모습을 잘 보여주는 서사시라 하겠습니다.

신에게 의존하지 않고, 신을 비난하지도 않고, 인간의 길을 간다는 거죠. 신에게 매달리는 모습도 아니고, 그렇다고 신을 비난하거나 부정하지도 않습니다. 인간은 인간으로서 마땅히 할 일을 하는데, 그 가장 큰 실현체가 바로 도시문명이라고 생각하는 겁니다.

그래서 인간 개인의 측면에서 볼 때, 필멸이라는 점을 수용하고 잘 사는 것이 인간적 성숙의 증거라고도 합니다. 인간이 필멸이라는 점을 수용하고 잘 사는 것, 즉 죽게 된다는 사실을 알고 받아들인다, 그럼에도 불구하고 잘 사는 것이 성숙이라는 뜻입니다. 독일의 어느 철학자가 종교는 "그럼에도 불구하고의 사상이다"라고 말했어요. 사는 것은 고통이고 유치하고 지저분한 것이지만, '그럼에도 불구하고' 최선을 다해 사는 것이라고 얘기합니다. 이 서사시 역시 "우리는 필멸이다. 받아들이자. 그렇지만 문명을 만들어 후손에게 남겨주고 최선을 다해서 사는 것이 인간의 길이다." 이렇게 얘기하고 있는지도 모릅니다.

〈길가메시 이야기〉는 길가메시가 엔키두의 죽음을 거쳐서 자신의 죽음까지도 수용하는 과정을 길게 보여주는 이야기라고도 할 수 있습니다. 세계의 끝까지 가서 우트나피시팀을 만나 홍수 이야기를 듣고, 그렇지만 회춘초를 가져오는 일에도 실패하는 긴 여정을 통해 성숙해지는 길가메시를 보여주고 있지요. 그 성숙의 모습을 이미 5000년 전에 만들었다는 사실이 놀랍지 않습니까? 우리 민요에 "노세 노세 젊어서 노세 늙어지면 못 노나니" 이런 노래를 얼마 전까지 불렸던 것하고 비교해 보십시오. 그러면 그토록 오랜 세월 전에 저런 성숙한 생각을 했다는 것, 그러니까 "우리는 비록 가지만 우리가 애써 만들어 남기는 것은 영원할 것이다"라고 생각하는 얘기를 만들었다는 사실은 참으로 놀라운 사건이 아닐 수 없습니다.

물론 이와 반대되는 이런 생각도 있습니다. 먼 훗날 영국 옆 에이레의 저명한 시인 예이츠의 「행복한 양치기의 노래」The song of the happy shepherd라는 시의 한 구절입니다.

> (전략)
> 싸우던 왕들은 지금 어디 있는가?
> 한가한 말만이 그들의 영광일 뿐.
> (중략)
> 부질없는 업적 숭배가 지혜가 아니니
> 굶주린 듯 진리를 찾지도 말라
> 그대의 땀과 수고로 얻을 수 있는 것은
> 새로운 꿈, 새로운 꿈일 뿐이니
> 그대 자신의 마음속을 빼면
> 진리란 없는 것이니…….

앞부분은 길가메시에 대한 이야기라고 볼 수도 있습니다. 그 싸움과 업적들이 지금 무슨 의미가 있냐고 하네요. 굉장히 허무할 수도 있죠. 그래서 결국 진리는 우리 마음속에 있을 뿐이다, 이렇게 생각하는 사람도 있을 수 있죠. 불교도 이런 방향으로 간 사유방식인 듯합니다. 한쪽에서는 도시를 건설하는 입장으로 설명하기도 하고, 반면 진리는 마음속에 있다, 이렇게 얘기하기도 합니다. 여러분은 어느 쪽이십니까?

한편으로는, 문명이라는 것 속에는 건물을 세우거나 하는 것만 문명이 아니라, 고흐처럼 그림을 그리고 베토벤처럼 음악을 만들고 하는 문화 활동들도 다 포함된다고 생각합니다. 대단한 예술가들뿐만 아니라, 우리 각 개인으로서도 나름대로 과학이나 엔지니어 활동, 소박하더라도 여러 예술 활동에 참여하는 것이 다 인류문명을 이루는 작은 길이 아닐까 생각합니다. 그러니 각자 주어진 문명의 길에서 최선을 다하는 것, 이것이 곧 길가메시의 길이 아닐까 생각할 수도 있겠습니다.

질문 신화라는 것은 죽음의 신성성일 것 같은데, 길가메시를 영웅신화로 보면 이것은 신화가 아니지 않은가, 중동신화에서 길가메시의 존재를 어떻게 이해해야 할지 궁금합니다.

답변 수메르, 바빌로니아, 이집트도 모두 신 중심 사회였습니다. 가령 수메르 지역은 자연이 매우 척박했죠. 특히 강의 범람이 큰 문제였습니다. 이집트도 주기적으로 강이 범람합니다. 그곳에 씨를 뿌리고 수확하고 다시 강이 범람하고 하는 자연의 질서를 가지고 있었죠. 게다가 수메르 지역은 강의 범람이 부정기적이라 더 절망적인 상황이었다고 해요. 그렇게 되면 미래를 계획할 수도 없으니까요. 그래서인지 그들의 창세신화에서 인간이라는 존재는 단지 원래 작은 신들이 할 노동을 대신 하도록 하기 위해 창조되었다고 비관적으로 이야기합니다. 신의 노예로 말입니다. 그러니 한편으로는 신이 대체 우리 인간에게 무얼 해주었나 하는 반감 같은 것이 있을 수도 있지 않을까요. 신에 대한 반항을 통해 인간의 존재를 드러내는 그리스의 시지프신화 같은 예도 있죠. 물론 대세는 아니겠지만요.

〈길가메시 이야기〉는 그런 것들을 의식하지 않고 제가 말씀드린 대로 수렵과 목축을 거쳐 도시문명으로 나아가는 인간의 모습을 반영한 다는 식으로 이해해 주시면 좋을 듯합니다. 인간의 과거 역사를 나름 대로 하나의 이야기에 담아낸 것이라고 말입니다.

질문　엔키신화와 연결하여 딜문이라는 곳은 어디인지 궁금합니다. 길가메시가 간 곳은 저승인가요?

답변　현존하는 곳은 아닙니다. 딜문이라는 곳은 상징적인 곳, 낙원처럼 인간의 걸음이 닿을 수 없는 공간, 이상적인 공간입니다. 그리스 신화에서는 헤스페리데스라는 곳이 있습니다. 갓 태어난 제우스가 잡아먹히지 않도록 도망시켜서 양육하던 곳이지요. 서쪽 하늘 해가 지는 노을 속에 있는 나라입니다. 태양이 뜨는 곳도 인간의 발길이 닿지 않는 이상적인 공간입니다. 어쨌든 저승과는 다른 곳입니다. 저승은 따로 있습니다.

메소포타미아 문명과 바빌로니아의 〈에누마 엘리쉬〉

이혜정(성균관대 교수)

메소포타미아 문명의 역사

　여러분들께 메소포타미아, 바빌로니아의 신화 〈에누마 엘리쉬〉Enuma Elish에 대해 말씀드릴 이혜정입니다. '에누마 엘리쉬', 발음이 멋있죠? 〈에누마 엘리쉬〉는 발음도 멋있고 내용도 멋있습니다. 신화는 다른 이야기들보다 뭔지 모르게 화려한 아우라 같은 게 있잖아요? 바빌로니아의 창세신화 〈에누마 엘리쉬〉는 다른 신화들에 비해 신화적 아우라, 도도함과 장중함이 더 깊게 우러납니다. 그것은 〈에누마 엘리쉬〉가 찬가인 동시에 제의문의 성격이 두드러진 서사시이기 때문인 것 같습니다.

　〈에누마 엘리쉬〉는 한 편의 장형서사시이기는 하지만, 실제로는 크게 긴 서사시는 아닙니다. 그러나 〈에누마 엘리쉬〉는 메소포타미아신화의 종결편이라 할 수 있습니다. 메소포타미아 문명의 특징적인 성격을 잠깐 정리해 보겠습니다. 또한 엔키나 이난나, 〈길가메시 이야기〉

와 같은 신화들이 메소포타미아신화 전체와 어떻게 연결되는지 정리가 잘 안 되는 분들을 위해서, 다시 한 번 메소포타미아 문명과 신화의 전체적인 성격을 말씀드리는 것으로 강의를 시작하겠습니다.

메소포타미아 문명 중 가장 멋있는 유적 그림을 골라봤습니다. 바빌론 시에 있었던 '공중정원'입니다. 물론 지금은 사라졌지만 잔해가 남은 것을 바탕으로 형상화한 겁니다. 왜 공중정원이라고 불렸는지 아시겠죠? 예, 굉장히 높게 만들었어요. 이 유적에서 가장 중요한 특징은 건물의 균형을 맞추기 위해서, 일종의 내진 설계 같은 해자垓字를 만들었다는 겁니다. 건물 주변에 빙 둘러서 수로를 만들고 이렇게 물을 채운 거예요. 이 해자가 있어서 웬만한 충격이나 지진을 견딜 수 있는 기술이 이미 기원전 2000년경에 있었다는 게 굉장하지요? 기원전 2000년경이면 언제일까요? 기원전 2333년에 우리 단군 할아버지가 나라를 세운 거잖아요. 그때 그들은 이런 공중정원이 있는 거대한 도시 바빌론을 건립했답니다.

메소포타미아를 공부하다 보면 종종 새뮤얼 노아 크레이머Samuel Noah Kramer 교수를 만나게 되는데, 그에 의하면 수메르신화에는 세계 최초라고 말할 수 있는 것들이, 현재까지 발견된 것들만 해도 39가지가 있다고 해요.[1] 수메르신화는 오늘 제가 말씀드릴 〈에누마 엘리쉬〉보다 약 1500년에서 2000년 정도 앞선 형태의 메소포타미아신화입

---

[1] 새뮤얼 노아 크레이머 저, 박성식 역, 『역사는 수메르에서 시작되었다』, 가람기획, 2000.

니다만, 이 공중정원도 아마 세계 최초일
거예요.

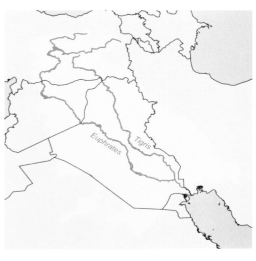

자, 이제 메소포타미아 문명의 성격에
대해 살펴보겠습니다. '메소'는 '~사이'
라는 뜻이며 '포타미아'는 '두 개의 강'이
라는 뜻으로, '메소포타미아'는 유프라
테스 강과 티그리스 강 사이의 비옥한 초
승달 모양의 지역을 말합니다. 그런데 메
소포타미아를 공부하다 보면 주변의 나
라들과의 관련, 특히 이집트와 비교가 되

그림 52
유프라테스 강과 티스리스 강
사이의 '메소포타미아'

고 나아가 이스라엘과의 긴장 관계의 근원에 대해 관심을 갖게 됩니
다. 우리가 중·고등학교 시절 메소포타미아를 배울 때 꼭 이집트를 함
께 배웁니다. 이집트와 메소포타미아는 세계 4대 문명의 발생지로 거
의 비슷한 시기에 문명이 발생했다는 점 때문에 함께 배우는데, 사실
두 지역의 지형 조건은 완전 반대예요. 이집트는 오른쪽으로 홍해가
있고 또 아래쪽으로는 넓은 사막이 있는 폐쇄적인 지형을 가지고 있어
서 외부의 공격을 쉽게 받지 않는, 상대적으로 안정된 형태로 통일왕
국을 이룰 수 있었답니다. 반면에 메소포타미아는 한눈에도 평평한 개
방 지형이었기 때문에 이민족의 침입을 많이 받았어요. 이민족의 침입
을 받으면 당연히 나쁜 점이 아주 많은 거예요. 반면에 굳세게 살아남
아서 다양한 문화를 이룩한 민족도 있었다는 사실을 역사는 보여줍니
다. 저는 메소포타미아의 홍수신화도 굳세게 살아남은 사람들의 이야
기라고 생각합니다. 나일 강의 범람은 이집트 사람들에게는 축복이었

어요. 왜냐하면 정기적으로 범람하거든요. 그러니까 언제 범람하고 언제 측량하고 언제 내 땅 네 땅 가려서 언제 씨 뿌리고 언제 추수하고가 정해져 있지만, 메소포타미아 지역은 사막 지역이잖아요. 비가 정기적으로 올 때도 있지만 봄이나 여름에 갑자기 왔답니다. 사막 지역에 갑자기 큰 비가 내리면 물이 막 흐르고 난리가 났다가, 또 햇볕이 나면 금방 사라지겠죠. 이렇게 불규칙한 강우가 많이 불편했을 것입니다. 실제로는 불편한 정도를 넘어서 재앙으로 여겼다고 합니다. 강이 범람하면 아마 쓰나미 같은 것도 왔을 거예요. 이런 이유로 일찍이 메소포타미아 지역에서 홍수신화가 생겨나지 않았나 하는 생각이 듭니다. 홍수신화 하면 얼른 '노아의 방주'가 생각이 나죠? 그런데 앞에서 말씀드린 크레이머 교수의 39가지 세계 최초 안에 메소포타미아의 홍수신화도 들어있답니다. 구약 성경의 '노아' 대신 수메르신화에는 '지우수드라'가, 〈길가메시〉에는 '우트나피시팀'이라는 인물이 나오지요.

이렇게 메소포타미아의 두 강, 유프라테스와 티그리스는 범람도 자주 했지만, 범람 후에는 퇴적도 일어났습니다. 특히 페르시아 만으로 들어가는 하구에 많은 충적토들이 퇴적되어 여러분이 알다시피 수메르의 도시국가들이 많이 생겨나는 기반이 되었습니다. 수메르는 이 지역 전체를 말합니다. 메소포타미아 지역에 넓게 분포해 있었습니다. 수메르의 도시국가들 중에서는 여러분들이 알고 있는 우르, 우루크, 니푸르 등등과 그리고 가장 중요한 바빌론과 같은 도시국가들이 이미 기원전 3500년에서 2500년 사이에 생겨났다고 합니다.

세계 4대 문명 발생지 중 어디가 가장 오래된 지역인지에 대한 논쟁이 있는데, 메소포타미아가 세계 최고最古의 문명지라는 주장이 지배적입니다. 메소포타미아 문명은 크게 수메르 문명과 바빌로니아 문명으로 나뉘어집니다. 수메르는 인류 최초로 도시국가를 건설한 문명으로, 기원전 4000~2500년경에 존재했습니다. 물론 수메르 문명 이전에도 그 지역에는 신석기 직후부터 이미 채색토기를 가진 우수한 문화가 있었어요. 그 시기까지 수메르 시대로 넣는 사람도 있지만, 그래도 국가라는 개념을 정립한 시기인 기원전 4000~2500년경을 수메르 시대로, 바빌론을 수도로 삼았던 기원전 2000~300년경을 바빌로니아 시대로 구분합니다.

"역사는 수메르에서 시작되었다History begins at Sumer"라는 크레이머 교수의 말대로, 메소포타미아 역사의 시작도 수메르 시대부터입니다. '수메르Sumer'라는 호칭은 후대의 아카드인들이 남부 메소포타미아에 살던 고대인들을 지칭했던 명칭으로, 수메르인들은 자신들을 '검은 머리 사람'이라고 불렀다고 합니다. 그러나 수메르인들이 어디서 왔는지 아직 정확히 밝혀지지 않았어요. 대략 메소포타미아의 북쪽, 아나톨리아 반도 인근 산맥에서 목축을 하던 사람들이 남쪽의 메소포타미아 삼각주 지역으로 이주하여 농경을 시작했다고 추정합니다. 목축민들이 농경을 시작한 거죠. 그들은 청동기 농경문화의 배경을 가지고 있었는데, 농사를 지을 때는 태양이 더 중요할까요, 달이 더 중요할까요? 네, 달이 더 중요하죠. 옛날 우리나라의 〈농가월령가〉처럼, 농사일에는 달이 중요합니다. 그래서 그들은 태음력을 사용했는데, 한 달은 30일, 일년은 360일(5일의 윤일도 계산), 일 년은 12개월, 한 시간은 60분, 하루는 24시간 등등, 이런 숫자들을 그때 이미 사용했어요. 그러니까 30진법, 60진법 또는 12진법의 숫자들을 발견한 그들은 혁신적인 수학 세계를 발견한 셈이었습니다. 수메르 시대에 이미 바퀴가 사용되었던 것에서 볼 수 있듯이, 원에 대한 숫자 개념도 확립되어 원의 중심각은

그림 53
쐐기문자(기원전 26세기
수메르 문자)

360도라는 것, 또 3.141592……에 거의 근접하는 원주율도 발견했답니다.

최초의 도시국가들도 건설했습니다. 도시 한가운데 지구라트가 있는, 신전 중심의 도시를 건립했습니다. 물론 가장 중요한 발명은, 우리들이 지금 메소포타미아 문명을 연구할 수 있도록 해주는 바로 그 문자일 것입니다. 기록이 남아있는 거죠. 수메르 문자도 처음에는 중국처럼 상형문자였어요. 처음에는 그림 형태로 그렸는데, 약 1000년의 세월이 지나면서 설형문자로 바뀝니다. 설형문자는 쐐기문자라고도 하는데요, 저는 어릴 때 '쐐기'가 무슨 벌레인줄 알았어요. 글씨도 삐죽삐죽해서 벌레같이 생긴 글자인가보다 그랬어요. 쐐기는 옛날에 문이나 물건의 밑이나 틈에 끼워 넣는 좁은 삼각뿔 모양의 나무나 뾰족한 징 같은 것을 말합니다. 쐐기문자도 점토판에 갈대나 철필 같은 걸로 좁은 삼각형 모양으로 새기며 쓰는 글자예요.

그 다음 기원전 2400년경이 되면 북쪽의 아카드인들이 쳐들어옵니다. 수메르인들은 셈족이라고 하지 않고 수메르인이라고 해요. 이 아카드인들은 셈족이니까, 이제부터 메소포타미아 지역에 셈족이 들어오는 겁니다. 셈족은 쉽게 말하면 아랍족인데, 이때부터 수메르인들은 셈족의 지배를 받게 되었다고 볼 수 있습니다. 또 이때부터 아카드어를 사용했다고 말하는데, 사실 아카드어는 아카드인들이 만든 언어가 아니라 수메르인들이 만들었던 쐐기문자가 세월이 지나 음가가 소실되고 글자가 없어지던 때, 당시에 사용되던 언어와 적당히 조합해서 만든 언어예요. 그러니까 아카드어의 뿌리는 수메르어이고 쐐기문자로, 가장 대표적인 문헌으로 〈길가메시〉와 〈에누마 엘리쉬〉가 있는 거죠.

기원전 2000~1800년경이 되면 아무르인(셈족)들이 쳐들어오는데, 이들이 바로 저 유명한 함무라비 왕의 종족이죠. 메소포타미아 지역을 정복한 아무르 왕조가 바빌론을 수도로 정하고부터를 바빌로니아 시대라고 말합니다. 그 후에 바빌로니아 왕국이 다시 건설됩니다. 그래서 그 바빌로니아와 구별하기 위해서, 이 시기를 (고)바빌로니아 시대라고 합니다. 그러니까 오늘 공부하게 될 〈에누마 엘리쉬〉는 이 고바빌로니아 시대의 문화에 해당되는 것이지요. 바로 이 고바빌로니아 시대에 성문법이 제정되었고 중앙집권적인 국가의 기틀이 완성되었습니다.

기원전 1740~1460년경에는 철기문화를 가진 히타이트인들이 침략했습니다. 이 히타이트족은 유럽어족이에요. 그러다가 기원전 1500년경이 되면 아시리아인(티그리스 북쪽의 셈족)이 메소포타미아를 침략하죠. 여러분들이 많이 들었던 그 오리엔트 왕국을 통일한 민족입니다.

기원전 639~500년경 칼데아인(우르 지역 인근의 셈족)들이 역사에 등장, (신)바빌로니아 제국을 건설합니다. 이 칼데아인 중에 여러분이 알고 있는 아브라함이 있었답니다. 이 칼데아인들을 수메르인들의 후예로 보는 사람들도 있는데, 성경을 공부하는 학자들 중에서는 이 수메르인들이 아브라함을 따라 가나안으로 이주했다는 설도 제기합니다.

기원전 539~330년경에는 페르시아 제국이 바빌론을 정복하면서 이제 메소포타미아의 고대 역사가 한 막을 내리게 됩니다. 이슬람이 그 지역, 우리가 요즘 말하는 중동 지역을 통일하는 것은 그로부터 또 한참 시간이 흐른 뒤의 일입니다.

이상의 내용을 바탕으로 메소포타미아 문화의 성격을 다음과 같이 정리해 볼 수 있습니다. 첫째, 개방적인 지형의 특성으로 인한 외부의 잦은 침략과 유프라테스 강과 티그리스 강의 불규칙한 범람으로 메소포타미아인들에게는 현세의 삶이 굉장히 불안정하고 고통스러웠습니다. 그래서 둘째, 현세의 삶에 영향을 끼치는 자연의 힘을 숭배했습니다. 셋째, 인간의 삶을 관장하는 천체의 신들이 있다고 생각했어요. 그래서 천체를 관찰하고 점성술을 연구했습니다. 넷째는 다른 신화에서는 보기 어려운, 메소포타미아신화만의 특징적인 요소인데, 신과 인간을 매우 엄격하게 구분했다는 점입니다. 가령 우리 단군할아버지는 홍익인간으로 나라를 다스렸다고 하는데, 메소포타미아의 신들은 인간을 자신들을 위해 노역을 할 종으로 삼기 위해 창조합니다. 처음부터 신과 인간의 차이를 뚜렷하게 인식시키고 있습니다. 다섯째, 메소포타미아는 주로 농경을 했기 때문에 태음력을 사용했습니다. 따라서 신화에서도 태양신보다는 달의 신 난나NANNA가 더 우위에 있었습니다. 태양신 우투UTU는 달의 신 난나의 아들이에요. 난나가 여신 닌길과 결혼하여 이난나INANNA와 우투를 낳아요. 제가 뒤에 재미있는 것을 보여드릴 텐데요, 공부 못하는 아들에게 아버지가 "달의 신 난나가 너를 보호해주길 바란다"라고 말합니다. 그만큼 달의 신 난나가 중요하면서도 친근한 신이었다고 이해할 수 있겠지요.

이런 문화적 바탕 위에서 메소포타미아인들은 내세를 생각할 겨를이 없었을 거예요. 그래서 그들은 현세적 다신교를 주로 믿었어요. 이집트의 피라미드는 영생을 위한 파라오의 무덤이죠. 무덤은 왜 만들죠? 내세를 위한 장소였지요. 영생을 얻고 내세에 좋은 곳에 가려고 하는 염원 때문에 피라미드를 만들었습니다. 그런데 피라미드의 전 단계라고 할 수 있는 메소포타미아의 지구라트는 무덤이 아니라 신에게 제사지내는 신전이었습니다. 신을 만나는 곳이죠. 난나와 이난나 같은 신들을 만나는 곳이에요. 재미있는 것은 지구라트에서 제사만 지내는 것이 아니라 성혼례Sacred Marriage Rite, 다시 말해 신성한 섹스가 행해졌던 장소로도 추정됩니다. 즉, 신들의 성적 결합이 행해졌던 장소였다는 것이죠. 이 이야기는 나중에 더 자세하게 말씀드리겠습니다.

또한 그들은 현세적인 삶의 불안감 때문에 하늘의 천체를 많이 관찰했고, 그로 인해 천문학과 점성술도 함께 발달했어요. 원래 천문학은 달과 밀물·썰물의 간만의 차이나, 별이 강물의 범람에 어떤 영향을 끼치는 것인지 알아보려는 목적이었는데, 이를 바탕으로 미래에 대한 의문을 묻고 푸는 점성술도 발달했던 것입니다. 그런데 여러분은 점을 보러 가면 내가 내세에 어떻게 됩니까, 어디로 갑니까, 이런 것을 물어보시나요? 그런 거 물어보러 점을 보러 가지는 않잖아요. 돈을 많이 벌 수 있을까요, 우리 아들, 우리 딸이 언제 결혼할 수 있을까요 등등, 주로 현세적인 것들을 물어보잖아요. 그들에게도 점은 지극히 현세적인 것과 연관되어 있었어요. 물론 천문학도 매우 발달했어요. 수메르인들은 그 당시에 이미 황도 12궁을 발견했으며, 화성, 수성, 목성, 금성, 토성을 발견해서 요일의 이름으로 사용했답니다. 현재 우리가 쓰고 있는 월, 화, 수, 목, 금, 토 같은 요일이 수메르인들로부터 시작했다는 것은 놀라운 사실이죠. 또 그때 이미 명왕성, 해왕성도 발견했답니다. 굉장하죠?

물론 수학, 측량술, 건축술도 매우 발달해서 지구라트는 물론이고,

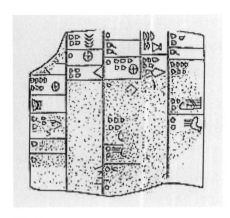

그림 54
상형문자

바빌론 시, 이슈타르의 문, 공중정원 같은 것들도 지을 수 있었겠죠. 그러나 메소포타미아의 많은 '세계 최초' 중에서도 가장 중요한 발명은 역시 문자라고 생각합니다. [그림 54]는 60진법으로 뭘 계산한 것이라고 합니다. 아무리 봐도 60진법과 무슨 관계인지 잘 모르겠지만, 그래도 무슨 동물 그림과 원형과 반원형 그림들은 상형문자 같지요?

이런 상형문자가 발전해서 설형문자가 되었는데, [그림 55]의 표 그림을 보면 좀 더 잘 이해하실 수 있을 거예요.

맨 왼쪽 우루크 기의 첫 줄에 사람머리 보이시죠? 그리고 맨 오른쪽 아시리아기를 보면 그것이 설형문자로 바뀌어 있는 거 보이시죠? 다시 우루크기 중간 부분의 삼각형 모양은 여성을 뜻하는 그림인데, 그것도 나중에 변형되었어요. 그리고 그 아래 아래 별 같은 도형은 수메르어로 '딩기르'dingir라고 발음하는데, 신을 뜻하기도 하고 별을 뜻하기도 합니다. 그와 동시에 숫자 1도 되고 60도 돼요. 60진법이니까요. 그러니까 그 별처럼 생긴 그림은 신을 나타내는 문자인데, 1 또는 60은 최고의 신을 나타내는 숫자예요.

이런 글씨를 점토판에 썼던 거지요. 이집트인들은 파피루스에 글씨를 썼고, 인도인들은 종려나무에 글씨를 썼고, 서양인들은 양피지에 글씨를 썼고, 수메르인들은 이렇게 점토판에 글씨를 썼어요. 그런데 지금부터 200년 전 만해도 수메르라는 나라가 있었는지도 몰랐다고 합니다. 1849년부터 메소포타미아에서 점토판들이 엄청나게 발굴되면서, 수메르 문명의 실체가 비로소 드러나기 시작했습니다. 현재까지

약 300,000개의 점토판이 발견되었
는데, 대다수가 제의문과 경제, 행정
적인 내용들이지만 문학적인 내용들
도 많이 있습니다. 물론 쐐기문자가
공식적으로 사용되었습니다. 공식적
인 문자를 배우려면 어떻게 해야 하
나요? 학교나 학원에 가서 돈 내고
배워야 하잖아요. 그들도 학교에 가
서 학비를 내고 배웠답니다. 필경사

그림 55
상형문자가 설형문자로
바뀌는 과정

를 공부시키는 학교가 있었어요. 에두바Edubba라고 하는 학교가 있었
는데, 수메르 전역에 걸쳐서 필경사 교육을 시키는 학교들이 있었다고
해요. 기원전 1700년경에 제작된 점토판이 있는데, '필경사 공부를 게
을리 하는 아들을 꾸짖는 아버지'라는 내용의 에세이입니다. 대강 정
리해 보면,

"어디 갔었느냐?"

"아무 데도 가지 않았습니다."

"왜 집에서 빈둥대느냐? 학교에 가서, 선생님 앞에서 과제물을 암
송하고, 거리에서 방황하지 마라. 내가 한 말을 알아들었느냐?"

"제발 철 좀 들어라. 공공장소에서 서성거리거나 길에서 배회하지
마라. 선생님 앞에서 겸손하게 굴고, 어려워해라. 네가 두려워하
면 선생님도 널 좋아할 것이다."

"난 너에게 절대로 나무를 해오라고 숲으로 보내지 않았다. 집수
레를 밀게 하지도, 쟁기를 끌게 하지도, 땅을 개간하라고 시키지

도 않았다. 육체노동을 하도록 널 보내지 않았다. '가서 일을 해서 날 먹여 살려라'라고 한 적도 없다. 너희 형을 본받아라. 너의 동생을 본받아라. 아버지의 일(필경사)을 이어받는 것은 엔릴(모든 신의 왕)에 의해 정해진 운명이다."

아버지가 게으른 아들에게 훈계를 하는 내용이에요. 요즘 아버지와 똑같지요? 아들은 엄마에게 도시락을 싸달라고 해서, **빵 두 개**를 가지고 학교에 갔는데 지각을 했어요. 그리고 숙제를 내라고 했는데 글씨도 **삐뚤빼뚤**한 거예요. 그래서 선생님에게 매를 맞아요. 거기에 교장도 있고 형도 있고 동생도 있는데, 형은 아마 상급자 선배, 동생은 후배 이럴 거예요. 매를 맞아요. 그러자 아들이 머리를 써요. 아버지를 꾀지요.

(아들의 제안대로) 선생님을 집으로 초대했다.
선생님은 상석에 앉았으며, 학생이 곁에서 시중을 들었다.
아버지는 선생님과 술잔을 기울이며 식사를 했다.
선생님에게 새 옷을 입히고 선물을 주었으며 반지를 끼워주었다.

그 반지는 물론 보석반지였겠죠. 제 생각엔 아마 청금석 반지 같아요. 인류 최초의 촌지라 해도 과언이 아니겠죠?

기분이 한껏 고조된 선생님은 학생을 칭찬하기 시작한다.

어제는 매를 때렸는데, 오늘은 막 칭찬하는 거예요.

"넌 네 형제들 중 가장 두각을 나타낼 거야.
친구들 중에서는 우두머리가 될 것이고, 학생들의 지도자가 될 게다."

이렇게 칭찬을 막 하죠. 사람 사는 건 다 똑같지 않습니까?

그림 56
점토판들을 보관하는 토굴

[그림 56]을 보면 점토판들을 어디에 보관했는지 알 수 있습니다. 이렇게 토굴 속에 보관했어요. 놀랍죠? 거기서 점토판뿐만 아니라 부조나 벽화도 발굴되었어요. 발굴된 부조나 벽화를 보면 하프를 켜는 악공도 있어요. 하프를 켜면서 세련된 생활을 했다는 것을 알 수 있어요. 지금도 하프 켜면서 살기 어려운데요, 그렇죠? (웃음)

[그림 57]은 우르 지방에서 나온 〈스탠다드〉Standard라는 두루마리 그림이에요. 'Standard'가 '표준', '기준' 이런 뜻인 줄로만 알고 있었는데, '깃발', '군기'라는 뜻도 있네요. 전쟁하는 그림입니다. 밑에는 전사들이 마차를 타고 있고, 맨 위에는 왕과 신하들, 중간에는 노예들을 줄줄이 엮어서 끌고 오고 있죠. 아마 우르 지방에서 전쟁이 일어났는데, 이겼나 봐요. 목판으로 만들었는데, 3단으로 가로줄이 그려진 라인에 푸른색으로 빛나는 부분은 청금석 상감이랍니다. 그 밑에 반짝이는 것은 나전칠기 같은 조개 상감이고요. 그러니까 이 그림에 엄청나게 공력을 들였다는 사실을 알 수 있고, 예술적인 감각과 기교가 매우 뛰어났었다는 사실을 알 수 있죠.

자, 메소포타미아 문화의 성격을 재미있는 부분만 쏙쏙 골라서 말씀
드렸어요.

바빌로니아 창세신화 〈에누마 엘리쉬〉

이제부터 본격적으로 〈에누마 엘리쉬〉 이야기를 하겠습니다.

〈에누마 엘리쉬〉는 바빌론의 수호신 마르둑^{MARDUK}을 찬양하는 내
용의 서사시입니다. 총 일곱 개의 토판으로 구성되어 있는데, 기원전
2000년대 말에 제작된 것으로 추정됩니다. '에누마 엘리쉬'라는 말은
제1토판 서두에 적힌 말로, '그때 그 위에'라는 뜻입니다.

1850년에 레아드^{Layard}라는 영국 사람이 니네베^{Nineveh} 지역을 돌아
다니다가 우연히 고성의 한 작은 방에서 수천 개의 점토판을 발견합
니다. 필경사 학교 말씀드렸지요? 학교가 있으면 또 무엇이 있을까요?
네, 도서관이 있었겠죠. 레아드가 바로 아시리아의 아수르바니팔 왕이
세운 도서관을 발견한 겁니다. 아수르바니팔 왕은 과거 역사를 보존하

그림 58
아수르바니팔 도서관
사자 유물

기 위해 각지에 사람을 보내 고대 문헌들을 복사해 오게 했습니다. 물론 점토판에 복사해 왔겠지요. 수메르에는 학교만 있었던 것이 아니라 이처럼 도서관도 있었고, 창고, 은행 비슷한 것도 있었습니다. 수메르에서 가장 높은 직책이 총독이었지만, 좋은 직책 중에는 회계사도 있었다고 합니다. 회계사는 지금도 좋은 직업이잖아요? 돈과 직결되어 있으니까요.

아무튼 레아드가 발견한 수천 개의 점토판 중에 〈홍수신화〉 이야기와 〈길가메시 이야기〉도 들어 있고, 오늘 우리가 다룰 위대한 서사시 〈에누마 엘리쉬〉도 들어 있었던 겁니다. 굉장한, 그야말로 세계사적인 발견을 한 거죠. 〈에누마 엘리쉬〉의 특징은 앞에 말씀드린 대로 마르둑에 대한 찬가인 동시에 인간이 신에게 봉사하기 위해 태어났다는 것을 보다 분명히 인식시키는, 우리 인간의 입장에서는 약간 야릇한 내용의 서사시입니다. 기원전 7세기경에 기록되었다고 추정되지만, 기원전 18세기부터 거의 1000여 년 동안 구전으로 전해오다가 기원전 7

세기경에 점토판에 문자로 기록된 것으로 추정합니다.

수메르의 세계 최초 39가지 중에 이 〈에누마 엘리쉬〉도 포함됩니다. 크레이머 교수는 〈에누마 엘리쉬〉가 성경이나 그리스로마신화보다 거의 1000년을 앞선 이야기라고 말합니다.

〈에누마 엘리쉬〉는 아무 때나 읽는 것이 아니라 신년축제, 아키투^{Akitu} 축제에서 사제들이 암송했습니다. '아키투'라는 말은 '보리'를 뜻하니까, 그들은 아마도 보리를 주 농산물로 경작했나 봐요.

이제 본격적으로 〈에누마 엘리쉬〉를 열어 보겠습니다.

제1토판

앞서 말씀드린 대로, '에누마 엘리쉬'는 '그때 그 위에'라는 의미로, 제1토판의 첫 구절입니다.

> "그때 그 위에 하늘이 아직 불리지 않았고, e‑nu‑ma e‑lis la na‑bu‑u sa‑ma‑mu
>
> 아래로 땅이 이름으로 불리지 않았을 때 sap‑lis am‑ma‑tum su‑ma la zak‑rat
>
> 태고의 압수^{APSU, 淡水} 그들의 아버지와 모두의 어머니 티아마트 ^{TIAMAT, 鹽水}가 하나로 물을 섞고 있었다."

"아직 하늘이 불리지 않았고, 아래로 땅이 이름으로 불리지 않았다." 이것을 신화에서는 혼돈상태라고 말합니다. 신화는 처음에는 신들이 태어나고 그 다음으로 세상이 만들어지는데, 그 첫 번째 과정이 천지분리예요. 그러니까 천지분리도 되지 않았던 혼돈의 세계를 "에누마 엘리쉬~" 이렇게 멋지게 이야기를 시작했던 거죠. 그 다음 행, "태고의 아버지 압수와 그들의 어머니 티아마트가 하나로 물을 섞고 있었다."라는 구절은 아마도 유프라테스 강과 티그리스 강이 바다로 들어가는 것을 말하는 것 같아요. 그런데 압수는 강물, 즉 담수淡水 예요. 여신인 티아마트는 바닷물, 즉 염수鹽水이고요. 우리는 보통 크고 센 것은 남자라고, 약하고 부드러운 것은 여자라고 생각하잖아요? 그런데 여기서는 반대예요. 압수가 아버지이고 티아마트가 어머니예요. 이것은 아마도 바다에서, 물에서 모든 것이 생성된다는 고대인들의 생각을 담은 것 같습니다. 땅에서 모든 것이 생성된다는 대지모 사상도 있었지만, 다른 한편으로는 물에서 모든 것이 생성된다는 사고가 여기에 담겨있는 것 같아요. 〈에누마 엘리쉬〉에서는 이렇게 어머니 티아마트가 훨씬 힘이 세고 권위가 높은 신으로 나타납니다.

그 다음 행은 "압수와 티아마트가 하나로 물을 섞고 있었다. 그리하여 라무Lahmu와 라하무Lahamu가 나타났고, 그 이름이 불렸다."입니다. 라무와 라하무는 점토, 어떤 사람들은 점니泥라고도 말해요. 점토보다 점니가 더 부드러운 침적토일 거예요. 강물과 바닷물이 만나면 과학적으로 단백질이 생긴다고 합니다. 그런 것은 정확히 몰라도, 여하튼 강물이 바다 입구에 많은 점토를 퇴적시켜 갯벌을 만들었겠죠.

> "세월이 지나 다시 라무와 라하무가 결합하여, 안샤르ANSHAR, 天軸와 키샤르KISHAR, 地軸를 낳았다.
> 성장한 안샤르는 아들 아누ANU를 자신과 닮게 만들었으며, 아누는 에아EA, 또는 누딤무드를 자신의 모습으로 낳았다."

이렇게 이어집니다. 그런데 "그 이름으로 불렀다." 이 구절 때문에 구약성서의 〈창세기〉와 비슷하다고 생각하는 사람들이 많아요. 구약의 〈창세기〉에 하나님이 이름을 불러야 존재가 창조되는 것처럼요. 이집트신화에서도 테베의 푸타PUTHA 신은 이름을 불러서 창조를 합니다. 예를 들어 "마이크!"라고 불러야 마이크가 생기는 거죠. 이름과 존재의 관계를 의미하는 신화적 화소입니다. "자신과 닮게 만들었다." 이 구절도 많이 언급되는 구절인데요, 성경에도 하나님이 인간을 자신의 모습과 닮게 만들었다는 문장이 있잖아요? 그래서 많은 성경 학자들과 수메르 학자들이 서로의 연관 관계를 밝혀보려고 노력했는데, 노력한 만큼 성과가 나타나지는 않았다고 합니다.

그 다음에는 아누, 에아, 이런 젊은 신들이 막 태어납니다. 아누는 수메르신화의 안AN과 같은 신입니다. 그러니까 바빌로니아신화도 수메르신화의 기본 바탕이 없었으면 태어나지 못했을 것이고, 다시 말하면 수메르신화의 성격을 이어받았다고 보아야 되겠죠.

그런데 젊은 신들이 소란을 피우며 티아마트의 배를 휘저으며 그녀를 괴롭힙니다. 그러자 압수는 그의 대신大臣 뭄무Mummu와 함께 티아마트에게로 가서 젊은 신들의 행동을 고쳐 다 흩어 버리겠다고 화를 냅니다. 압수는 원래 성격이 거칠고 괴팍하고 급해요. 그러자 티아마트는 "우리가 만들어낸 것을 어떻게 우리가 파멸시킬 수 있겠어요? 참읍시다!"라고 압수를 달랩니다. 티아마트는 어머니잖아요. 하지만 압수는 티아마트의 말을 듣지 않고, 뭄무와 함께 젊은 신들을 모두 없앨 음모를 추진합니다. 다행히 지혜로운 에아가 모든 것을 미리 알고 주문을 외워 압수를 깊이깊이 잠재우고 뭄무를 감금시키지요. 압수를 깊이깊이, 아주 깊이깊이 잠재웠다? 결국 죽였다는 말입니다.

에아는 승리를 기념하는 궁전 압수를 짓고, 아름다운 담키나^{Damkina}와 결합하여 완전한 아들 마르둑을 낳았습니다. 이 마르둑이 바빌로니아 신화의 주인공이에요.

마르둑은 눈 깜짝할 사이에 자라, 네 개의 눈과 귀, 불을 토하는 입, 빛을 발하는 옷 등등, 다른 신보다 두 배의 능력을 가진 신이 되었어요. 신화에서 눈이 네 개, 귀가 네 개, 이렇게 복수 형태인 것은 그 능력이 매우 탁월하다는 것을 얘기하는 거죠. 마치 지옥에 빠진 중생을 천 개의 손과 천 개의 눈으로 구제하는 대자대비한 천수보살처럼이요.

게다가 마르둑에게 할아버지 아누가 멋진 장난감을 주었어요. 자신의 바람을 마르둑에게 준 거예요. 바람 장난감까지 생긴 마르둑은 티아마트를 마구 휘저으며 폭풍을 일으켰어요. 그러자 신들은 밤낮으로 고통을 받았습니다.

마르둑에게 공포를 느낀 신들은 티아마트가 압수의 죽음을 방관한 사실을 트집 잡고 마르둑을 제거할 것을 종용합니다. 압수가 죽을 때 이상하게도 그의 아내인 티아마트는 침묵하고 있었거든요. 그래서 젊은 신들이 처음에는 압수가 싫어서 압수가 죽기를 바랐는데, 그 다음에는 더 센 마르둑이 나타나서 세상을 휘젓고 다니자 마르둑이 너무 무서워서 간신 짓을 하는 것이죠. 티아마트에게 몰려가서 "왜 압수를 죽게 했습니까? 당신에게도 신들의 평화를 깬 책임을 질 의무가 있습니다."라고 입을 모아 마르둑을 제거하라고 추궁합니다.

처음에 거절하던 티아마트는 신들이 계속 졸라대자 킹구^{Kingu}를 남편으로 삼아 '운명의 서판'을 주어 선봉에 서게 하고, 함께 전투에 보낼 여러 괴물들을 만들며 전쟁을 준비합니다.

제2토판

에아가 이 소식을 듣고 아버지 안샤르에게 도움을 청하니, 안샤르는 압수를 물리쳤던 에아가 적격이라 판단합니다. 에아가 티아마트와 맞섰는지 토판에 정확하게 나와 있지 않으나, 어쨌든 에아는 티아마트를 제거하지 못합니다. 그 다음에는 하늘신 아누가 무장을 하고 나섰으나, 티아마트를 보자마자 두려움에 떨며 달아나 버려요. 티아마트가 원래 무서운 신이거든요.

이에 안샤르는 신전회의를 열고, 이제 자신들을 지켜줄 신은 마르둑밖에 없다고 천명합니다. 마르둑은 자신에게 신전회의의 전권을 준다는 조건으로 이를 수락합니다. 이제 마르둑의 입에서 나오는 모든 명령은 철회되어서는 안 되었으며, 그가 창조한 것은 어떤 것도 바뀌어서는 안 되었습니다. 말 그대로 절대적인 권력을 갖게 된 거죠.

제3토판

모든 신들이 모여 마르둑의 권위를 공식적으로 인정하는 성대한 연회를 열었습니다. 다들 빵을 먹고 달콤한 맥주를 마셨어요. 신들이 맥주를 마셨다? 그리스신화처럼 넥타도 아니고 뭔가 좀 안 어울리는 것 같지요? 게르만신화에도 맥주가 나오는데요, 에기르라는 바다의 신이 있는데 그 신도 잔치를 할 때 맥주를 마셔요. 아마도 바다의 거품과 맥주의 거품이 비슷해서 나온 이야기가 아닌가 합니다.

신들은 이제 수호자 마르둑에게 자신들의 운명을 맡겼기 때문에 근심이 없어지고 기분이 좋아졌습니다.

제4토판

신들은 마르둑을 위해 궁전을 지었으며, 통치자의 자리와 왕권을 주었습니다. 이어 마르둑에게 임무를 행할 수 있는 능력을 증명해 보이기를 청했습니다. 모든 권한을 주었지만 마르둑에게 그만한 능력이 있는지 시험해 보고 싶어 했던 것이지요.

"오, 주여, 당신의 명령은 신들에게 위대합니다. 당신의 말로써 당신의 예복이 사라지게 하시고, 다시 말하여, 그 예복이 나타나게 하소서!"

여기에서 '주여'는 '왕이시여'라는 뜻입니다. 마르둑이 입을 열어 말하니 그의 예복이 없어지고, 다시 말하니 예복이 다시 나타났습니다. 마르둑은 모든 것을 할 수 있는 마법의 왕이었죠.

조상신들은 그의 능력을 보고 "마르둑은 왕이다"라고 선언하고, 그에게 홀과 왕좌와 지팡이를 주었습니다. 마르둑은 화살에 날개를 단 활을 만들어 옆구리에 차고, 오른손에는 철퇴를 들었습니다. 그리고 번개를 몸 앞에 두니, 그의 몸은 불꽃으로 휘덮였습니다. 입으로 말하면 불이 났는데 거기에 번개까지 앞에 두었으니 그야말로 철저히 무장을 한 셈이지요. 마르둑은 또한 티아마트를 포획할 그물을 만들고, 아누의 선물인 바람을 동서남북에 포진시켰습니다.

처음에 티아마트는 호의를 가장하며 마르둑에게 접근했습니다. 마르둑은 젊은 신들이 불손하다 하여 부모인 신이 정을 버렸으며, 킹구를 남편으로 삼고 킹구에게 아누의 의례권을 준 일, 또 안샤르에게 대항한 일들을 꾸짖으며 티아마트에게 도전장을 냈습니다.

두 신은 서로 엉켜 싸웠어요. 마르둑은 그물을 쳐서 티아마트를 휘감고 뒤에서 바람을 불어 보냈습니다. 동서남북에서 바람을 불어대자, 티아마트는 그만 그물에 걸려들었습니다. 티아마트는 바람을 삼키려고 입을 열었습니다. 그 순간 마르둑이 화살을 쏘아 티아마트의 배를 관통시킨 다음, 심장을 잘라 그녀의 생명을 끊어버렸습니다.

티아마트가 만들어 놓은 괴물들은 도망치려고 했으나, 모두 마르둑이 쳐놓은 그물에 걸려들었어요. 사태를 평정한 마르둑은 킹구에게서 운명의 서판을 빼앗았어요. 그런데 킹구는 그냥 괴물이 아닙니다. 티아마트의 두 번째 남편이었으며, 티아마트의 모든 권위를 인정받고 선봉장에 섰던, 의례권을 가진 위대한 신이었습니다. 킹구 이야기는 제6토판에서 다시 하겠습니다.

이로써 마르둑은 최고의 통치자로서 권위를 확고히 한 다음, 티아마트의 몸을 둘로 갈라 한 쪽으로 하늘의 궁창을 삼고, 다른 반쪽으로 물이 궁창 밖으로 나가지 못하게 덮개로 삼아 땅을 만들었습니다. 모신 티아마트의 몸을 둘로 갈라, '에누마 엘리쉬~' 그 혼돈을 정리하고 천지를 만든 거죠.

그런 다음 마르둑은 신들이 거주할 수 있는 신전 에샤르Esharr를 짓고 아누와 엔릴, 에아로 하여금 그곳에 살게 했습니다. 아누와 엔릴, 에아, 즉 조상신들을 모신 거지요. 그런데 아누는 바빌로니아의 바람의 신이고, 엔릴은 수메르의 바람의 신이에요. 그러니까 바빌로니아의 바람의 신과 수메르의 바람의 신을 한 자리에 모셨다는 거잖아요? 따라서 바빌로니아신화도 수메르신화로부터 유래한다는 것을 알 수 있으며, 메소포타미아신화에서는 바람의 신이 그만큼 중요하다는 사실을 알 수 있습니다.

제5토판

이제 마르둑은 세상을 새롭게 만드는 일을 합니다. 맨 처음 초승달이 나타나게 하여 밤을 표시하는 보석으로 삼았습니다. 그리고 모든 달을 왕관 모양으로 구분하고, 한 달을 시작할 때 엿새 동안은 뿔 모양으로, 일곱 번째 날은 왕관의 반쪽, 보름은 한 달의 중간으로 달의 반을 비추게 했습니다. 그 다음, 천구를 셋으로 나누고, 엔릴을 북쪽에, 아누는 천정에, 에아는 남쪽 하늘을 지키게 했습니다.

제5토판은 다른 토판에 비해 아직 밝혀지지 않은 부분이 많습니다.

제6토판

하급 신들이 노역의 고통에 대해 불평을 늘어놓습니다. 그러자 에아가 피와 뼈로 인간을 만들어 신들의 노역을 대신 시키자고 제안합니다. 수메르신화에서는 하급 신들의 정체가 분명한데, 바빌로니아신화에서는 하급 신들이 갑자기 등장해요. 수메르신화에서는 큰 신들이 노역을 시키려고 하급 신들을 만들어요. 아무튼 노역의 고통을 불평하는 하급 신들을 위해, 에아가 피와 뼈가 있으면 인간을 만들 수 있다고 말해요. 마침 남는 피가 있었어요. 누굴까요? 네, 바로 킹구예요. 마르둑은 티아마트를 도와 반란을 일으켰던 킹구를 결박하여 에아 앞으로 끌고 옵니다. 그런 다음 킹구의 동맥을 절단하여 그 피와 점토를 섞어 인간을 만들어요. 이처럼 메소포타미아의 신들은 자신들을 위해 음식을 만들고 노역을 할 인간들을 괴물인 킹구의 피로 만들었습니다. 그러니 그들에게 인간은 얼마나 하찮은 존재였겠습니까. 인간은 그야말로 태생부터 죄 많은 종이 되는 거잖아요? 그러니 어떻게 해야 합니까? 네, 회개해야지요. (웃음)

이렇게 창조된 인간들은 신전에서 제의 의식을 치르고 신들에게 음식을 바쳤습니다. 노역에서 해방된 하급 신들은 마르둑의 호의에 보답하기 위해 마르둑의 신전을 짓겠다고 말합니다. 마르둑은 햇살처럼 기뻐하며 바빌론에 흙벽돌로 자신의 신전을 지으라고 했어요. 하급 신들은 마르둑을 위해 압수를 닮은 신전 에사길라Esagila를 세웠어요. 이 신전은 아누와 엔릴과 에아를 위한 신전이었습니다.

제7토판

신들은 마르둑이 하늘과 지하세계를 아우르는 신들의 왕이라는 것을 확인했습니다.

안샤르는 마르둑에게 아살루흐ASALLUH라는 이름을 부여하고,

"그의 이름을 언급만 해도 우리는 절을 할 것이다~

하늘에서 이룬 것과 같이 땅에서도 이루게 하라~

인간들은 그를 자신들의 신으로 부르며 기록할 것이다."라고 천명합니다.

〈에누마 엘리쉬〉의 설화적 성격

〈에누마 엘리쉬〉에서 살펴볼 수 있는 특징적인 설화적 성격은 첫째, 창세신화의 성격, 둘째, 영웅설화의 성격, 셋째, 살해와 창조의 설화 모티프, 넷째가 제의문으로서의 성격입니다.

(1) 창세신화로서의 〈에누마 엘리쉬〉

신화 중에 가장 재밌는 신화가 창세신화라고 생각합니다. 세상의 처

음에 대해 말하는 기원신화 중, 첫째, 세상은 어떻게 생겨났나? 둘째, 신은 어떻게 생겨났나? 셋째, 인간은 어떻게 생겨났나? 등 스케일이 좀 큰 기원신화가 바로 창세신화입니다.

첫째, 세상이 어떻게 생겨났나에 대해 설명하는 '코스모고니 cosmogony'는 혼돈, 즉 카오스chaos 상태에서 질서, 즉 코스모스Cosmos 를 이룩하는 과정을 보여주는 신화 유형입니다. 쉽게 말하면, 모든 것이 온통 뒤섞여 있는 상태에서, 하늘은 하늘에 있고, 땅은 땅에 있고, 왕은 왕 자리에 있고, 아들은 아들 자리에 있게 된다는 그런 뜻입니다. 이때 태초의 혼돈 상태에서 최초의 세계가 어떻게 생성되었는지를 기준으로 창세신화를 다시 다음의 세 가지 유형으로 구분합니다. 첫째, 세계 또는 우주가 저절로 먼저 생기는 과정을 담고 있는 유형으로 이를 '우주진화형'이라고 합니다. 둘째, 마르둑과 같이 혼돈을 정리한 남성신이 마지막 단계로 모신母神 또는 태초의 거인을 죽여 그 사체로 세계를 만드는 유형으로 이를 '사체화생형'이라 합니다. 세 번째 유형은 구약 성서처럼 전능한 신이 모든 세계와 인간을 창조하는 '창조형'입니다. 〈에누마 엘리쉬〉는 이 세 가지 유형이 한데 섞인 창세 과정을 받아들이고 있습니다. 처음부터 압수와 티아마트, 두 원초신이 이미 존재합니다. 즉, 압수와 티아마트, 이 두 원초신이 이미 저절로 존재해 있었다고 파악하면, 이 부분은 우주진화형 창세에 해당합니다. 그 다음 마르둑이 티아마트의 사체를 둘로 갈라 하늘 궁창과 땅을 만든 창세 과정은 사체화생형에 해당하고, 마지막으로 마르둑이 하늘의 해와 달, 별 등을 만드는 창세 과정은 창조형에 해당합니다. 이렇게 〈에누마 엘리쉬〉는 우주진화형과 사체화생형, 그리고 창조형이 복합된 창세신화에 해당합니다.

우주진화형 창세 요소는 대다수 신화들의 처음 국면을 형성한다고 볼 수 있는 창세 유형입니다. 〈에누마 엘리쉬〉에서 특히 강조되어야 할 창세 요소는 두 번째와 세 번째의 사체화생과 창조의 창세 요소입니다. 왜냐하면 이 두 유형은 창조라는 측면에서 볼 때, '유에서 유'와 '무에서 유'의 두 방향으로 나뉘기 때문입니다. 이를테면 마르둑이 티아마트의 사체로 세상을 만든 것을 유에서 유를 창조한 것이라 한다면, 구약 성서의 하느님이 세상을 만든 것은 무에서 유를 창조한 것이라 말할 수 있습니다. 그런데 무에서 유를 창조할 때, 신은 어떻게 했을까요? "금 나와라! 뚝딱!" 하면서 방망이라도 쳐야 하지 않았을까요? 정말이지 멋진 방법이 있었습니다. 그건 바로 '이름을 부르는 것'입니다. 제1토판에서 말씀드린 것처럼 신화에서 이름을 부르는 것은 존재를 가능케 하는 것이며, 정체성을 나타내는 일입니다. 지금은 예쁘고 멋진 이름들을 사용하지만, 고대인들은 그의 정체성을 드러내는 이름으로 불렸습니다. 〈늑대와 함께 춤을〉이라는 영화를 본 적이 있는데, 백인 출신 한 인디언 여자의 이름이 '주먹 쥐고 일어서'였어요. 인디언들이 대개 그런 식으로 이름을 지었기 때문에, 어린 시절에 끌려온 그녀도 그런 이름을 갖게 된 것입니다. 〈에누마 엘리쉬〉 제7토판에는 마르둑에 대한 50가지의 호칭이 장황하게 기록되어 있는데, 이는 50가지 이름으로 부를 수 있을 만큼의 마르둑의 권능 또는 정체성을 의미하는 것이라 하겠습니다. 북유럽신화의 주신 오딘에게도 30가지가 넘는 이름이 있어요. 그 역시 오딘의 능력을 나타내는 이름들이라 생각합니다. 그런데 오딘은 자신의 정체를 숨기려 할 때 다른 이름을 사용해요. 고향에 돌아온 오디세우스도 자신의 이름을 말하지 않아요. 이름을 밝히는 것은 자신의 정체를 밝히는 것이라 여겨서, 이름을 숨겨 자신을 보호하려는 의미라고 볼 수도 있습니다.

　세상이 생겨났으면 그 다음은 신이 탄생해야죠. 〈에누마 엘리쉬〉의 신들의 탄생, 즉 '테오고니theogony'는 태초의 신 압수(남신, 담수)와 티아마트(여신, 염수)가 서로 물을 섞는 것으로 시작됩니다. 그런데 그리스신화를 보면 가이아가 생겨나고 혼자 우라노스를 낳은 다음, 우라노스를 남편으로 삼아 열두 티탄을 비롯하여 많은 거인과 괴물들을 낳죠. 이때 재미있는 요소가 있는데, 바로 에로스라는 신이에요. 보통 에로스하면 화살을 가진 엉덩이 통통한 예쁜 큐피트를 상상하는데, 사실 큐피트 이미지는 기원전 3세기경 알렉산드리아 시대의 산물이라고 합니다. 에로스는 가이아와 함께 태어난 원초신이에요. 에로스는 서로 당기게 해주는 힘을 의미합니다. 가이아와 우라노스를 결합시킨 에로스의 힘이 너무 강해서, 가이아가 크로노스에게 낫을 주어 우라노스를 거세하는 거잖아요. 압수와 티아마트도 서로 물을 섞을 때 '뭄무'라는 신이 결합을 가능케 했다고 합니다. 앞에서 압수가 젊은 신들을 죽이려고 할 때 뭄무라는 대신이 있었다고 했죠? 그 신이 그 역할을 했을 수도 있어요. '뭄무'라는 뜻은 '할머니'라는 뜻이기도 하답니다. 그러니까 뭄무는 그냥 대신이 아니라 할머니 여신이기도 해서 두 신을 연결해 주었을 수도 있습니다.

　아무튼 압수와 티아마트가 결합하여 라무와 라하무를 낳고, 라무(흙/점토)와 라하무(땅/점토)는 다시 안샤르(수평선)와 키샤르(지평선)를 낳았어요. 그리고 아누(하늘), 에아(물/정화수), 마르둑(바람/물)으로 이어지죠. 압수와 티아마트, 라무와 라하무, 안샤르와 키샤르는 서로 짝꿍이 분명한데, 아누와 에아, 마르둑은 짝꿍이 분명치 않아요. 그것은 이미 아누에서 에아, 마르둑으로 이어지는 질서가 확립된 사실을 보여주는 것 입니다. 마침내 혼돈을 완전히 정리할 주신 마르둑이 탄생하면서 결과적으로 부계권이 성립했다고 볼 수 있습니다. "안샤르는 아누를 자신과 닮게 만들었으며, 아누는 에아를 자신의 모습으로 낳았다." 아버지에서 아들로 이어지는 '히스토리'가 완성되는 것이고, 질서가 확립되는 거죠.

다음으로 살펴보아야 할 창세는 인간의 탄생, 즉 '안트로포고니anthropogony'입니다.

〈에누마 엘리쉬〉의 인간은 처음부터 신을 위해 노역을 담당할 종복으로 태어났어요. 다른 신화에서 잘 볼 수 없는 특징입니다. 우리 단군 할아버지는 홍익인간의 정신으로 인간을 낳았는데, 여기서는 노역을 할 대상으로 인간을 만듭니다. 게다가 점토에 괴물 킹구의 피를 섞어 인간을 만들었잖아요? 점토로 인간을 만든 것은 전 세계 신화의 공통적인 요소예요. 그런데 점토에 괴물인 킹구의 피를 섞었다는 것은 신과 구별되는, 인간의 부정적인 면을 부각시키려는 의도라 할 수 있습니다.

수메르신화의 인간 창조는 이와 좀 달랐습니다. 수메르신화의 바람의 신 엔릴은 큰 신들의 음식과 옷을 마련할 작은 신들을 만들게 합니다. 그러나 노역에 지친 작은 신들이 불평하고 반항을 해요. 그래서 큰 신들은 회의를 열어 작은 신들의 일을 대신할 인간을 만들기로 합니다. 작은 신들은 지혜의 신 엔키에게 인간을 만들어 달라고 간청하죠. 엔키는 지하수의 여신 남무와 출산의 여신 닌마흐에게 인간을 만드는 방법을 알려줍니다. [그림 59]에서 오메가♀ 같은 표식, 어디서 보신 적 없나요? 이집트신화의 신들도 이런 것을 손에 들고 있는데요. '앙크'라고 하며 '생명'을 의미합니다. 그러니까 [그림 59]의 왼쪽 그림은 생명을 형성하는 그림이고, 오른쪽은 인간을 완성하는 그림으로 보입니다.

 이렇게 수메르신화에서는 인간을 만들 때 킹구 같은 괴물이 필요하
지 않았어요. 그런데 바빌로니아신화 〈에누마 엘리쉬〉에서는 왜 킹구
같은 괴물이 필요했을까요? 그만큼 수메르인보다 바빌로니아인들의
삶이 더 힘들고 어려웠으며, 세월이 지남에 따라 점차 종교적 의미가
부가되었다고도 추측할 수 있습니다.

 앞에서 메소포타미아인들의 세계관이 현세적이고 부정적인 것은 불
규칙적인 강의 범람과도 깊은 연관이 있다고 말씀드렸습니다. 세계의
대표적인 신화들에는 대부분 홍수신화 이야기가 들어 있습니다. 〈길
가메시〉에도 홍수신화 이야기가 있었잖아요? 〈에누마 엘리쉬〉도 강물
의 신인 압수와 바다의 신인 티아마트, 두 원초적인 물의 신이 함께 엄
청난 괴물들을 수공으로 공격하는 스토리니까 〈에누마 엘리쉬〉는
그 전체가 홍수신화라 할 수 있어요. 그러니까 〈에누마 엘리쉬〉는 혼돈
의 홍수신화로 시작해서, 티아마트를 죽여 하늘과 땅, 강과 산을 만드
는 마르둑의 세상이 질서, 즉 이야기의 끝이죠. 신화의 질서는 결국 가
부장적인 질서를 세우는 이야기라고 이해할 수 있어요. 이야기 시작은

압수와 티아마트가 라무와 라하무를 낳고, 라무와 라하무는 안샤르와 키샤르를 낳고 하다가, 그 다음부터는 안샤르는 아누를 자신과 닮게 만들었으며, 아누는 에아를, 에아는 자신을 닮은 마르둑이 태어나게 하는 거죠. 즉 아버지에서 아들로, 아버지를 닮은 후

그림 60
마르둑과 티아마트의 싸움

손들이 태어나고, 마침내 혼돈을 완전히 평정할 마르둑이 태어나 티아마트를 퇴치하고 새로운 가부장적인 질서를 확립함으로써 〈에누마 엘리쉬〉의 창세가 완성됩니다.

(2) 〈에누마 엘리쉬〉의 영웅설화적 성격

한편, 〈에누마 엘리쉬〉는 서양 영웅설화의 효시라고 할 수 있습니다. [그림 60]은 삼지창을 든 마르둑이 용 티아마트를 공격하고 있는 모습입니다. 물론 여기 이 티아마트는 용 치고는 좀 가냘프게 보입니다. 뱀같이 보이죠? 뱀일 확률이 더 큽니다. 대다수 서양신화에는 원초의 거대한 뱀들이 존재합니다. 이 원초 뱀들은 태초의 모신, 즉 영원한 생명을 뜻합니다. 그런데 죽는다잖아요? 티아마트는 죽지 않습니다. 그 비밀은 다음 장에서 더 자세히 얘기하기로 하고, 이 장에서는 우선 티아마트와 마르둑의 싸움에 집중해서 이야기하겠습니다.

이 뱀에 새겨진 무늬를 뱀의 그것으로 볼 수도 있지만, 티아마트가 마르둑이 바다에 쳐놓았던 그물에 걸린 모습을 묘사한 것으로 볼 수도 있습니다. 티아마트와 마르둑의 싸움은 서양 드래곤 신화의 기원이라 할 수 있어요. 동양의 용은 선룡도 있고 악룡도 있지만, 그 자체는 어쨌든 신성한 존재잖아요? 하지만 서양의 용은 가장 흉포한 괴물에 해당하는데, 대다수는 여성적 존재예요. 따라서 티아마트를 드래곤으로 형상화한 것은 최초의 모신母神을 악마화함으로써, 악마를 퇴치한 영웅, 즉 마르둑의 권위와 정당성을 그만큼 제고하는 것으로도 볼 수 있어요.

그리스신화의 모신 가이아도 손자인 제우스와 싸우기 위해 가공할 거인들과 괴물들을 낳는데, 제우스와는 3차 대전[2]이라 할 수 있는 마지막 전쟁에서 가장 강력한 괴물 튀폰과 싸웁니다. 튀폰은 상반신은 인간의 형상이었으나 팔에는 백 개의 용 머리가 솟아 있고, 허벅지 아래는 뱀들이 쉬쉬거리며 똬리를 틀고 있었고, 눈에서는 불이 번쩍이며, 온 몸에 날개가 돋아 있었다고 합니다. 이 무시무시한 튀폰이 올림포스로 날아오는 것을 본 그리스의 신들은 동물로 변해서 도망가거나 이집트로 도망쳤다고 하네요.[3] 제우스도 번개를 던지며 튀폰과 싸웠으나 튀폰에게 붙잡혀 손발의 힘줄이 잘린 채 칼리키아의 코뤼퀴온 동굴에 갇힙니다. 그만큼 튀폰은 가장 강하고 무시무시한 괴물이었습니다. 나중에 제우스는 헤르메스의 도움으로 힘줄을 되찾은 다음, 날개 달린 말이 끄는 수레를 타고 하늘로 올라가 번개를 내리쳐 튀폰을 퇴치하긴 합니다.

다음의 [그림 61]도 티아마트와 마르둑이 싸우는 모습입니다. 마르둑은 날개를 달았을 뿐 앞의 그림과 비슷한데, 티아마트의 형상은 앞의 모습과는 사뭇 다르지요? 송곳니를 드러내고 포효하며 발톱을 잔

---

[2] 제우스는 올림포스를 장악하기 위해 가이아와 세 차례의 전면전을 벌였다. 첫 번째는 '티타노마키아', 즉 티탄들과의 전쟁이었으며, 두 번째는 '기간토마키아', 즉 기간테스(거인)와의 전쟁, 세 번째가 튀폰과의 전쟁이었다.

[3] 실제로 이집트 신화에서는 그리스신화의 요소들이 발견된다. 예컨대 이집트신화의 대표적인 도시 국가 '헤르모폴리스'는 '헤르메스의 도시'라는 뜻이며, 이집트의 지혜의 신 토트Thoth는 헤르메스와 동일시되기도 한다. 이집트의 토트는 달의 신이자 지혜와 과학의 신인 동시에 신들의 대변자, 기록 보관자로 인지되는 등, 그리스신화에서 헤르메스와 성격이 거의 동일하다.

뜩 세운 형상입니다. 튀폰을 연상시키지 않나요? 크레이머 교수의 말대로라면, 약 1000년쯤 후에 등장한 튀폰은 티아마트가 강화된 드래곤의 최대치가 아닐까요? 티아마트가 서양 용 드래곤의 원형이라면, 이런 무시무시한 드래곤인 티아마트를 죽인 마르둑의 무용담은 드래곤 슬레이어Dragon Slayer, 즉 용살자龍殺子 설화의 원형이 되겠지요. 따라서 영웅설화의 전형으로 자리매김한 것은 매우 자연스러운 현상이라 할 것입니다.

일반적으로 영웅설화는 사악한 괴물을 퇴치하고 세상을 구하는 영웅의 통과의례적인 무용담을 말합니다. 이때 영웅이 퇴치한 괴물이 흉포하면 흉포할수록 그 행적은 빛이 나고 이야기는 전설이 됩니다. 드래곤은 인간의 상상력으로 만들어낸 괴물 중 가장 강력한 괴물을 상징합니다. 육지와 바다, 하늘에 사는 가장 임팩트한 동물들을 한데 모은, 그러니까 가장 강한 동물들의 가장 공격적인 부분들을 총동원한 가장 강력한 상상의 동물인 셈이죠. 당연히 영웅설화 중에서도 드래곤 슬레이어 설화가 가장 비중 있는 영웅설화가 되는 것이죠. 불우한 처지의 소년이 고난을 딛고 성장하여 운명의 힘으로 드래곤을 퇴치하고, 이때 획득한 마법의 무기나 보물로 부와 명예를 획득하는 중세 영웅설화의 전형을 이루었습니다.

그러나 마르둑의 티아마트 살해는 중세 또는 일반적인 영웅설화와는 그 성격이 다릅니다. 일반적인 영웅설화의 목표는 영웅의 입신양명에 있어요. 하지만 신들의 살해와 죽음은 일반적인 살해와 죽음과는 달리 오히려 일종의 창조 행위에 해당합니다. 그에 대해서는 다음의 부친/모친 살해 모티프에서 말씀드리겠습니다.

(3) 부신/모신 살해 설화로서의 〈에누마 엘리쉬〉

신화에서 부친이나 모친을 살해하는 모티프는 세대교체를 의미합니다. 그런데 신화에서 세계의 근원적인 창조의 힘은 모신에게서 나옵니다. 수메르신화에서도 최초의 여신 남무가 바다에서 스스로 탄생합니다. 〈에누마 엘리쉬〉에는 처음부터 남신인 압수와 여신 티아마트가 존재했지만, 역시 티아마트의 역량이 더 창조적이었다는 것을 알 수 있었습니다.

그런데 마르둑이 이런 티아마트를 살해한 이유는 무엇이며, 더욱이 티아마트의 사체를 둘로 나눈 것은 무슨 이유였을까요? 거듭 말씀 드리지만, 신화에서 부모를 살해 또는 퇴치하는 것은 세대교체를 의미합니다. 그리스신화에서도 우라노스는 크로노스에 의해 거세당하고, 크라노스는 다시 제우스에 의해 지하 감옥인 타르타로스에 유폐됩니다. 즉, 여전히 가이아의 세력권 안에 있던 우라노스와 크로노스를 제거함으로써 제우스는 완전한 부계적 새 질서를 꾀합니다. 가이아는 끈질기게 제우스의 계획을 저지하려 했지만, 튀폰까지 죽임을 당함으로써 더 이상 힘을 쓰지 못하고 끝내 올림포스에서 사라집니다. 그러나 가이아는 더 이상 등장하지 않을 뿐, 살해되거나 하지는 않습니다. 결국 가이아와 제우스의 싸움은 모계사회에서 부계사회로의 전환을 의미한다고 볼 수 있으며, 티아마트와 마르둑의 싸움도 이와 같은 의미라고 생각할 수 있습니다.

그러면 티아마트의 살해와 그의 사체로 하늘과 땅을 만들었다는 것은 신화적으로 어떤 의미가 있을까요? 결론적으로 말하면, 마르둑에게는 생산력이 없었던 거예요. 마르둑에게는 스스로 세상을 창조할 능력이 없었기 때문에 세상을 창조했던 모신의 능력이 필요했던 겁니다. 신화는 자연에 대한 당시의 해석이죠. 남자는 힘이 세고 무기도 다룰 수 있으나, 아이를 생산할 수 있는 창조적 능력이 없다고 생각했던 거지요. 여성, 여신이 위대한 것은 생산력 때문이었습니다. 티아마트와 마르둑, 가이아와 제우스의 공격 방식을 살펴보면 매우 재미있는 측면을 볼 수 있는데요. 마르둑과 제우스는 불과 번개와 쇠창을 쓰는 반면에, 티아마트와 가이아는 오직 자식을 낳아서 그 자식으로 하여금 싸우게 합니다. 자식 낳는 것 외에는 할 수 있는 것이 없던 양반들입니다.

남자가 아이를 낳는 방법은 없을까요? 신화에서 아이를 낳은 남신이 있습니다. 바로 제우스예요. 제우스는 허벅지에서 디오니소스를 낳아요. 바쿠스, 포도주의 신, 아시죠? 원래 디오니소스의 어머니는 세멜레라는 테베의 공주였는데, 헤라 여신의 꼬드김에 빠져 제우스의 얼굴을 보았다가 불에 타 죽어요. 그때 세멜레의 뱃속에는 디오니소스가 잉태되어 있었는데, 세멜레가 불에 타 죽는 순간 제우스가 태아를 꺼내 자신의 허벅지에 탁 넣었다가 날짜를 채워 태어나게 합니다. '디오니소스'라는 이름은 '니소스 출신'이라는 뜻도 있지만, '디di', 즉 '두 번 태어났다'는 뜻이라는 설도 있어요. 세멜레의 배에서 한 번, 제우스의 허벅지에서 한 번, 이렇게 두 번 태어난다는 것이죠. 티탄들에 의해 찢겨 죽은 아기 디오니소스가 제우스의 어머니 레아에 의해 다시 살아났다는 설도 있고요. 그런데 보통 헤라 여신을 질투의 여신으로 알고 있는데, 헤라는 제우스가 인간 여자를 만날 때만 질투를 하지 다른 여신에게는 질투하지 않아요. 아마도 헤라 여신은 스토리 전개상 인간 영웅을 성장시키는 기능을 하는 것 같습니다.

아테나 여신도 제우스가 머리로 낳았다는 거 알고 계시죠? 헤라는 세 번째 부인이에요. 두 번째 부인은 열두 티탄 중의 한 명인 법과 정의의 여신 테미스였고, 첫 번째 부인은 티탄 오케아노스의 딸인 메티스였어요. 메티스는 지혜의 여신이었는데, 제우스가 메티스를 잉태시키자 가이아는 메티스가 아들을 낳으면 제우스가 했던 것처럼 아비를 천궁에서 몰아낼 거라는 저주를 내립니다. 이에 불안을 느낀 제우스는 임신한 메티스를 삼켜버려요. 그리고 어느 날 머리가 터질 듯 아파서 헤파이스토스를 시켜 머리를 도끼로 쪼개니, 아테나가 완전무장을 한 채 밖으로 뛰쳐나왔답니다. 제우스의 이런 출산 행위는 여성의 생산력을 자기 것으로 만들고자 했던 자구책 같은 것이 아니었을까요?

마르둑이 티아마트를 살해해서 그 사체로 세상을 만든 것도 제우스의 생산방식과 상통하는 면이 있습니다. 원래 근원적인 창조의 힘은 여신에게 있는 것이지만, 여신의 생산력을 이용해서 자기 식의 생산을 하는 방식입니다. 마르둑은 티아마트의 몸, 사체를 이용해서 생산행위를 하게 된 거죠. 따라서 신의 살해는 창조적 행위이며, 살해당한 대상은 다시 환생한다는 신화적 프레임을 발견할 수 있습니다. 우리나라의 무신들 중에 최영 장군이나 임경업 장군 같은 분들을 모신 것도, 원한이 많아서라기보다는 생전에 덕이 많으며 또한 타살되어 돌아가셨기 때문이라고 생각할 수도 있습니다. 신화에서는 살해당해서 죽어야지 신이 되거나 또는 다른 것으로 변화하는 등 환생하는 것이지, 노쇠해서 자연사로 죽으면 아무런 가치가 없어요. 따라서 신화에서는 살해가 창조의 한 형태로서, 부신이나 모신을 살해하는 것도 이를 통해서 보다 더 큰 창조를 꾀하는 행위로 파악할 수 있습니다. 원시 사회에서 행해졌던 제의적 살해도 이와 같은 맥락에서 이해할 수 있습니다.

(4) 〈에누마 엘리쉬〉, 제의문으로서의 성격

〈에누마 엘리쉬〉는 신년의례에서 낭송하던 제의문祭儀文입니다. 신년의례에서 〈에누마 엘리쉬〉를 읽는 것은 바빌론의 주신 마르둑에 대한 찬양일 뿐만 아니라, 창조의 그 순간으로 회귀하여 새로운 세계(새해)를 여는 신성한 힘을 얻고자 하는 의례이기도 합니다. 미르체아 엘리아데에 따르면, 바빌로니아의 신년의례는 춘분에 시작해서 12일간 진행되었는데 〈에누마 엘리쉬〉는 넷째 날에 암송되었다고 합니다.[4] 이 의례는 '아키투' 축제라고도 불리었는데, 아키투는 '보리'라는 뜻입니다. 그러니까 춘분에 행해졌던 바빌로니아의 신년의례는 보리의 풍요를 기원하는 농경의례였습니다. 당시에 보리농사가 가장 중요한 산업이었던 거죠. 춘분은 양력으로 3~4월[5] 경으로, 겨우내 바닷물에 절어있던 땅이 춘분이 되면 유프라테스와 티그리스 강물의 유입으로 소금기가 제거되고 땅이 부드러워져 경작이 가능해지는 시기였답니다. 따라서 신년의례 전, 즉 춘분 전에는 죽음과 혼돈의 시간이었으나, 그 후에는 생명과 질서가 창조되는 새로운 시간과 공간이 도래하는 것이었죠.

이 신년의례는 도시의 중심에 건립된 지구라트를 중심으로 행해졌습니다. 바빌로니아는 신전 중심의 도시들로 구성되었는데, 도시마다 중앙에 하늘에 제사를 지내기 위한 제단인 지구라트를 세웠습니다. 특히 난나를 모시는 지구라트가 많았어요. 난나는 달의 신으로, 태양신 우투와 금성의 여신 이난나의 아버지입니다. 우리는 보통 달의 신은 여

---

4   미르체아 엘리아데 저, 심재중 역, 『영원회귀의 신화』, 이학사, 2003.
5   양력 3월 21일 무렵.

신, 태양신은 남신이라고 생각하고, 태양신이 달의 신보다 상위 신이라고 여기잖아요? 그리스신화도 달의 신은 티탄 여신 셀레네이며 태양의 신은 티탄 남신 헬리오스이잖아요? 그러나 메소포타미아에서는 달의 신과 태양신 모두 남신이며, 달의 신이 태양신의 아버지입니다. 바빌로니아신화에는 난나에 대한 설명이 거의 없는데, 수메르신화에서는 난나의 존재가 부각되어 있어요. 난나는 수메르신화에서 가장 강력하면서도 난폭한 바람의 신 엔릴의 아들이에요. 수메르신화의 최초의 여신 남무는 자웅동체인 안키를 낳았으며, 안키 부부는 엔릴을 낳아요. 그런데 엔릴이 부모인 안(하늘 신)과 키(땅의 신)를 분리시키고 어머니인 키와 결합하여, 키가 인간과 식물, 동물 등의 창조와 문명의 성립이 조직화될 무대가 되도록 했습니다. 그런데 어느 날 엔릴은 아름다운 여신 닌릴을 보고 한 눈에 반해서 사랑을 갈구합니다. 그러나 닌릴이 받아주지 않자 강제로 폭행합니다. 아마 신화 사상 공식적인 최초의 강간 사건일 거예요. 신들은 닌릴을 강간한 죄로 엔릴을 저승으로 유폐시킵니다. 그런데 어쩐 일인지 닌릴이 엔릴을 따라 저승으로 가서 어둠 속에서 아들을 낳아요. 그러니까 달의 신이죠. 난나는 그렇게 탄생합니다. 그리고 난나는 여신 닌갈과 결혼하여 우투와 이난나를 낳아요. 이렇게 메소포타미아신화에서는 태양보다 달의 신이 상위 신입니다. 태양보다 달의 신이 더 상위 신인 이유는 아마도 당시 산업의 기반이 보리 농사였기 때문인지 모릅니다. 그래서인지 바빌로니아에는 난나를 모시는 지구라트들이 많았답니다. 그중에서도 기원전 2100년경에 축조된 우르의 지구라트는 지금까지 발견된 지구라트 중에서 가장 보전 상태가 좋은 지구라트로, 달의 신 난나를 모시는 신전이었습니다. 우르는 난나 숭배의 중심 도시였기 때문입니다.

왼쪽 그림이 현존하는 우르의 지구라트이고, 오른쪽은 원래의 모습을 상상해서 그린 그림입니다. 원래 우르의 지구라트는 4층이었는데, 왼쪽과 같이 2층만 남았다고 합니다. 작아서 잘 보이지는 않지만, 오른쪽 그림에는 사제로 간주되는 사람들이 공물을 바치기 위해 길게 줄서 있는 것이 보입니다. 맨 위에는 도시의 수호신이 머무는 성소가 있습니다. 그러니까 지구라트는 하늘에서 신이 내려오는 장소였습니다.

지구라트는 성혼례를 위한 특별한 장소로도 사용됐습니다. 지구라트의 꼭대기에 침상이 있는 것으로 보아, 이난나로 상정된 여사제와 왕이 신성혼례를 올리던 장소로 사용했다고 추정합니다. 성혼례도 신년의례의 과정 중 하나였습니다. 성혼례의 여주인공은 이난나 여신입니다. 일반적으로 이난나 여신은 사랑의 여신이라는 이미지 때문에 비너스 즉 금성의 여신으로 생각하지만, 하늘의 여왕으로서 이난나는 달의 여신이라는 성격도 강합니다. 이것은 이난나가 달의 신 난나와 달의 여신인 닌갈과의 결합으로 낳은 딸이기 때문입니다. 나아가 뿔 달린 머리 장식물을 쓰고 뱀 지팡이를 쥐고 있는 이난나의 모습이나, 〈이난나의 저승 여행〉 신화에서 볼 수 있듯이, 그녀 자신이 지하세계로 내려갔다가 다시 올라오는 여행의 주인공인 동시에 해마다 지하세계로 돌아가야만 하는 아들-연인 두무지를 가지고 있다는 사실은, 그녀가 달과 매우 밀접한 여신이라는 것을 보여줍니다. 뿔과 뱀, 아들-연인은 모두 죽음과 환생이라는 달의 순환과 밀접하게 연관되어 있습니다.

두무지가 해마다 일정한 시기 동안 지하세계로 내려가야 하는 이유, 이미 공부하셨죠? 저승여행에서 죽을 고비를 넘긴 이난나는 자기 대신 저승으로 보낼 대상을 찾기 위해 저승사자들과 함께 지상으로 돌아옵니다. 그런데 남편 두무지가 자기 대신 왕 노릇을 하며 턱없이 잘 지내고 있는 것을 보고 화가 나서 저승사자들에게 "저 놈을 잡아가라!" 하고 외칩니다. 겁이 난 두무지는 도망다니다가 갈 데가 없자, 여동생 게슈티난나(게슈틴안나)의 포도농장으로 숨지만 곧 잡히고 맙니다. 저승사자에게 끌려가지 않으려고 발버둥치는 두무지가 불쌍해서였는지, 게슈티난나가 일 년의 반은 자신이 가겠다고 제안합니다. 그래서 일 년의 반은 두무지가 지하세계로 내려가고, 나머지 반은 게슈티난나가 지하세계로 내려갔답니다.

두무지와 게슈티난나의 지하세계로의 하강 역시 계절의 변화에 따르는 농경의 변화를 상징하는 신화입니다. 두무지가 지하세계로 내려간 동안 사람들은 포도와 포도주를 마셨을 것이며, 게슈티난나가 지하세계에 내려가 있는 동안은 보리와 맥주를 마셨을 겁니다. 이런 농경의 순환을 노래한 신화가 〈두무지와 이난나의 사랑 이야기〉일 것이며, 그것을 매해 의례로 재현한 것이 '성혼례'일 것입니다.

다음 [그림 63] 항아리 조각은 우루크에서 발견된 설화석고[6] 항아리 조각입니다. 그런데 이 항아리 조각에 성혼례의 과정이 그려져 있는

---

6 흰 알맹이의 치밀한 덩어리로 되어 있는 석고. 고대 메소포타미아 종교제의인 성혼례를 보여주는 최초의 유물로 바그다드 박물관에 소장되어 있었으나 이라크 전쟁 때 도난당했다고 한다.

그림 63
기원전 3500년경에 제작된
우루크의 설화석고 항아리

것이 발견되었습니다.

오른쪽 그림 상단 중앙의 갈대단은 이난나의 성스러운 거처입니다. 갈대단 앞에 이난나가 있고, 그 앞에 벌거벗은 사제가 뭔가 가득 담긴 바구니를 들어서 받치고 있는 장면이 보이시죠? 그 왼쪽에 치마 같은 것을 입은 사람이 왕이에요. 수염이 마르둑의 수염과 닮았죠? 중간층에는 사제들이 공물을 가지고 가는 행렬을 볼 수 있고, 하단에는 염소 같은 동물들이 보입니다. 모두 이난나에게 받치는 공물들이에요.

신년의례와 성혼례는 어떤 관계일까요? 신년의례인 아키투 축제는 춘분에 시작한다고 말씀드렸습니다. 춘분에 보리 파종을 한 겁니다. 우리도 농사를 시작할 때 농악놀이를 하잖아요. 생명과 생식, 풍요를 권장하는 행위죠. 그런 의미에서 이난나로 상정된 여사제와 두무지로 인지되는 왕이 성스러운 혼례를 함으로써 겨울의 죽음을 걷어내고 새로운 생명이 도래하는 새로운 세계, 즉 새해를 여는 것이죠. 왕이 혼례에 참가하기 위해 계단을 올라가면, 사람들은 그 즐거움과 도시의 풍요와 안녕을 노래했다고 합니다.

일설에 따르면 길가메시는 성혼례로 태어난 아이라고 합니다. 길가메시의 아버지는 루갈반다이고, 어머니는 들소 닌순이잖아요? 그러니까 길가메시의 아버지 루갈반다와 이난나로 상정된 닌순이 성혼례를 치른 것이라고 볼 수 있죠. 이난나는 들소와도 관계가 있어요. 이난나의 초승달과 들소의 뿔, 연관이 있잖아요? 이난나의 초승달과 들소의 뿔을 연관 지어 보면, 길가메시의 어머니 닌순이 이난나로 상정된 여사제였다는 것을 유추할 수 있습니다.

이렇게 신년의례에서 〈에누마 엘리쉬〉를 낭송하는 것과 마찬가지로, 성혼례는 창조의 힘과 생산력의 증대를 기원하는 의례였습니다. 그들은 성행위를 창조적인 행위로 간주했습니다. 메소포타미아에서는 매춘도 생산적인 행위로 이해하고 있었답니다. 〈길가메시〉의 엔키두도 창녀 샴하트와 6박 7일간 동침함으로써 문화인이 됩니다. 동물의 본성을 버리고 인간다워졌다는 것을 의미합니다. 아마 그래서 엔키두가 힘을 잃어서 죽게 된 것인지도 모르지요. 메소포타미아 시대에도 결혼하기 위해서는 많은 돈이 필요했는데, 특히 남성들은 경매를 통해서 신붓감을 샀다고 합니다. 물론 여자가 거래를 거부할 수도 있고, 남자를 거부할 수도 있었다고 해요. 여자들이 매춘을 해서 돈을 벌어 시집을 갔다는 이야기도 있습니다.

바빌로니아에서는 수메르의 이난나를 이슈타르라고 부르고, 두무지를 탐무즈라고 불렀습니다. 두무지 왕이 지구라트에 올라가 혼례를 치르는 동안 사람들은 사랑의 노래를 부릅니다. 그러나 왕이 지구라트를 내려올 때는 두무지(탐무즈)가 저승으로 끌려가는 내용의 애가哀歌를 부릅니다.

어쨌든 〈에누마 엘리쉬〉는 신년의례에 암송하던 마르둑 찬가로서 우주 창조 신화를 재현하는 제의문이었으며, 이때 함께 행해졌던 성혼례는 농경의 순환을 재현하는 의례였다는 것을 알 수 있습니다.

그림 64
이난나와 두무지의 사랑

이렇게 대강 살펴보아도 메소포타미아는 참 탁월한 문화를 갖고 있었다는 것을 알 수 있습니다. 특히 메소포타미아의 수메르는, 앞서 말씀드렸다시피, 적어도 39개의 세계 최초, 최고의 문화를 갖고 있습니다. 〈길가메시〉를 세계 최초의 문학이라고 배우셨죠? 문학이라는 것은 인간 존재의 비밀을 탐구하고 배우는 것이죠. 그런데 길가메시는 왜 영생하지 못한 것일까요? 바로 메소포타미아의 세계관이 반영된 결과인 것이죠. 인간은 현세로 끝입니다. 내세가 없는 거예요. 길가메시는 영생을 하면 안 됩니다. 그것이 메소포타미아 사람들의 세계관인 거죠. 우리 같으면 샤워하다가 불로초를 놓치겠어요? 보자마자 얼른 먹어버리지.(웃음)

메소포타미아의 홍수신화도 노아 이야기보다 천 년이나 앞선다고 말하는 학자들도 있어요. 수메르 문화가 어찌 보면 '지나칠 정도로' 탁월하죠. 그래서 외계인과 연관되어 있다고 말하는 사람들도 많아요.

학생들에게 외계인과 메소포타미아 사람들과의 관계를 조사한 자료를 찾아오라고 했더니, [그림 65]의 〈평화〉라는 도판을 가져왔어요. 처음에는 "수메르에 '매킨토시'가?" 하고 깜짝 놀랐어요. 이 자료를 라엘리언들의 자료에서 찾았다고 하더군요. 알아봤더니 ETCSL Electronic Text Corpus of Sumerian Literature의 로고였어요. 이 로고는 [그림 65] 오른쪽 도판 〈평화〉의 상단 우측 끝에 술잔을 들고 있는 사람들 사이에 컴퓨터 모니터를 슬쩍 그려 넣은 것입니다. 이 도판은 앞에서 보여드렸던 〈스탠다드〉 시리즈예요. 〈평화〉에는 술을 마시는 사람들과 동물들

그림 65
ETCSL의 로고(좌), 〈스탠다드〉 시리즈 중 〈평화〉(우)

을 데리고 오는 모습, 하프를 둘러 멘 사람들 등 평화로운 일상을 볼 수 있습니다. 〈스탠다드〉와 마찬가지로 그림의 테두리를 청금석과 조개로 꾸미고 코발트 블루를 바탕색으로 하고 있어요. 우르 지역의 문화가 얼마나 세련되었는가를 보여줍니다.

저는 그림 민담Grimm Märchen을 전공했습니다. 독일 그림 형제의 민담 말입니다. 독일어로 민담을 '메르헨'이라고 하는데, 저는 강력하게 민담이라고 말하라 그래요. 동화는 아동문학으로서 권선징악적인 교훈들이 강조되어 있잖아요. 하지만 구전으로 전해오는 민담, 즉 구전 민담은 권선징악 이야기가 아니에요. 그림 민담도 마찬가지예요. 아무리 헨젤과 그레텔이 위기에 처해서 그랬다지만 마녀 할머니를 불구덩이에 밀어 넣고 막 좋다고 오잖아요. 게다가 그냥 오는 게 아니라 마녀의 집을 뒤져서 보물을 훔쳐 가지고 집으로 돌아갑니다. 그게 무슨 권선징악이에요? 민담은 절대 권선징악적인 이야기가 아닙니다. 민담과 전설, 신화와 같은 구전설화들은 신석기시대까지 거슬러 올라가는 모티프들을 수용하고 있어서, 현대적인 시각으로 사실 여부나 선악을 판단해서는 안 되는 이야기입니다. 〈에누마 엘리쉬〉에서 마르둑의 티아마트 살해도 창조행위로 이해해야 하는 것처럼 말입니다.

페르시아신화
〈쿠쉬나메〉 서사시

김헌선(경기대 교수)

제 강의 내용은 일반적으로 널리 알려지지 않은 것으로 굉장히 생소한 영역이고 저도 뒤늦게 공부를 하고 있다는 사실을 미리 말씀 드립니다. 그러므로 오늘 강의는 중간보고 성격에 가깝다고 할 수 있겠습니다.

　제가 최근에 이기주라는 분의 『언어의 온도』라는 책을 읽고서 깊은 감명을 받았습니다. 내용도 좋거니와 말하고자 하는 바가 절실했기 때문입니다. 사람이 죽음을 맞이할 때 요양원이나 호스피스 병동에서 흔히 마지막 말로 "손"이라고 한답니다. 그때 손을 잡아줘야 한답니다. 16세기 프랑스 사상가 몽테뉴는 죽을 때 "손"이라고 말하지는 않은 것 같습니다. 프랑스어로 "끄세쥬Que sais-je?"라고 말했다나요. "끄세쥬"라는 말은 내가 도대체 아는 것이 뭐냐, 내가 공부하고 알았다고 하는 것들이 뭐냐라는 뜻으로 "끄세쥬"라 했을지 모릅니다. 프랑스 대학, 특히 소르본 대학의 출판물 '끄세쥬 시리즈'가 세계적인 명저를 많이 배출했습니다. 그 질문을 저 자신에게 되돌려보면 페르시아를 모르고서는 도무지 내가 아는 게 뭐냐 하는 말이 절로 나올 정도입니다. 페르시아는 신화를 전공하는 저에게 매우 많은 것을 요구하고 있습니다. 실제로도 자료를 위해 많은 시간과 정열을 투자하고 있습니다. 페르시아신화 하면 우선 첫 번째 맞닥뜨리는 것이 신화자료가 뭐지 하는 것입니다. 두 번째는 페르시아에 대해 내가 아는 것이 뭐지 하는 것입니다. 페르시아라니 고대 페르시아를 말하는 건지, 중세 페르시아를 말하는 것인지, 아니면 오늘날 이란의 페르시아를 말하는 것인지 그 범위를 한정짓기가 매우 어렵습니다. 그래서 오늘은 이런 기본적인 사실들부터 먼저 살펴보는 것으로 시작하고자 합니다. 이를 위해 가장 중요한 사건들을 중심으로 페르시아 역사 전체에 대해 말씀드릴 것입니다. 이어 우리와 관련 있는, 그러니까 우리나 우리 이웃의 문화 속에 들어있는 페르시아 문화의 DNA를 말씀드리고, 마지막으로 우리나라에 거의 소개되어 있지 않은 페르시아 서사시 〈쿠쉬나메〉를 중심으로 페르시아신화를 소개해 드리고자 합니다.

이란의 프로파일-타임라인

주요 사건의 연대기

먼저 지도를 한 장 보겠습니다. 여러분도 잘 아시는 데죠. 에게해를 사이에 두고 페르시아와 그리스가 아홉 차례의 전쟁을 치렀습니다. 여섯 번은 페르시아가 이기고, 두 번은 그리스가, 한 번은 서로 비겼습니다. 헬레니즘 문화와 페르시아 문화가 끊임없이 상박하면서 서로에게 영향을 주었습니다. 마케도니아의 유명한 왕 알렉산더 대왕이 페르시아 문화를 완전히 짓밟아 버리는데, 그것이 얼마나 강력한 충격이었는지 〈쿠쉬나메〉의 맨 마지막 장면에서는 오히려 알렉산더 대왕을 기리

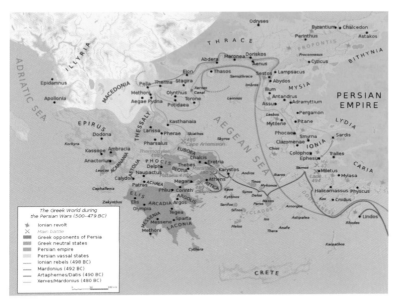

그림 66
그리스-페르시아 전쟁 초기
단계의 지도

고 있습니다. 이처럼 헬레니즘 문화는 페르시아 문화와 떼려야 뗄 수 없는 관계를 맺고 있습니다. 세계의 모든 문화와 문명은 서로 깊은 침투와 투쟁, 혼종에 의해서 이룩되는 게 보통입니다. 문화의 켜가 단층적이지 않고 다층적이며, 재래의 것과 외래의 것이 서로 조합하거나 투쟁하고 있는 점을 주목해야 할 것입니다. 문화나 문명의 전통이 지속되는 과정에서 변화가 입체적으로 이룩된 본보기로 페르시아 문명을 적절한 예증으로 삼을 수 있습니다. 비유적으로 말한다면, 마치 씨앗이나 포자가 바람이나 곤충에 날려 낯선 환경을 가진 쪽으로 가서 그곳의 환경과 기후에 맞게 적절히 뿌리를 내리게 되는 것과 마찬가지입니다. 위대한 문명은 순연한 고립이나 독립이 아니고, 혹독하고 강력한 혼종이나 잡식에 의해서 이룩된다는 점을 분명하게 깨달을 수 있다는 적절한 예증, 그것이 곧 페르시아 문명이라고 말할 수 있습니다.

(1) 선사시대

선사시대는 구석기, 간석기, 신석기에서 동석기銅石器, 중간기, 청동기시대, 초기 철기시대로 구분해 볼 수 있습니다. 전체적인 역사 전개는 수메르와 같은 양상을 보인다고 할 수 있습니다.

〈페르시아 아리안 고대 왕조〉

왕조명	시기
머드	기원전 708~550
헤커맨쉬(아케메니드)	기원전 559~330
살루키	기원전 330~250
애쉬커니(파르티아)	기원전 247~224
사산	226~642

페르시아 아리안 고대 왕조라고 해서 '아리안'이라는 명칭을 반드시 넣는 것이 관례입니다. 왕조는 머드 왕조, 헤커멘쉬 또는 아케메니드, 살루키, 파르티아라고도 불리는 애쉬커니 왕조가 기원전 708년부터 기원후 224년까지 존재합니다.

사산 왕조는 특별히 기억할 필요가 있습니다. 이란 페르시아 왕조의 정점은 이 사산 왕조가 찍었다고 볼 수 있기 때문이죠. 226년에 시작해서 642년까지 세계 문화 전반으로 봐도 문화사적으로 가장 큰 전환이 이 사산 왕조 때 이뤄졌습니다. 사산 왕조의 가장 중요한 문화적 업적 두 가지는 〈아베스타〉 경전을 만든 것과 이 경전에 입각한 세계적인 종교 조로아스터교의 창조입니다. 우리나라에도 신자가 있다고 하는데, 조로아스터교가 바로 배화교拜火敎입니다. 불을 숭배한다고 해서

붙여진 이름이죠. 어쨌든 조로아스터교가 사산 왕조 때 완전히 뿌리를 내리고 세계적으로도 널리 퍼져 나갔습니다. 그러니 페르시아 문화의 정수가 이때 만들어졌다 할 수도 있을 것입니다.

그만큼 사산 왕조가 페르시아 전체 역사에서도 중요하다는 점을 기억해 주시기 바랍니다.

(2) 고대시대
메디아와 아케메니드 제국 Median and Achaemenid Empire, 기원전 65~330

기원전 550~330
아케메니아 왕조가 첫 번째 페르시아 제국을 지배. 다리우스 1세가 영토 확장. 에게해와 리비아로부터 인더스 계곡까지 확장.

다리우스 1세를 기억할 필요가 있습니다. 다리우스 1세는 수메르와 메소포타미아, 이집트에서도 등장합니다. 기독교 문명권의 중심인 히브리 쪽에서도 등장하고, 더 멀리는 그리스 쪽에서도 등장하는 것을 볼 수 있습니다. 에게해와 리비아부터 인도까지 널리 확장한 것을 알 수 있습니다.

다음의 표를 보시면, 다리우스 1세가 기원전 522년에서 486년까지 재위했고, 이어 다리우스 2세와 다리우스 3세로 이어지지만, 이 시기의 핵심인물은 다리우스 1세입니다.

그림 67
아케메네스 왕조 가계도

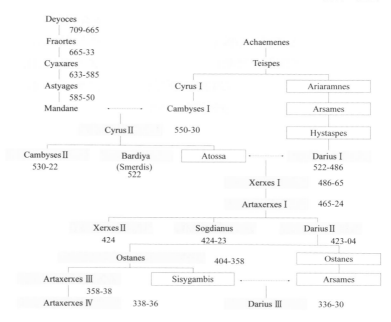

Deyoces
| 709-665
Fraortes
| 665-33
Cyaxares
| 633-585
Astyages
| 585-50
Mandane

Achaemenes

Teispes

Cyrus I   Ariaramnes

Cambyses I   Arsames

Cyrus II   550-30   Hystaspes

Cambyses II   Bardiya   Atossa   Darius I
530-22   (Smerdis)   522-486
              522
                            Xerxes I   486-65

                            Artaxerxes I   465-24

Xerxes II   Sogdianus   Darius II
424   424-23   423-04

Ostanes   404-358   Ostanes

Artaxerxes III   Sisygambis   Arsames
358-38

Artaxerxes IV   338-36   Darius III   336-30

그림 68
다리우스 1세를 기리는 석조
물(좌), 다리우스 궁전에서
나온 궁사 벽장식(우).

[그림 68]의 왼쪽
에 다리우스 1세를
기리는 석조물이 있
습니다. 다리우스 1
세를 상징하는 긴 홀
을 쥐고 있습니다. 오
른쪽 그림은 수사의
다리우스 궁전에서
나온 궁사 프리즈(벽장식)의 일부입니다.

[그림 69]의 사진은 이란의 산 절벽에 새겨진 다리우스 1세의 부조입니다. 그를 기념하는 유물인데, 고대 페르시아어, 엘람어, 바빌로니아어의 세 가지 설형 문자로 기록된 이른바 베히스툰(비수툰) 비문으로 유명합니다. 중앙의 날개 달린 그림은 조로아스터교의 최고신 '아후라 마즈다'입니다. 다리우스 1세가 이룩한 첫 번째 페르시아 제국의 장엄함은 이란의 도시 페르세폴리스의 폐허가 된 유적만으로도 충분히 짐작할 수 있습니다.

그림 69
다리우스 1세의 부조(베히스툰 비문)

기원전 492~479
페르시아의 그리스 정복 실패

기원전 330
마케도니아의 알렉산더 대왕 페르시아 제국 정복. 323년 바빌론에서 사망할 때까지 단명한 제국 수립.

기원전 312~140
페르시아의 대부분은 알렉산더 대왕에 의해서 수립된 그리스의 지배적인 헬레니즘적 성격이 강한 셀레우코스 제국의 일부.

세계문명사에서 헬레니즘이 중요한 것은 더 말할 나위도 없습니다. 헬레니즘을 체감할 수 있는 좋은 예가 바로 바이블이라고 하는 성경입니다. 처음에는 구전되다가 두루마리로 만들어지고 고대 그리스어로 번역됩니다. 구약과 신약으로 옮길 때, 특히 구약에서 헬레니즘적 사고에 입각해 특별한 해석을 합니다. 우리는 헬레니즘 하면 플라톤, 아리스토텔레스를 생각하잖아요. 그런 관점에서 성경을 재해석하면서 번역합니다. 당연히 그런 부분에 부합하는 세계관이 필요합니다. 그러므로 헬레니즘이 얼마나 중요한 문화의 산실이었는지 알 수 있습니다. 가령 히브리어 이름을 고대 그리스어로 번역하면서 아담, 야곱, 모세 등을 누스nous, 지성, 프시케psyche, 정신, 소피아sophia, 지혜 등으로 번역하면서[1] 새로운 세계관에 입각한 지식체계가 수립되고 동시에 도덕철학의 알레고리가 형성되는 것입니다. 그래서 전 세계의 모든 문화에 헬레니즘이 직간접적으로 관련되어 있고 페르시아 문화에도 적지 않은 영향을 미쳤다고 말씀드릴 수 있습니다.

기원전 140~기원후 224
페르시아-아르샤시드 왕조의 지배 아래 파르티아 제국 성립.

기원후 224~651
사산 왕조가 페르시아 제국을 지배 통치. 조로아스터교가 지배적인 종교.

앞서 말씀드렸다시피, 조로아스터교를 우리말로 번역하면 배화교라고 합니다. 불을 섬기죠. 왜 불이 직접적인 대상이 되었는가 간단하게 말씀드리면, 불이 문화 창조의 핵심이고 다른 것들보다 우선한다고 믿었기 때문입니다. 물론 불과 함께 물, 공기, 돌 등도 긴요하게 여깁니

---

[1] Karen Amstrong, *A Short History of Myth*, Canongate Books, 2005.

다. 우리나라에서도 불에 관한 신화가 존재하는 것을 볼 수 있습니다. 그런데 여기에서 말하는 불은 개별적인 존재로서의 불이 아니고 우주적인 원리를 총괄적으로 상징하는 '아후라 마즈다'의 불을 섬기는 것을 말합니다.

불은 변화무쌍한 특징을 지니고 있습니다. 이 점이 중요합니다.

조로아스터교에서는 '마구스magus'라는 말이 있는데, 이것은 여러 가지 뜻을 가지고 있습니다. 사제자, 요리사, 도살자 등을 뜻합니다. 그 마구스의 복수를 '매기' 혹은 '마기magi'라고 했습니다. '마기'에서 파생된 것이 매지션magician으로 '요리사'라고도 번역됩니다.[2] 요리라고 하는 것은 아시다시피 어떤 날것에 일정하게 열을 가해서 우리가 먹을 수 있는 음식으로 바꿔나가는 신비한 행위이잖아요. 요리라는 행위를 통해서, 그러니까 불로 익히는 과정을 통해서 날것을 먹을 수 있게끔 신비로운 비약이 이뤄지는 것입니다. 보통 조로아스터교에서는 '마지션'을 흔히 우리는 '마술'이라고 번역하지만, 이쪽에서는 '사제자'라고도 번역합니다. 그 마기가 성경에도 이따금 등장합니다. 동방박사 세 사람이 왔다고 하죠. 그 동방박사를 '마기'라고 합니다. 사제자입니다. 결국 이들은 첫 번째는 요리사, 두 번째는 주술적인 능력을 행사할 수 있는 마술사, 세 번째는 특별하게 의례를 집전할 수 있는 사제자라는 뜻으로 '마기'라는 말을 사용하고 있는 것입니다. 성경이 묘한 책이죠. 여러 문화에 두루 걸쳐 있습니다. 조로아스터교와도 인접해 있다고 볼 수 있습니다.

이 조로아스터교의 핵심이 무엇인지 한두 마디로 쉽게 정리하기가 어렵습니다. 첫째로 선과 악은 영원히 적대적인 관계 속에서 양립하고

---

2 배철연, 『심연』, 21세기북스, 2014.

존재한다. 선한 것이 있다가 그 선한 것에 반대되는 것이 등장해서 악이 득세하고, 그 악을 잠재우기 위해서 다시 선이 숨죽이고 기다리고 있다가 마침내 하나로 통합한다는 것이죠. 그러니까 이것을 이원론적인 일원론이라고 거창하게 해석하기도 해요. 신화라든가 종교를 세계관적으로 분석하는 사람들의 관점이라고 말할 수 있습니다. 이 조로아스터교의 가장 중심적인 언어는 고대 페르시아 네 개의 언어 중 아베스타라고 하는 언어입니다. 아베스타는 우리가 알고 있는 산스크리스트와 동일한 문법을 갖고 있습니다. 코카서스 백인종들이 동쪽으로 이동하면서 크게 두 갈래로 나뉘어졌다고 합니다. 한 갈래는 내려와서 페르시아인들로 정착하고, 다른 한 갈래는 인도아대륙으로 내려와 정착했다고 합니다. 둘 다 아주 중요한 문헌을 만들었는데, 한쪽은 〈아베스타〉, 다른 한쪽은 〈베다〉입니다. 그래서 그 둘은 일치하는 부분이 많습니다.

이 〈아베스타〉와 〈베다〉를 꼭 기억해 주시기 바랍니다. 안타깝게도 우리는 '아베스타'에 대해서 아는 게 거의 없습니다. 아베스타 언어는 물론이고 그 언어로 된 종교경전도 알지 못합니다. 이게 너무 난삽하고 어려워서 그런지 한국어로 번역한 것이 존재하지 않습니다. 배화교에서도 일부 경전 몇 가지만, 5장까지만 번역이 되어 있습니다. 미국 필라델피아 도서관에 접속해 보면 〈아베스타〉 경전이 전 세계 여러 나라 언어로 번역되어 있습니다. 어쨌든 매우 중요한 종교라는 것을 잊지 않았으면 좋겠습니다.

니체는 『차라투스트라는 이렇게 말했다』에서 자신의 철학적 담론을 펼치는 데 이를 이용했습니다. '차라투스트라'는 방언입니다. 근본적으로 조로아스터와 같은 말입니다. 거기서 "신은 죽었다"라고 선언하는

사상적 배경에도 조로아스터가 있는 것입니다.

[그림 70] 상단 왼쪽 사진은 '아후라 마즈다'라고 해서 조로아스터교에서 말하는 신비로운 능력, 창조적인 역량 등을 신적인 것으로 형상화한 것입니다.

상단 오른쪽 그림은 선신인 아후라 마즈다를 구체적으로 인격신화한 것입니다. 적대적인 존재는 악신으로 앙그라 마이뉴라고 합니다. 아후라 마즈다와 앙그라 마이뉴가 이렇게 양립하는데, 그림에서는 한 몸에 얼굴이 세 가지입니다. 어릴 적 본 만화의 아수라 백작도 이런 모습이었던 것으로 기억합니다. 엔키 신의 시종 이시무드도 얼굴이 두 개입니다. 매우 재미있는 형상들인데, 후대 문화에 풍부하게 창조적 상상력을 제공했음을 알 수 있습니다.

하단 그림은 조로아스터교의 핵심적인 상징인 '타고 있는 불'을 모신 사원의 모습입니다. 거듭 말씀드리지만 이 불은 단순한 불이 아니라 우주적인 불입니다.

(3) 이슬람의 도래

기원후 636

아랍 침공으로 사산 왕조의 종식과 함께 이슬람의 통치 시작.

기원후 9세기

현대 페르시아어 또는 페르시아어 출현. 아랍어 스크립트를 활용하여 작성.

페르시아 공부를 할 때 페르시아에 이슬람이 도래한 것이 축복인지 저주인지 항상 물어봅니다. 처음 이슬람이 들어왔을 때는 저주스러웠습니다. 이슬람이라고 하는 종교 자체가 배타적이고 성격이 매우 공격적입니다. 그런데 기실 우리가 이슬람에 대해서도 잘 모르잖아요. 이슬람의 경전이 코란인데, 코란을 읽어보면 너무 너무 재밌습니다. 처음부터 끝까지 모두 우화예요. 알레고리란 말이죠. 우화 중에서도 대부분 구전설화입니다. 예언자 무함마드가 종교적이고 일상적인 체험에 바탕을 두고 한 예언도 있지만, 구전설화를 응용한 것이 꽤 많습니다. 그 설화들이 구전설화로서 가치가 있는 것이 많습니다.

코란에는 몇 가지 키워드가 있습니다. 우선 '지하드jihad', 성전聖戰입니다. 현재의 우리에겐 끔찍한 말이잖아요. 그런데 종교적 측면으로 보면 우리 안에 있는 열정을 말합니다. 끊임없이 열정을 태워서 어떤 것에 대해 갈구하는 것을 지하드라고 합니다. 지하드는 번역을 할 때 성전이라고 해서 적대자를 물리치는 것으로 되어 있습니다. 사실 코란은 굉장히 순한 책인데, 그것을 누가 쓰느냐에 따라서 해석은 달라질 수 있다 하겠습니다. 제가 기억하는 단어가 하나 더 있습니다. 코란에 '일룸'이라는 단어가 있습니다. 아랍어는 자음만 있고 모음이 없습니다. 모음을 끼워 넣어서 읽어야 합니다. 그래서 발음이 각자 다릅니다. 일룸_ilumu_이라고 번역하기도 하고 일름_ilum_이라고도 합니다. 이 말은 코란에서 제시하고 있는 지식, 지혜라는 뜻입니다. 좀 더 과학적인 것에 가깝기 때문에 지식으로 번역하는 것이 나을지도 모릅니다. 그 지식이라는 단어 속에 '무지하면 안 된다'는 뜻이 있습니다. 이슬람의 경전인 코란에서 무함마드가 그렇게 말하니 그 후학들은 공부를 안 할 수가 없는 거죠. 그래서 이슬람이 최고 수준의 과학, 의학, 철학을 구성하는데, 그 핵심에 페르시아가 자리하고 있습니다. 당대 최고의 의학자와 최고의 의학서, 최고의 철학자와 최고의 철학서는 페르시아에서 다 배출되고 만듭니다.

잠깐 총괄적으로 용어를 정리하고 들어가는 것이 좋겠습니다. 아랍은 이슬람을 종교로 하는 문명을 지칭하고, 이슬람은 마호메트 또는 무함마드를 따르는 종교, 페르시아는 이슬람의 전진에 의해서 이룩된 페르시아 문명을 의미합니다.

처음에 배타적인 특성을 가진 아랍이 침공해서 사산 왕조를 종식시키고 이슬람의 통치를 시작했습니다. 이어 9세기경에는 현대 페르시아어가 출현하고, 아랍어 스크립트, 즉 아랍어 알파벳을 활용하여 그것을 기록하기 시작합니다. 그때부터 새로운 문화가 시작됐다고 볼 수 있습니다. 처음에는 아랍어 스크립트를 일방적으로 가져다 쓸 수밖에 없었는데, 자연스레 아랍의 문화도 일방적으로 받아들일 수밖에 없었습니다. 그러다가 점점 독자적인 문명이나 문화를 일궈서 외부에서 받아들인 것을 재가공하게 됩니다. 아랍과는 다른 길을 걷게 됩니다. 물론 아랍과 종교로서 이슬람의 기본적인 견해를 공유하면서도 문화적인 양상은 크게 달라졌다는 뜻입니다. 이것은 어쩌면 아랍이 이 지역에서는 페르시아에 포섭되었다는 의미일 수 있습니다. 무너뜨리려고 왔는데 오히려 잡아먹힌 거라고 할까요? 마치 우리가 한문을 가져다가 우리 스스로 가공하고 우리 나름대로의 문화와 역사를 창조한 과정과 같다고 할 수 있습니다. 가령 우리가 훈민정음을 왜 만들었는가, 백성들에게 널리 이롭게 하기 위해 만든 것입니다. 한문이 불편하니까 만든 거잖아요. 문화적인 창조는 어떤 도전이 있으면 그것이 자극이 되어서 항상 새로운 것을 만들어간다는 게 틀린 말은 아닐 것입니다. 아무튼 636년에 이슬람의 통치가 시작되었고, 9세기에는 독자적인 문화를 구축하게 되었습니다.

기원후 9~13세기
시아 부이드, 셀죽 튀르크 및 콰레즘 제국을 포함하여 일련의 이란과 터키 왕조로 대체된 뒤 이슬람 칼리파의 통치 거부.

이슬람 칼리파의 통치를 거부한 것이 역사적인 사건이죠. 독자적인 길을 걷게 된다는 뜻입니다. 같은 이슬람인데 이쪽 이슬람을 시아파라고 합니다. 시아파의 '시아'는 '알리를 따른다'는 뜻입니다. 알리가 누군지 궁금하시죠? 권투선수 무함마드 알리와 같은 이름인데, 실제 여

그림 71
이스파한에 있는 시오세폴
(33개의 아치) 다리, 싸파비
조의 통치자 압바스 1세가
1602년에 완성한 것이다.

기서 말하는 알리는 이슬람교 창시자인 무함마드의 사위입니다. 무함
마드의 딸과 결혼하여 칼리파로서는 네 번째가 되었습니다. 시아파의
핵심은 특정한 집단의 공동 지도체제를 인정하지 않았다는 것입니다.
무함마드가 비극적으로 죽고 나서 2대, 3대의 집단 지배체제를 잠깐
거쳐 4대째인 알리에게 지배권이 넘어왔습니다. 시아파에서는 집단
지배체제인 2대와 3대를 인정하지 않습니다. 무함마드에게서 바로 알
리에게 왔다고 생각합니다. 이를 통해 혈족 공동체를 강조하는 것입니
다. 그래서 시아라는 종파에서는 무함마드의 사위인 알리를 인정하고
친족 지배체제를 공고하게 생각합니다. 다시 말해 공동의 지도체제인
칼리파 중심의 지배체제를 인정하지 않고 이맘 체제도 독자적으로 구
현한다는 것이 이 시아파의 길이었습니다.[3]

3   이맘: 수니파에서는 기도와 예배를 이끄는 자를 말한다. 반면 시아 이슬람에서는 이슬람 세계의 최
     고의 통치자로서 알리의 후손이어야 한다.

그림 72
서남아시아 지도

[그림 71]은 이란의 도시 이스파한 자얀데 강에 있는 다리입니다. 시오세폴이라고 해서 33개의 아치로 구성된 다리입니다. 세계적으로 굉장히 유명합니다. 이스파한을 흔히 이란의 진주라고 지칭합니다. 이스파한은 세계의 절반이라는 뜻의 속담으로 남을 정도로 아름답습니다.

기원후 1220
칭기스칸의 몽골 군대가 페르시아를 압도해 곧 일칸국혹은 일한국, the Ilkhanate의 부분이 되고 칭기스칸의 손자인 훌라구가 통치.

이상으로 주요 사건을 중심으로 간단하게 페르시아의 역사에 대해 설명을 드렸습니다. 이제 페르시아 문화에 대해서 좀 더 자세히 살펴보겠습니다.

그림 73
이슬람의 분포

페르시아 문화와 〈쿠쉬나메〉

(1) 페르시아 문화유전자

　[그림 72]의 지도를 보시면, 이란과 터키, 카자흐스탄, 우즈베키스탄, 중국이 있습니다.

　우리가 지금까지 이야기 나눈 주요 사건들은 대개 이곳들, 그리고 아프가니스탄과 이집트까지 광범한 지역에서 이루어진 것이라고 말할 수 있습니다. 이 중에서 페르시아어를 사용하는 이슬람 권역Perso-Islamic World이 핵심입니다. 이슬람 전과 후의 문화적 응집을 총괄적으로 지칭해서 페르시아라 한다고 보면 좋겠습니다. 이 지역을 서남아시아라고도 지칭하는데, 페르시아어 사용 인구가 거의 1억4000만 명이 됩니다. 페르시아어를 공용어로 사용하는 국가는 이란과 타지키스탄이며, 아프가니스탄에서도 페르시아어가 공용어 중 하나입니다. 그런데 타지키스탄의 페르시아어는 타지크어Tajik 또는 Tajiki, 아프가니스탄의 그것은 다리어Dari라고도 불리기 때문에 종종 다른 언어로 혼동하기도 합니다. 또 우즈베키스탄이라든지 파키스탄에서도 페르시아어를 일부 사용하고 있습니다. 앞서 말씀드린 이슬람의 한 분파로서 시아파가 바로 이 페르시아 문화의 가장 중요한 주체라고 할 수 있습니다.

[그림 73]의 지도는 종교로서 이슬람의·분포를 보여주고 있습니다. 진한 녹색이 시아파이고, 나머지가 수니파입니다. 수니파가 압도적이죠. 수니파 대 시아파를 보통 8:2로 봅니다. 시아파의 가장 중심에 페르시아가 있습니다. 수니파는 멀리 인도네시아까지 뻗어나가 있습니다. 이 지도만 보더라도 광범위한 지역에 수니파가 있고, 시아파는 점점이 분포되어 있다는 사실을 확인할 수 있습니다.

수니파와 시아파의 비교

수니파에서는 지도자로서 칼리파(할리파)가 있는데, 기독교식으로 말하면 교황입니다. 이맘은 예지자 혹은 선지자라고 합니다. 수니파에서는 집단적 지도체제인 쿠라이시 부족의 계통을 존중합니다.[4]

시아파는 무함마드의 후계자가 선거로 선출될 수 없으며, 유일신 알라로부터 선택된 알리가 신성한 후계자라고 주장합니다. 따라서 시아파는 알리의 후손들로 이어지는 후계체제를 지지합니다. 시아파에서는 조로아스터교와 페르시아 불교사상이 합쳐집니다. 이 점에 대해서는 후에 더 설명을 드리도록 하지요.

애르펀이라는 단어가 중요합니다. 이것이 페르시아 공부를 가능하는 척도가 됩니다. 애르펀ERFAN은 이르판IRFAN이라고도 발음합니다. 그들만의 고유하고 특별한 황홀경을 말합니다. 종교라는 것은 결국 종

---

4   무함마드는 쿠라이시 부족 출신이다.

교적인 각성과 신비체험이 있어야 하잖아요. 그 신비체험을 애르펀이라고 해요. 이 애르펀이 나중에 수피즘으로 발전합니다. 이렇게 애르펀과 수피즘은 겉모습은 달라도 사상이나 내용면에서는 근접하다는 것을 알 수 있습니다.

우리가 이제는 너무나 잘 알다시피 수니파와 시아파가 극심하게 싸우고 있습니다. 특히 이란과 이라크는 불구대천의 원수이잖아요. 같은 종교인데 종파가 다르다는 이유로 원수가 된 것입니다.

페르시아 불교

페르시아 불교가 존재하는가. 그런 의문이 있다면 지금 당장 떨쳐버리셔도 좋습니다. 페르시아 불교는 초기 불교의 모습을 완벽하게 지니고 있습니다. 어떤 사람은 고타마 싯다르타를 타지키스탄 사람이라고 해석합니다. 이게 페르시아 불교지 인도 불교라고 말할 수 없다는 거예요. 문제시할 만한 의견이라고 할 수 있습니다. 중국의 옛 역사서에 종종 등장하는 안식국安息國은 이 지역 유목부족이던 파르니 부족이 기원전 250년경에 세운 파르티아 제국을 말하는데, 약 500년간 존속하며 로마 제국과 자웅을 겨룰 정도로 강성했습니다. 사마천의 『사기』 대완전大宛傳에도 나오는데, 불교 전래 과정에 자주 등장합니다. 중국에 불교를 전한 스님들 중에는 이 안식국 출신이 많다고도 하지요. 특히 안식국의 왕자 안세고安世高는 불교에 심취하여 왕위까지 버리고 후한 시대에 중국에 들어가 역경승이 되었다고 합니다.

페르시아는 크게 페르시아 종족과 타지크 종족으로 구성되어 있습니다. 타지크 족이 수적으로는 굉장히 열세이지만 문화적 창조에서는 결코 무시할 수 없습니다. 특히 일체유부一切有部5의 불교 철학과 관련되는 것이 존재한다는 것은 선불교와도 깊은 연관성이 있다고 말할 수 있겠습니다.

조로아스터교

〈아베스타〉는 조로아스터교의 경전인 동시에 신화이며 언어입니다. 신화와 마찬가지로, 조로아스터교에서도 선신인 아후라 마즈다Ahura Mazdā와 악신인 앙그라 마이뉴Angra Mainyu가 있다고 말합니다.

하얀 게 있고 검은 게 있는 거죠. 우리 샤머니즘을 공부해 봐도 시베리아 샤먼에는 반드시 높은 신을 섬기는 선한 무당, 즉 하얀 샤먼white shaman이 있고, 잡신(악령)을 섬기는 악한 무당, 즉 검은 샤먼black shaman이 있습니다. 이런 구분법은 종교적으로 선악 이분법과 깊은 관련이 있다고 말할 수 있습니다.

아후라 마즈다와 앙그라 마이뉴는 선과 악, 빛과 어둠을 상징하는 존재로, 이들이 벌이는 빛과 어둠의 전투를 통해 우주와 세계의 창조, 종말, 심판, 부활에 이르기까지 네 시기에 걸친 역사가 진행된다고 합니다. 이런 사고는 힌두교나 불교와 비슷합니다. 대부분의 종교에서 창조와 종말은 이해할 수 있는데, 심판과 부활을 어떻게 볼 것인가가 중요한 문제입니다. 보통 심판은, 가령 〈요한 계시록〉을 보면 "언젠가 망할 거다. 다음에 심판이 크게 이루어질 거다"라고 합니다. 성경을 구약과 신약으로 나누고 이 관계를 설명하는 것이 쉽지 않습니다. 성경의 역사를 알아야 합니다. 핵심이 뭐냐면 예수의 등장입니다. 이 세상

---

5   '일체유부'는 소승불교의 한 학파로, 그 말 자체는 모든 법一切有部이 존재하다고 설명하는 부파派라는 뜻이다. 따라서 "과거, 현재, 미래의 3세에 걸쳐 법의 실체가 항상 존재한다."라는 주장을 펴고 있다.

이 끝장나면 어떻게 되는가? 아니, 이 세상이 끝장나는가 안 나는가? 이것이 심판과 부활의 핵심입니다. 이것을 에스카톨로지 Escatology, 종말론라고 합니다. 심판이 중요합니다. 심판론이 있는지 없는지가 중요한데, 조로아스터교에서도 보다시피 심판과 부활의 문제가 개재되어 있습니다. 불교에서는 심판과 부활의 문제에 대해 어떤 부분에서도 설명하지 않습니다. 조로아스터교가 기독교하고 똑같은 생각을 갖고 있습니다. 그래서 남다른 것이라고 말할 수 있습니다.

아후라 마즈다의 창조 과정

궁극적인 창조주인 아후라 마즈다의 창조 과정 역시 흥미롭습니다. 아후라 마즈다는 성스러운 영인 스펜타 마이뉴 Spenta Mainyu, Life-giving Spirit를 통해서 우주 창조에 필요한 여섯 기둥의 신을 만들었습니다. 여섯 기둥 신에 대한 내용은 경전이나 신화가 공유하고 있습니다. 경전과 신화는 서로 거리가 있지만 거의 같은 내용을 다룬다고 말할 수 있습니다.

① 외프 마나흐(vohu/vahishta manah, 좋은 의도)
② 아샤 와히슈타(asha (vahishta), 최상의 정의)
③ 스푼타 알마더((spent) rmaiti, 성스러운 신심)
④ 프사슬화 와이르야(khshathra (vairiya), 바람직한 왕국)
⑤ 하울와타트(haurwatt, 건강)
⑥ 아무르타트(amertatt, 장수)

이러한 것들이 소위 아후라 마즈다의 창조 과정을 이해하는 것이고,

하위 신격들이긴 하지만 아후라 마즈다와 긴밀하게 연결된 것을 볼 수 있습니다. 이들을 아무샤 스푼타Amesha Spenta, 성스러운 불사자 不死者라고 지칭하고 각각에 상응하는 창조물을 만들었습니다. 이들의 상징적 창조물은 여러 곳에 다양하게 준비되어 있다고 합니다. 가령 하늘, 별을 만들어서 악신과의 대결을 준비하고, 또한 대해를 만들고, 바다 속의 대지를 만들고, 식물을 창조하고, 선량한 동물을 만들었고, 마지막으로 아후라 마즈다가 인간을 창조하였다고 전합니다.

이들은 늙음도 쇠약함도 몰랐습니다. 처음에 창조된 인간은 선하고 궁극적인 존재였죠. 그런데 특별한 인간의 잘못으로, 즉 금지를 어긴 것 때문에 타락하고 달라지는 것입니다.

이 모든 창조가 여섯 기둥에 의해서 1년 동안 창조되었습니다. 이 아후라 마즈다의 글을 보면 1년 365일을 극단적으로 모두 세분해 놓았습니다. 앞에서 본 아후라 마즈다 형상에 부조되거나 그려진 깃털이 있었잖아요. 그 깃털이 1년을 상징합니다. 하나하나 세부적으로 구성해 놓았습니다. 엄청나게 과학적이고 논리적인 종교라고 말할 수 있습니다.

이때 앙그라 마이뉴는 무엇을 할까요? 3000년 동안 어둠 속에서 잠자고 있다가 다음에 도전을 하는 거죠. 음양에서 음이 사라지면 양이 성하는 것처럼 선악이 끊임없이 순환하는 겁니다.

아베스타어 경전

고대 페르시아에는 네 가지 문자어가 있었습니다. 사카어, 머드어, 고대페르시아어, 아베스타어.

그중 아베스타어가 경전어로 쓰이면서 크게 확장되었습니다. 그런데 아시는 것처럼 이 아베스타어 경전들은 훗날 주로 이슬람의 공격으로 인해 모두 불태워졌습니다. 그래서 마기, 사제자들이 도망을 다니면서 이것을 머릿속에 기억했다가 모았습니다. 오늘날 일부 그 내용이 전하는 것은 바로 그 아베스타어 경전입니다.

이란과 아리안

이란이나 아리안은 '고귀한 사람'이라고 하는 뜻을 가지고 있습니다. 고귀하다는 것은 문화적으로 우월하다는 뜻을 포함하고 있죠. 이란과 아리안은 같습니다. 이란은 1935년 이전에는 페르시아로 알려져 있었는데, 팔레비 왕조 때 이름을 이란으로 바꿨습니다.

〈아베스타〉와 〈베다〉

페르시아에는 〈아베스타〉가 있고, 인도에는 〈리그베다〉가 있습니다. 베다는 원래 네 가지가 있다가 〈리그베다〉만 살아남았죠. 〈리그베다〉의 핵심을 추려서 정리한 책이 〈우파니샤드〉입니다. 〈우파니샤드〉는 모두 12종류가 있습니다. '우파니샤드'란 말은 '우파'+'니샤드', 즉 '스승 가까이에'라는 뜻입니다. 스승과 대화하려면 스승 가까이 가야 하잖아요. 〈우파니샤드〉 가운데서도 제일 중요한 경전, 힌두교의 모든 비밀을 담고 있는 것이 〈케타 우파니샤드〉Katha Upanishad입니다. 이것만 읽어도 〈우파니샤드〉 전체의 생각을 알 수 있다 말합니다. 다만 〈우파니샤드〉는 쉽지 않습니다. 그것을 핵심적인 기조로 삼아 재미있는 서사시로 꾸민 것이 바로 〈마하바라타〉와 〈라마야나〉입니다. 〈마하바라타〉의 서是는 매우 감동적입니다. 〈아베스타〉와 〈베다〉의 관계를 세계관적으로 이해하기 위해 이 이야기를 들려드립니다.

어떤 왕이 숲에서 사냥을 하다가 아름다운 여인을 발견합니다. 뒤태를 봤는데 너무 예뻐요. 돌아선 앞의 모습은 더 예뻐요. 그 여인을 찾아가 정식으로 청혼을 합니다.

"나는 산타나 왕인데 당신과 함께 살았으면 좋겠습니다."

그 여인이 쳐다보지도 않습니다.

"다음에 다시 오세요."

쫓겨났습니다. 남자의 기질로 그냥 갈 수 없어서 다시 찾아갑니다. 또 쫓겨납니다.

마지막으로 찾아갑니다.

그 여인이 말하길 "나에 관해서, 어떤 일에도 일체 간섭하지 말라"는 조건을 겁니다. 이제 둘이 함께 살게 됩니다.

그런데 아내가 자식을 낳으면 갠지스 강물에 빠뜨려 살해합니다. 계속해서 자식 살해가 일어납니다.

왕이 끝내 무슨 일인지 묻습니다.

이에 여자가 말하길 "끝났어요 모든 게 끝났어. 당신과 나는 이 세상에서 결정된 것이 아니라 전생에, 천상에서 모든 것이 결정되어서 이렇게 이루어졌던 건데. 그래서 내가 허락을 했던 것인데……"

세계가 달라졌습니다. 현생의 일이 전부가 아니라, 이유가 있고, 예정되어 있고, 그런 숨은 질서가 있다는 것입니다. 여자가 실은 강가(갠지스) 여신인데, 그 일곱 명의 자식을 강물에 빠뜨릴 수밖에 없던 이유가 있었던 것입니다. 궁금하시죠? 바로 전생의 어떤 이유가 있다는 겁니다.

이러한 것을 르타Rta, ऋतम्rtam라고 합니다. 그 르타는 보이지 않는 숨

그림 74
수피즘을 상징하는 수피 춤

은 질서, 원리를 말합니다. 그다음에 공동체의 규범으로 이루어진 원리가 있습니다. 선한 쪽은 악한 쪽을 쳐야 하고, 악이 발현하면 선한 쪽이 쳐야 합니다. 그것을 다르마Dharma, 즉 법法이라고 합니다. 개인이 살아가는 원리는 카르마Karma, 즉 업業이라고 합니다. 이 세 가지가 보이지 않게 맞물려 돌아가는 것이 〈아베스타〉와 〈베다〉의 핵심입니다. 우리가 사는 삶이 끝이 아닙니다. 우리 삶은 무한한 우주로부터 비롯된 것이며 다시 무한한 우주로 돌아가야 한다는 것이 이들 경전의 핵심을 이루고 있습니다.

애르펀·수피즘·시이즘

애르펀Irffan은 페르시아 고유의 사고 준거를 가지고 있습니다.

수피즘Sufism은 영혼이 고독하게 사막에서 진리를 찾아 헤매는 그 모습 자체를 말합니다. 수피는 양털조각을 뜻하는데, 양털조각을 몸에 걸치고 먼 사막에서 진리를 찾아 떠돌아다니는 고독한 자기 잠행, 깨달음의 추구가 곧 수피즘입니다.

시이즘Shiism, Shia Islam은 앞에서 말씀드린 것처럼 이슬람과 결합되면서 생성된 것입니다.

애르펀이 훨씬 고유의 것이고, 수피즘은 한층 높은 차원으로 비약을 한 것이고, 이것이 일반화되어 종교적으로 경전화된 것이 시이즘입니다.

이백과 달마─술·사랑·달의 문학적 유전자들

페르시아에는 술에 대한 일화가 아주 많습니다. 그 다음으로 사랑에 대한 깊은 이야기나 책이 매우 많습니다. 그리고 달에 대한 비유가 많습니다.

이태백은 채석강에 달을 찾아 갔다가 물에 빠져 죽었습니다. 채석강은 부안 쪽에도 있고 중국 쪽에도 있죠. "달아 달아 밝은 달아 이태백이 놀던 달아." 왜 이렇게 말하는 것일까요? 이태백이 그와 연관되어 있기 때문입니다.

이백은 타클라마칸 지역의 출신으로 타지크인이고, 아버지 때에 당나라에 이주 정착한 것으로 밝혀졌습니다.[6] 흔히 이백을 묘사할 때 얼굴이 까무잡잡하고 키는 그리 크지 않았다고 합니다. 타지키스탄인들이 대부분 그렇습니다.

더 중요한 인물이 달마입니다. 달마는 선불교 이식자로 이른바 페르시아 불교나 애르펀으로부터 깊은 영향을 받았습니다.[7]

페르시아인들은 술·사랑·달 등을 사랑하는 기질과 문학적 소양을

---

6   이백의 출신에 대해서는 쓰촨성 출신설, Suyab碎葉, 오늘날의 키르기스스탄 출신설 등도 경합한다.
7   달마, 즉 보리달마菩提達磨의 출신에 대해서는 페르시아 출신설과 남인도 파사국波斯國 출신설 등이 경합한다.

가지고 있습니다. 이 사람들처럼 술을 사랑하는 사람들이 없습니다. 그런데 문제는 기본 계율에 어긋난다는 점입니다. 소위 이슬람권에서 는 술을 먹을 수 없습니다. 이슬람에 들어가면 절대 술을 마실 수 없습 니다. 그런데 대마초는 허용합니다. 이것을 어떻게 설명해야 할지 모 르겠습니다. 여기에도 지역 차이가 있습니다. 대도시와 지방 군소도시 는 전혀 다릅니다.

〈처용가〉와 〈쌍화점〉-처용과 고려시대 회회아비

〈처용가〉에서의 처용이 아랍인이라는 학설이 있습니다. 꽤 설득력 이 있어 보입니다. 또 〈쌍화점〉에 등장하는 회회아비가 있습니다. 이 회회아비를 타지키스탄 사람으로 보는 견해가 있습니다. 저도 그 점에 동의하면서 이 회회아비를 타지키스탄 사람으로 봅니다. 이런 점에서 우리 문화권과도 연관이 있다고 말할 수 있습니다.

(2) 〈쿠쉬나메〉의 핵심 내용-저작 연대와 작자

자랄 마티니Jalal Matini의 번역본이 가장 잘된 번역본입니다. 저는 인 연이 닿아서 페르시아 원본을 받았습니다. 그런데 읽을 줄을 몰라요. 이것을 완벽하게 해석하려면 고대 페르시아어에 능통해야 합니다. 마 치 우리나라 향가를 이해할 수 있는 능력이 있어야 하는 것과 같죠. 그 런 조건을 충족하는 사람이 전 세계에 몇 명 없습니다. 처음으로 이 작 업을 시도한 사람, 그러니까 번역한 사람이 자랄 마티니입니다. 그의 번역본 제목이 *The Spirit of Wisdom*입니다.

앞에서 말씀드린 것처럼 조로아스터교의 경전 〈아베스타〉에 페르 시아의 신화적인 내용이 들어가 있다고 했는데, 그런 세계관에 바탕을 두고 나온 중요한 기록이 〈쿠쉬나메〉입니다.

〈쿠쉬나메〉Kuš-nāma, Kush Name는 하킴 이란샤한 아불 카이르Hakim Irānšān b. Abu'l-Kayr에 의해서 쓰인 작품으로 추정합니다. 〈쿠쉬나메〉는 한양대학교의 이희수 교수가 우리 말로 번역한 책도 있습니다. 아비틴과 프라랑의 사랑이 이루어지는 곳이 우리나라일 것이다, 바실라가 원작에는 섬으로 되어 있으나 그것이 신라를 지칭하는 것이다, 이렇게 주장하고 있습니다. 만일 그렇다면 대단한 일이죠. 이것이 벌써 〈신라 천년의 사랑〉이라는 뮤지컬로도 만들어졌습니다.[8] 그런데 엄격하게 학문적 관점에서 말하자면, 그런 추정은 가능성은 있지만 정확히 과연 그러할까 하는 의문도 여전히 있습니다.

〈쿠쉬나메〉는 이란의 신비로운 역사 가운데 하나입니다. 주로 신화적인 것과 특히 전설적인 것이 많이 결합되어 있습니다. 저작 연대는 12세기 초엽으로 서기 1108~1111년경(헤즈라력 501년에서 504년)으로 추정됩니다. 〈쿠쉬나메〉의 '나메'는 '책'이라는 뜻입니다. 그러니 '쿠쉬나메'는 당연히 쿠쉬의 책이라는 뜻입니다. 이때 쿠쉬는 대체로 코끼리의 엄니를 가리키는 말로, 코끼리 이빨의 형상을 한 사람을 가리키는 말이라고 여겨집니다. 이 작품은 셀주크의 통치자인 지아틀-딘 모함마드 말렉-샤흐Giāṭ'l-Din Mohammad b. Malek-Šāh, 1105~1118에게 헌정된 작품이기도 합니다.

〈샤나메〉와 〈쿠쉬나메〉의 비교

〈쿠쉬나메〉는 피르다우시의 저명한 서사시 〈샤나메〉하고도 관련이

---

8   원 제목은 〈그 사람 쿠쉬 : 천년의 사랑 쿠쉬나메〉(2014)이다. 최지연무브먼트의 무용서사극이다. 정동극장은 2015년부터 〈바실라〉라는 제목의 브랜드공연을 선보인 바 있다.

깊습니다. 〈샤나메〉Sāh-nama는 '샤', 즉 '왕'의 책이라는 뜻이지요.

〈샤나메〉와 〈쿠쉬나메〉는 서로 비교됩니다. 〈샤나메〉가 '왕의 책'인데 중국으로 들어가서는 〈열왕기〉列王記로 번역됩니다. 다 합해서 53명 왕의 이름이 나옵니다. 〈쿠쉬나메〉와 상당 부분 겹칩니다. 물론 내용은 4개 정도를 제외하고는 부합되지 않습니다. 그러나 두 작품은 같은 기반을 갖고 있습니다. 왕족의 역사에 이란의 전설을 보태 총체적인 역사를 구성하고 있다는 점에서 서로 깊은 관련을 맺고 있고, 또 각기 계도적인 구실을 하는 작품이라고 하는 점에서 근본적으로 상통하는 바가 많습니다.

〈샤나메〉는 이란을 대표하는 국가적 서사시로, 이란의 전설적인 역사에 대한 이야기이고, 53명의 이란 왕들의 통치기간에 대한 이야기를 담고 있습니다. 카유마르트Kayumart 왕부터 시작하여 사산 왕조의 지배자 야즈데게르드Yazdagird 3세까지의 이야기를 담고 있습니다. 마지막 왕은 짧은 통치기간 동안 이슬람 적들과 전쟁을 겪었고, 결국 636년에 아랍이 이란을 정복하면서 끝을 맺게 되었습니다. 〈샤나메〉에 나오는 50여 명의 왕 중에서 2명은 이란 사람이 아닌데, 바로 자하크Zahhak와 알렉산더 대왕입니다. 자하크는 나쁜 왕으로 그의 악행이 직접적인 계기가 되어서 나중에 〈쿠쉬나메〉의 배경과 상황도 만들어지는 것이지요. 알렉산더 대왕은 유명해서 군이 설명이 필요치 않겠지요.

〈샤나메〉에서 대부분 왕들의 통치기간은 요약하여 언급되고 있습니다. 예를 들어 자하크의 통치는 1000년 동안 계속되었지만 단지 499절로 작곡되었을 뿐이고, 그조차 대부분 왕권의 마지막 40년에 일어난 사건에 집중되어 있습니다.

자하크가 이란의 왕이 되고 난 후 그의 폭군 행위(1~41절)

그의 폭정을 끝낼 페레이둔Fereydun의 탄생에 대해 자하크가 꾼 꿈(42~69절)

그의 꿈에 대한 점쟁이의 해석(70~104절)

자하크가 페레이둔의 아버지 아비틴Abtin을 죽인 일(119~122절)

페레이둔의 어린 시절, 숨어서 살아온 일, 자하크와 싸워서 결국에는 그를 다마반드Damavand 산에 영원히 봉인해 버린 일(123~484절): 362절에 걸쳐 묘사

마지막 15줄은 페레이둔이 다음 500년 동안 지배했다는 것으로 끝이 남(485~499절)

〈샤나메〉에서 페레이둔의 통치에 대한 언급은 전체 5만여 대구對句 중에서 1,068절입니다. 즉 〈샤나메〉에서 가장 유명한 두 전설적인 왕에 대한 언급은 겨우 1,567절에 불과하다고 볼 수 있습니다. 이 책은 역사적 기록이기도 하지만 동시에 전설적인 이야기들이 윤색된 채 많이 보강되었습니다. 〈샤나메〉는 우리나라로 치면 『삼국사기』에 가까운 것이라고 할 수 있습니다.

〈쿠쉬나메〉 시인의 종교

쿠쉬나메의 저자는 의심할 것도 없이 무슬림이지만, 그가 시아파인지 수니파인지는 알 수 없습니다. 아직 정확하게 밝혀져 있지 않습니다.

〈바흐만나마〉Bahman Nama 9 역시 〈쿠쉬나메〉의 저자 하킴 이란샤한

---

9 페르시아의 반半신화적 시기의 영웅 에스판디여르Esfandiyar의 아들 바흐만Bahman을 다룬 약 9,500행의 서사시.

아불 카이르가 쓴 작품으로 알려져 있습니다. 그런데 〈바흐만나마〉에서 그는 선지자에 대한 기도 뒤에 알리Ali, 이슬람의 4대 칼리프에 대한 짧은 기도문을 덧붙였습니다. 그러나 〈쿠쉬나메〉에서는 대조적으로 선지자에 대한 기도는 화려하게 기록되어 있지만, 알리에 대해서는 어떠한 언급도 찾아볼 수 없습니다.

〈쿠쉬나메〉의 주인공 쿠쉬의 특징① 흉물스러운 생김새

쿠쉬의 가장 눈에 뛰는 특징은 그의 흉물스러움일 것이다. 그의 모습은 전쟁에서 투구를 벗을 때마다 적들이 위협을 느끼고 전장에서 도망갈 정도로 끔찍했다.
  *이런 부분들이 수메르의 〈길가메시 서사시〉와 다르지 않다고 생각합니다. 전쟁에서 적이 도망가는 것은 아우라, 메, 권능 때문일 텐데 그와 상통하는 것입니다. 쿠쉬의 흉측한 외모도 그와 같은 역할을 한다고 생각합니다.

그를 만나기 위해 찾아온 대사들은 그의 모습에 너무나도 겁을 먹어 때때로 벙어리가 되었다. 쿠쉬는 자기 모습의 흉측함을 잘 알고 있었고, 그것으로 고통 받았다. 그는 책의 마지막에서 자신의 기형적인 모습을 현자에게 불평할 정도였다.
  *인류 최초의 성형수술이 현자에 의해서 이뤄졌습니다. 실제로 페르시아 사람들은 성형수술까지 했다고 합니다. 매우 뛰어난 의술을 지니고 있었습니다.

〈쿠쉬나메〉의 주인공 쿠쉬의 특징② 능력 있는 전사

쿠쉬는 능력 있는 전사였다. 그는 강할 뿐만 아니라 속임수도 잘 쓰고 잔인했다.

*영웅의 능력을 흔히 세 가지로 정의합니다. 첫째는 군사적으로 탁월한 능력. 활을 잘 쏜다든지, 칼을 잘 쓴다든지, 갖고 있는 칼이 전설적인 신검이라든지, 그를 돕는 명마가 있다든지, 등등. 두 번째는 지혜가 있어야 합니다. 속임수도 일종의 지혜죠. 흔히 그런 존재들을 트릭스터라고 합니다. 세 번째는 그럼에도 불구하고 신과 상통하는 무엇이 있어야 합니다.

그의 성적인 능력 또한 한계가 없어서 소녀들, 여인들 심지어 소년들과도 즐기곤 했다.

*길가메시도 똑같습니다. 이난나의 구혼을 거절합니다. 인간의 자만, 교만이 지나쳐서 자신의 통치권을 함부로 행사합니다. 성적인 권능을 많이 누리고자 하는 초야권을 행사합니다. 여기의 쿠쉬도 그와 같은 능력을 행사합니다. 우리나라의 문수보살 설화에 초야권에 관한 내용도 있습니다. 세계적으로 보편적인 현상입니다.

그가 적의 왕을 위협할 때는 종종 그에게 공물로 천명의 처녀들을 바치게 했고, 일 년 안에 그녀들의 처녀성을 모두 빼앗곤 했다. 심지어 그는 본인의 딸들에게 사랑을 느끼기도 했는데, 결국 그의 끊임없는 접근을 거부한 두 딸은 죽임을 당했다.

〈쿠쉬나메〉의 주인공 쿠쉬의 특징③ 장수長壽

쿠쉬는 1500년을 살았다. 그리고 책의 마지막에서 그는 현자에게 800년을 살 기력도 없다고 말했다. 아마도 그의 유달리 긴 장수 때문에 그는 그 자신을 신이라 믿게 된 것 같다. 그리고 그의 종속국들에게 자신의 동상을 세우고 숭배하도록 강요했다. 쿠쉬가 여러 공공사업을 위해 노력을 했다는 언급이 나오기는 하지만 그런 자선적인 일은 매우 예외적인 편이다.

*거의 전부 악행을 저질렀다고 말할 수 있습니다.

다음의 내용은 자랄 마티니의 번역본을 압축한 것입니다.

〈쿠쉬나메〉 서사의 핵심 대립과 의미 정리

1) 잠시드의 씨족이 중국으로 도망하였는데, 자하크가 잠시드의 씨족을 없애려고 한다.

*〈샤나메〉에서 자하크는 외국인으로 기록되어 있음을 알 수 있습니다.

2) 자하크는 그의 동생(쿠쉬)으로 하여금 잠시드의 씨족을 없애는 작업을 시행하고자 한다.

*〈쿠쉬나메〉의 주인공은 두 명입니다. 아버지 쿠쉬와 흉한 인물인 아들 쿠쉬.

3) 아버지 쿠쉬는 코끼리의 귀를 가진 부족과 전쟁하게 되었는데, 이

그림 75
〈샤나메〉에 나오는 자하크
삽화

부족은 남자들이 흉측하고 여자들이 아름다운 특징이 있다.

4) (아버지) 쿠쉬는 아름다운 여인과 혼인하였는데, 코끼리의 귀와 이빨을 가진 괴물 아이를 낳았다. 이 때문에 분노한 쿠쉬는 여인을 죽이고 아들을 숲에다 버렸다.

*여성은 전리품이기 때문에 많습니다. 그렇기 때문에 이렇게 여인을 죽이는 것입니다.

5) 그 숲은 잠시드의 후손이 3대에 걸쳐서 살고 있는 숲이었다. 압틴(아비틴)이 곧 아이를 발견하고 죽이려고 했지만 죽일 수가 없었으며, 그래서 압틴의 아내가 아이를 기르게 된다.

*마치 주몽의 영웅적 일생과 유사합니다.

6) 아들 쿠쉬는 자라면서 교육을 받았는데 학술보다는 전쟁 기술을 익히는 데 관심을 가지고 있었다.

*아들 쿠쉬는 전쟁적 영웅의 모습을 갖춥니다.

7) 아버지 쿠쉬는 잠시드의 씨족을 추적하였으며, 아들 쿠쉬의 나이가 35세 때에 압틴의 군대와 아버지 쿠쉬의 군대가 전쟁을 하게 되었다. 아들 쿠쉬는 전쟁에서 탁월한 공훈을 세우고 자신의 형제를 죽이게 되는 것도 몰랐다.

8) 아버지 쿠쉬는 아들을 발견하고 갑옷을 선물한다. 그러면서 몸에 반점이 있으면 자신의 자식이 틀림없을 것이라고 말한다. 그렇게 해서 부자가 해후하게 된다.

 * 아버지와 아들은 반드시 만나야 합니다.

9) 아들 쿠쉬가 쿠쉬의 군대에 동참하자 전쟁의 양상이 바뀌어서 압틴의 군대는 패주한다. 그래서 고산 지대에 숨어 지내게 되면서 다가올 겨울에 대한 두려움에 떤다.

10) 이란 사람들은 잠시드의 충고가 적힌 책을 가지고 있었는데 거기에 고난을 겪을 때 마친왕을 찾아갈 것으로 예고되어 있었다. 마친의 왕은 마친이 두 나라가 있으며, 자신의 나라는 자하크의 손아귀에 있고, 다른 곳은 태후르로서 그 섬은 자하크로부터 독립되어 있으므로 그 섬인 바실라로 가서 숨기를 충고한다.

 *반드시 책이 나옵니다. 여기의 '바실라'를 신라라고 해석합니다. 일방적인 해석입니다. '태후르와 바실라가 같다, 다르다'라는 논란으로부터 이 바실라를 왜 신라로 보는가 하는 의문도 있습니다. 자랄 마티니가 주석을 달아 바실라가 어딘지 모르는데 실제로 확신하지 않으면서도 혹여 『일본서기』를 영어로 번역한 책을 보니 혹시 신라가 아닐까, 장차 연구할 예정이라고 밝힌 바 있습니다. 바실라가 신라일지 모른다는 견해는 여기에서 비롯된 것입니다. 자랄 마티니의 견해입니다. 그러나 더 이상 연구가 진행되지는 않았습니다.

11) 압틴은 태후르의 섬인 바실라의 수도에 도착하여 그곳에서 숨어

지내게 된다.

  *이것이 〈쿠쉬나메〉의 주요한 소재가 되고 이런 이야기들이 재가공되면서 지금과 같이 〈바실라〉 공연으로까지 만들어진 점을 높이 평가해야 할 것 같습니다. 그러나 적지 않은 문제점이 있습니다. 이 자리에서 자세히 말씀드리기는 어렵지만, 그 때문에 고통 받는 사람들도 많습니다. 바실라가 신라라고 해서 생긴 결과 때문에 빚어진 일입니다.

  12) 쿠쉬 부자는 중국으로 돌아갔으며 아버지의 충고에도 불구하고 압틴의 소재를 알아내고 바실라를 공격한다.

  13) 이 전쟁에서 쿠쉬는 패배하였고, 아버지가 죽게 되자 아들은 중국으로 돌아가서 그곳에서 왕위를 계승하고 그곳에서 압틴을 추적하는 일을 계속한다.

  14) 자하크가 쿠쉬를 중국에서 예루살렘으로 불러들였으며, 쿠쉬가 삼촌인 자하크를 만났을 때 삼촌은 사슴고기를 너무 많이 먹어서 어깨에 두 개의 살덩어리가 자리를 잡고 있었다.
  *암이라는 말을 합니다.

  15) 쿠쉬가 중국을 떠난 틈을 타 압틴은 중국을 공격해서 많은 노획물을 얻고, 쿠쉬는 다시 중국에 돌아와서 폭압 통치를 한다. 압틴은 자신을 초대한 왕의 딸인 파라랑과 혼인한다.
  *신라공주 파라랑과 압틴이 결혼하게 된다는 거죠.

16) 압틴은 바실라를 떠나서 이란으로 돌아온다. 그곳에는 자하크와 대치하고 있는 살카트 왕자가 있었다. 그곳에서 꿈을 하나 꾸는데 자하크의 통치를 끝내게 될 아들인 페레이둔이 그렇게 해서 태어난다.

  *이쪽에서 아들 쿠쉬와 살카트 왕자의 아들인 영웅 페레이둔이 나옵니다. 결국 싸움은 대를 이어 이어집니다.

17) 페레이둔은 전형적인 영웅으로 살카트의 교육에 의해서 성장한다. 페레이둔이 20세 때에 두 아들과 압틴은 살해되고, 자하크는 자신의 어깨 뱀에게 그들의 뇌를 먹인다.

18) 쿠쉬는 중국에서 공포정치를 하고 있었다. 근친상간을 자행하고 이를 거부한 딸을 죽이기도 한다. 잔인한 일을 거듭하고 우상숭배를 도입한다. 태후르의 영지와 섬을 공격해서 영토를 확장한다. 또 페레이둔의 군대와 벌인 전쟁에서 승리한 뒤 의기양양해져서, 영토를 확장하고 그가 가진 섬 중 하나에 쿠산이라는 도시를 세운다.

19) 중국에 돌아오게 된 쿠쉬는 패륜과 우상숭배를 이어가고, 국민들에게 자신을 신격으로 찬양하도록 유도한다.

  *교만이 하늘을 찌릅니다. 스스로 신이 되는 거죠.

20) 쿠쉬의 통치가 40년간 계속된다. 그곳에서 특별하게 50명의 현자들이 와서 페레이둔 앞에서 폭군의 행위를 고발하면서 구해달라고 요청한다.

21) 페레이둔은 쿠란(장수)에게 군대를 이끌고 가게 한다. 쿠란은 쿠쉬하고 1대1로 싸워서 드디어 폭군인 쿠쉬를 포로로 잡았으며, 그를 다마반드 산에 다른 자하크의 범죄자들과 함께 잡아 가둔다.

22) 그 후, 누비아(이집트의 남부 도시)인들이 페레이둔의 점령지인 박스타르와 이집트까지 진격할 때 쿠쉬는 40년간 감옥에 있었다. 북아프리카에서 페레이둔의 도움을 요청하게 되는데, 왕이 참모들과 논의한 결과 이곳을 쿠쉬로 하여금 점령하여 누비아인들에게 교훈을 주도록 하라고 하였다.

23) 쿠쉬는 감옥에서 나와 북아프리카, 안달루시아, 지브롤터를 점령하고 궁궐을 만들어 호화로운 생활을 한다. 쿠쉬가 그곳에서 페레이둔에게 반기를 들고 공물을 바치지 않자, 북아프리카 사람들은 그를 아프리카를 지켜주는 유능한 인물로 알고서 그에게 충성하게 된다 그러자 쿠쉬는 다시금 옛날의 폭군으로 되돌아가고 옛날처럼 영토를 확장하고 여성들을 겁탈하죠.
*공간적으로 중국에서부터 북아프리카로 이동합니다. 페르시아의 전체 영역이 그만큼 세계적인데, 그것을 쿠쉬가 점령했다는 것이고, 쿠쉬에게 그런 능력이 있었음을 말하는 것입니다.

24) 페레이둔이 다시금 쿠란을 보내서 이를 정벌하려고 했지만 점성술사는 쿠쉬의 별이 180년 동안 갈 것을 예언한다.
*동방박사, 마기를 말씀드렸죠? 그들이 한편으로는 사제자이지만 별점을 치는 점성술사이기도 하죠. 점성술은 페르시아에 면면히 흐르

는 전통입니다. 이런 서사시에까지 들어가 있
다는 사실을 알 수 있습니다.

25) 페레이둔은 그 괴물과 싸우기 위해서
180년을 기다린다. 그의 영토를 세 명의 아들
중 하나인 살름으로 하여금 쿠쉬의 군대를 지
키게 하고서는 다시 쿠란을 보내서 쿠쉬를 치
게 한다. 쿠쉬는 지브롤터와 북아프리카로 도
망친다.

26) 페레이둔의 세 아들인 살름, 투르, 이라
즈의 삼형제가 서로 다툼을 벌이게 되고, 이 틈
을 타서 쿠쉬는 옛날 영토를 다시금 회복한다. 이에 대한 분노로 살름
과 투르가 이라즈를 살해한다. 하지만 아버지의 분노를 살까 두려워하
여 옛날의 친척이라고 하는 쿠쉬에게 도움을 청한다. 쿠쉬와 두 형제
는 평화협정을 맺고, 살름은 아제르바이잔을, 투르는 쿠라산을, 쿠쉬
는 이집트와 시리아를 다스리게 된다.

27) 페레이둔은 이 불경스러운 동맹을 깨고자 쿠란을 보내서 투르를
쿠라산 지역에서 나오게 한다.

28) 몇 년 뒤에 마누치르(마누세르)가 태어났는데, 그는 이라즈의 손
자로 배은망덕한 투르와 살름을 죽인다. 마누세르는 쿠란과 샤푸를 시
켜서 아프리카와 룸을 이란에 복속시키도록 한다. 쿠란은 전투를 하면

서 쿠쉬와 대결하는데 괴물을 이기지 못한다.

29) 쿠쉬는 자신의 딸과 사랑에 빠지고, 그녀가 자신을 거부하자 죽여 버린다. 그후 양심의 가책을 느껴서 딸의 동상을 세워서 백성들로 하여금 함께 숭배하게 한다.

30) 쿠쉬는 북아프리카에서 독재를 거듭하고, 페레이둔, 마누세르, 노자르, 자브, 카이쿠바드보다 오래 살면서 카이카부스가 이란 왕위를 이어받을 때까지 북아프리카를 지배한다.

31) 위대한 영웅 카이카부스가 누비아에서 태어났는데, 그는 쿠쉬의 영토를 공격하여 쿠쉬를 패퇴시켰다. 쿠쉬는 카이카부스를 이란에 가서 만났고, 북아프리카의 아름다움을 묘사하면서 북아프리카의 마잔다란을 정복하도록 유혹한다.

32) 카이카부스와 이란 군대는 쿠쉬를 따라서 누비아로 가는 길에 고초를 겪는다. 결국 영웅 루스탐이 그들을 구한다. 쿠쉬는 카이카부스에게 많은 양의 보석을 선물하고 안달루시아로 떠난다.

33) 카이카부스의 치세 동안에 쿠쉬는 이따금 20년씩 사라지곤 하였다.
*이제 직접적인 지배자라기보다는 옆에 서있는 조력자로 전환합니다. 다시 나타나서는 우주 삼라만상의 질서를 처리하고 오는 것이라고 하였으며 신적인 의무를 처리하게 위해서 갔다 왔다고 합니다.

34) 야생당나귀를 쫓으며 40일 동안 헤매다가 한 곳을 방문하게 되었는데, 그 궁전에서 늙은 현자를 만나 최초의 성형수술을 하고는 46년 동안 그의 제자 노릇을 한다.

*성형수술 결과, 완전히 악인형 얼굴에서 잘생긴 황제의 얼굴로 바뀝니다.

35) 쿠쉬의 영토는 평화롭게 유지되었다. 쿠쉬가 그곳에서 코르도바에 돌아와서는 전과 달리 문명화된 통치를 했다고 하는 것이 요점이다. 그런데 그의 그런 통치도 알렉산더 대왕에게 순식간에 무너지게 된다.

*바로 그 알렉산더 대왕에게 쿠쉬에 대한 일대기를 정리하여 보여준 것이 〈쿠쉬나메〉라고 할 수 있습니다.

(3) 〈쿠쉬나메〉의 서사시적 성격과 의의
〈쿠쉬나메〉는 굉장히 장대한 서사시입니다. 대하소설에 버금가는 긴 내용입니다. 어떤 의의가 있는지 살펴보겠습니다.

영웅서사시의 전형
영웅서사시의 전형을 이룹니다. 다만 악인형의 영웅이고, 폭압적인 군사 귀족적 성격을 지니고 있습니다. 비범하게 출생하고, 원조자를 만납니다. 시간과 공간의 확장, 우화적 구성을 중심으로 권력을 가진 영웅의 흥망성쇠와 함께 페르시아의 투쟁 과정을 묘사한 작품입니다.

영웅의 형상과 악행
한편 중국 왕 쿠쉬는 한 여인과 결혼하여 아들을 낳았다. 아들의 얼굴은 못생겼고, 수소처럼 큰 두 개의 이빨을 가졌으며, 두 귀는 코끼리와 같았다. 붉은 머리, 붉은 눈, 어깨 사이에 어둠의 흔적이 있는 두려운 형상이었다.

*왜 이런 형상을 설정하였는가? 이 부분을 이해하려면 조로아스터교의 경전인 〈아베스타〉로 돌아가야 합니다. 아후라 마즈다라는 선신과 앙그라 마이뉴라는 특별한 악의 득세에 대해 이야기했는데, 그 악 속에는 반드시 선이 있습니다. 1천5백년의 세월을 견디고 다시 아후라 마즈다가 득세하여 완결하는, 그래서 추한 영웅이 선한 영웅으로 수술을 받고 문명화되는 삶을 유지하는 구성입니다. 그러면서 자기 생이 끝난다고 말하고 있는 것입니다.

앞서 쿠쉬가 미지의 섬을 정복하고 그 섬에서 새로운 도시를 건설하는 장면이 있었습니다. 쿠산이라고 이름을 붙였지요. 자신의 도시를 만들었습니다. 마치 우루크가 길가메시의 도시이듯이 말입니다.

그리고 군대를 모아 자신의 동상을 숭배하게 한다. 중국으로 돌아온 후에는 매일 다른 여자들과 밤을 보낸다. 그 여자들 중 맘에 드는 이는 자신의 침실에 두고, 임신을 하게 되면 다른 남자와 강제 혼인을 시키거나 죽였다.

*아직 왕으로서 문명화된 능력을 갖추고 있지는 않습니다. 어두운 창조적 에너지가 많습니다.

그는 모크란Mokran 출신의 네가린Negarin이라는 아름다운 여자와 혼인한 상태였으나 아무 이유 없이 그녀를 죽였다. 그러나 술에 취하면 그녀의 죽음 때문에 운다. 그의 안정을 위해 필 단단Pil Dandan은 여러 도시로부터 아름다운 여성 120명을 데려오라는 명을 내린다. 그러나 쿠쉬는 그들 중 누구도 받아들이지 않는다. 심지어 중국 전역에 아름답기로 소문이 난 간데하르 Ghandehar 출신의 미인조차 받아들이지 않는다.

그때에 필 단단은 적들에 대한 두려움도 없었고 세상에 자기와 같은 자가 없고 모든 사람의 생명이 자기 손바닥 안에 있다고 여기고 자신이 원하는 곳은 그대로 두고 맘에 들지 않는 곳은 파괴할 수 있다고 할 정도로 자만해 있었다. 그리고 만약 누군가에게 자신이 누구냐고 물었을 때 자비하신 왕이라고 하면 무탈했지만 그냥 왕이라고 대답하면 죽여버렸다. 그래서 모두가 그를 신이라 불렀다.

영웅의 위업과 파괴

그녀의 이야기를 들어본 뒤 에스칸다르 Eskandar=알렉산더 는 그녀에게 그가 그의 여정에서 보았던 쿠쉬 필 단단이라는 법규에 대해 이야기해준다. 그리고는 마하나쉬 Mahanash 에게 필 단단에 대해 아는 것이 있는지 물어본다. 마하나쉬는 쿠쉬에 대한 이야기를 하고, 그 순간 신이 자신의 목숨을 끝내주기를 바란다. 그리고는 그것이 현실화되어 그녀는 그 자리에서 죽는다. 에스칸다르의 사람들이 마하나쉬를 지하실에 묻는다. 책의 첫 부분이 그렇게 끝이 난다.

*반드시 예언이 있고, 그 예언에 대한 심판과 징조가 있습니다. 가령 성경과 비교해서 말씀드리면 그만큼 예언이 중요합니다. 첫 번째 참혹한 사건은 바빌로니아의 침략입니다. 위에는 이스라엘이고 아래는 유다였습니다. 무참하게 성전이 파괴되었습니다. 거기 있는 사람들이 모두 바빌로니아에 노예로 잡혀갔습니다. 그때 바빌로니아로 잡혀갔던 사람들이 성전의 의례를 기억합니다. 이것을 반드시 기록으로 남겨야

겠다고 하여 성전에 대해 두루마리에 기록합니다. 이렇게 성립된 종교 경전이 '토라Torah', 즉 모세오경 또는 모세율법(창세기·탈출기·레위기·민수기·신명기)입니다. 토라에 이 어려움은 언젠가 끝나고 반드시 그곳으로 돌아간다는 예언이 들어있습니다. 이것이 종교의 비의입니다. 다른 종교와 다르게 유대교 경전에는 반드시 심판과 부활, 예언이 있습니다.

제가 보기에 〈쿠쉬나메〉라는 이 서사시는 훨씬 더 복잡하고 논리적인 설정이 있습니다. 그것은 아후라 마즈다가 앙그라 마이뉴로 갔다가 되돌아와서 선한 세계가 끝내 구현되는 방식입니다. 그것이 기저를 이루고 있습니다.

토라가 형성이 되어서 이 토라를 어떻게 읽을 것인가 고민합니다. 에스라라고 하는 집정관이 와서 실제 읽어보니 유대인들이 너무 엉망입니다. 도덕적으로 타락했습니다. 토라 율법대로 살아야지 하는데 듣지 않습니다. 에스라가 토라를 전부 읽고 직접 설파합니다. 유대인들이 그 설법을 듣고 눈물을 흘립니다. 깨달음을 얻습니다. 그 신비로운 신앙적 깨달음이 매우 중요합니다.

저는 이 〈쿠쉬나메〉를 읽을 때 〈아베스타〉가 계속 아른거렸습니다. 〈쿠쉬나메〉는 〈아베스타〉와 반드시 연결하여 읽어야 한다고 느낍니다.

그가 떠나 있던 46년 동안 도시는 그대로 있었다. 그 도시의 위대한 사람들 중 그 누구도, 심지어 그 자신의 대표자조차 그를 알아보는 자는 아무도 없었다. 그래서 쿠쉬는 대표자들과 자신만이 아는 비밀을 얘기하고 그제야 대표자들은 사람의 모습을 한 자가 쿠쉬임을 알게 되고 모두 그에게 절하고 경배한다. 쿠쉬는 대표자들에게 그와 함께 타

라그^{faragh} 산에 가자고 말하고 이제부터 신을 경배하라 말한다. 쿠쉬는 다른 도시로 가서 80피트 높이에 신전을 짓고 그 안에 자신에 동상을 세운다. 그러나 이는 나중에 에스칸다르(알렉산더 대왕)가 그 도시에 도착했을 때 그로 인해 파괴되고 만다.

〈쿠쉬나메〉 서사시의 우화적 성격과 의의

축자적 이해에서 벗어나 이 이야기를 서사시적인 우의 작품으로 해독하여야 합니다. 우화적인 속성에서 악인 영웅의 일생이 나중에 참다운 선으로 바뀌는 것이 긴요합니다.

〈쿠쉬나메〉는 상당히 중요한 작품입니다. 자랄 마티니의 번역에 의존해서 소개해 드릴 수밖에 없었기 때문에, 매우 제한적인 소개 말씀밖에 드릴 수 없었습니다. 이 공부를 진행하는 데 중요한 몇 가지 지침이 있었습니다. 무엇보다 페르시아 문화를 다시 봐야 하겠다는 것이었습니다. 맨 처음 '끄세주'라고 말씀드렸는데, 아는 것이 별로 없다는 거죠. 그러나 알아보니 어마어마합니다.

〈아베스타〉 경전을 도움을 받아 읽어보니 어마어마한 거예요. 이것을 잘 이해하려면 무엇을 더 공부해야 하나요 하고 물으니 '영지주의'[10]를 공부하라는 거예요. 모든 것에 영지주의적인 논리가 있습니다. 〈아베스타〉 경전을 반드시 공부해야 합니다. 심심풀이로 〈아베스타〉 경전을 읽으면 하루하루가 행복할 수 있습니다. 제가 성경을 다시 공부하게 된 것도 이 때문입니다. 성경을 다시 보니 대단한 책이에요.

사실 페르시아 문화의 정수는 여러 가지가 있지만 가장 첫 번째가

---

[10] 靈智主義. 그노티시즘^{gnosticism}; 선택받은 자에게만 주어지는 영적인 지식, 또는 그 지식 위에 형성된 종교 체계를 주장하는 종교 사상.

바로 〈아베스타〉 경전입니다. 그것이 문학적으로 다듬어져서 좀 더 부드럽게 만들어진 서사시가 〈쿠쉬나메〉라고 할 수 있습니다.

질문 어릴 적 헤르만 헤세의 책을 보면 불교적인, 혹은 배화교적인 내용이 많았던 것 같습니다. 배화교가 현대 서양문화에 어떤 영향을 미쳤는지 궁금합니다.

답변 배화교의 가장 중점적인 내용 두 가지가 큰 영향을 미쳤다고 볼 수 있습니다. 첫째는 세계관적인 변혁이 가장 기초이고, 두 번째는 그런 변혁이 영지주의와 깊은 관련이 있다는 사실입니다. 영지주의, 즉 그노티시즘의 가장 앞자리를 피타고라스가 차지합니다. 피타고라스는 자신이 갖고 있는 가장 완벽한 세계관을 수에 두었습니다. 수의 비밀이 밖으로 새나가면 안된다고 생각했습니다. 피타고라스가 얼마나 악랄하냐면 자신의 사위가 많은 숫자의 비밀을 알아냈습니다. 그런데 자신의 딸과 사이가 안 좋아졌습니다. 그 딸을 걷어차고 나갔는데 쫓아가서 죽였습니다. 저 유명한 '피타고라스의 정리'라고 있잖아요. 그것은 비밀이었어요. 영지주의는 항상 논리적 가치라고 해요. 내재적인 원리가 있습니다. 피타고라스가 왜 그 수의 비밀을 알아냈느냐, 그것이 요점입니다. 그윽한 깨달음에 의해서 이뤄진 거예요. 〈아베스타〉 경전은 반드시 틈새가 있어요. 그 틈새는 자신의 영성을 갖춰서 이해해야 해요. 자신의 영성으로 그 부분을 채워 넣어야 하는 게 그노티시즘입니다.

배화교는 처음부터 끝까지 논리적입니다. 그 논리를 개발하고 이어가는 데 어마어마한 일을 합니다. 12세기에 알 가잘리Al-Ghazali라는 사람이 있었습니다. 들어보셨나요? 처음 들어 보셨을 겁니다. 그의 글에

「착각으로부터의 구제」라는 게 있습니다. 그게 영지주의의 본보기이고, 배화교를 가장 완벽하게 이해하고 쓴 글입니다. 이 책을 번역해서 내려고 하는데 번역이 계속해서 마음에 걸립니다. 이게 과연 그런 뜻일까 하는 생각이 들기 때문입니다. 감각, 그 감각을 종합하는 능력인 지식, 더 높은 차원의 비약인 통찰이 〈아베스타〉에 있습니다. 이렇게 살 수밖에 없는가 하는 근원적인 질문은 갈구를 통해 이뤄집니다. 〈아베스타〉는 이런 것에 기여한다고 볼 수 있습니다. 〈아베스타〉와 함께 영지주의를 공부하면 이 세상을 가볍게 살아야 하겠다는 깨달음을 얻게 됩니다.

헤르만 헤세의 시들은 읽어보면 무작정 떠나게 합니다. 자기를 가장 충만하게 하는 것은 여행이라고 생각합니다. 흰 구름. 구름이 거침없다고 하잖아요, 머무름이 없죠. 그런 놀라운 사상은 헤르만 헤세가 본질적인 깨달음이 있어서 가능했죠. 자유, 이것이 진정한 깨달음이라고 할 수 있을 것 같습니다.

질문　이란의 역사를 처음 들었는데 다소 혼란스럽습니다. 〈쿠쉬나메〉의 경우 어디까지가 신화이고 어디까지가 역사인가요?

답변　이 이야기를 우의적으로 받아들여야 합니다. 흔히 알레고리라고 하잖아요. 저는 페르시아 역사 자체의 형상화로 이해합니다. 끊임없이 정복하고 정복당하는 이야기들을 쿠쉬라고 하는 특별한 인물을 통해 보여주고 있습니다. 기본적으로 자기 민족과 다른 민족의 싸움입니다. 그 틈새를 알레고리라고 하죠.

성경을 해석할 때 네 가지 원리가 있습니다.

첫 번째는 축자적으로 봐야 합니다. 두 번째는 우화적으로, 우의적으로 읽어야 합니다. 그 뜻을 해석해내는 겁니다. 세 번째는 도덕적 기준으로 봐야 하고, 네 번째는 종말론적 관점으로 보자는 겁니다.

그래서 질문에 대한 답으로는 이것을 뜻으로 보자, 이겁니다. 만일 이것을 사실적인 내용으로, 축자적인 것으로 보면 크게 다친다고 생각해요. 축자적으로 보면 〈쿠쉬나메〉는 매우 황당한 책입니다. 모두 지어낸 이야기거든요. 50명의 왕 중에 2명의 외국인 왕과 5명의 왕만 역사적으로 있지, 나머지는 모두 가짜입니다. 축자적으로 읽을 수 없습니다. 저도 처음에 읽었을 때 굉장히 황당했습니다. 공부를 진행하면서 나름대로 뜻을 해석하는 방법으로 읽어야 한다고 생각하게 되었습니다.

질문 〈쿠쉬나메〉의 내용 중에 행복한 시절은 매우 짧아요. 그것의 의미는 무엇일까요?

답변 이것이 가지고 있는 현대적인 의의, 궁극적인 의미는 무엇이냐는 것이죠. 이렇게 알레고리가 풍부하고 다양한 은유까지 섞여 있는, 페르시아 전체의 역사를 이해하는 데 이보다 더 좋은 책은 없습니다. 〈열왕기〉라고 번역되는 〈샤나메〉는 '왕의 책'이라고 하는데 오히려 축자적으로 이해할 수밖에 없습니다. 반면 〈쿠쉬나메〉는 풍부하고 다성적입니다. 중국에서부터 아프리카까지 공간의 이동이 매우 크죠. 그리고 쿠쉬는 1500년을 살았다고 합니다. 불가능하죠. 그러면 가짜일까요? 아니지요. 이제껏 설명해 드린 바대로 고대 페르시아의 정수를 이해하는 데 이처럼 도움이 되는 책이 많지 않다고 봅니다. 어떤 면에서는 〈천일야화〉보다 더 가치 있는 책입니다. 그러나 완역본이 없어요. 따라서 연구도 매우 제한적이지만, 어쨌든 계속해서 연구가 진행되고 있습니다.

삶과 죽음, 여신의 두 얼굴

문현선(동아시아 신화 연구자)

저는 신화 상징들이 예술에서 어떻게 나타나는지, 특히 여신의 상징들을 가지고 얘기해 보려고 합니다. 앞서 강의하신 선생님들의 자료를 훑어보니 오늘 제가 이야기할 내용과 연결되는 부분이 많았습니다. 이난나라든지 이슈타르와 같이 들어보신 이름들도 적잖이 등장할 겁니다.

〈샤넬과 스트라빈스키〉(감독 얀 쿠넹, 2011)라는 영화가 있어요. 극중에 〈봄의 제전〉이 처음 파리에서 공연되던 상황을 묘사한 장면이 있습니다. 스트라빈스키가 작곡을, 니진스키가 안무를 맡아 초연한 이 발레극은 러시아의 토속적인 느낌이 매우 강한 작품입니다. 기존의 규칙들을 뛰어넘는 새로운 음악과 그에 못지않은 파격적인 안무로 엄청난 반향을 불러일으켰지요. 〈봄의 제전〉은 1913년 5월 29일에 샹젤리제 극장에서 초연되었는데, 당시 관객들은 대부분 우아한 클래식 발레를 애호하는 부르주아들이었습니다. 그들에게 이처럼 귀에 거슬리는

그림 77
〈샤넬과 스트라빈스키〉
중 〈봄의 제전〉 한 장면

불협화음과 정제되지 않은 듯한 동작은 매우 불쾌하게 느껴졌을 겁니다. 게다가 내용적으로도 쉽게 수긍하거나 받아들이기 어려운 부분이 있었지요. 극중 장면을 크게 두 부분으로 나눠 보면, 앞부분에서는 소녀들이 주변을 에워싸고 있는 가운데 거의 거동을 하지 못하는 할아버지가 있습니다. 이와는 대조적으로, 마지막 장면에서는 한 명의 소녀가 젊은 남성들에게 에워싸여 있다가 떠받들려집니다.

스트라빈스키의 이 작품에는 〈봄의 제전〉이라는 상당히 로맨틱한 제목이 붙어 있지만, 실제로 감상하자면 그다지 로맨틱하지 않습니다. 특히 소녀가 젊은 남성들에게 에워싸여 있다가 떠받들려지는 장면은 인신공희人身供犧, 즉 사람을 제물로 바치는 제의를 형상화한 것이기 때문입니다. 스트라빈스키는 러시아 이교도들이 봄을 맞이해 대지와 태양신을 숭배하는 제의에서 창작의 아이디어를 얻었다고 하는데, 보통 중앙아시아와 아르메니아 지역의 제의와 관련 있는 것으로 알려져 있습니다. 이러한 제의의 기원은 고대 오리엔트 지역에서 만연했던 신앙과 그 신화까지 거슬러 올라갑니다.

오리엔트 지역의 오래된 제의 가운데 하나가 바로 봄이라는 계절을 맞이하는 축제, 즉 '봄의 제전'입니다. 이 축제는 대지의 생산력을 높이려는 목적을 가지고 있으며, 나중에는 태양신을 숭배하는 의식과 연결되었습니다. 대지는 생명의 모태이고 태양은 충만한 에너지를 대지에 흩뿌리지요. 모든 생명체는 이처럼 대지와 태양의 결합에 의해 탄생하고 성장합니다. 따라서 대지와 태양의 결합에 대한 이러한 제의는 다양하게 변형되었는데, 몇몇 지역에서는 19세기까지도 그 유습이 남아 있었습니다. 이 제의의 핵심이 바로 인신공희였습니다. 극중 앞부분에서 수염이 하얀 할아버지가 등장하는데, 바로 이 유구한 역사를 가진 고대 제의 속의 '왕'입니다. 그러나 '늙은 왕'이지요.

시를 하나 소개하겠습니다.

첫 구절은 아마도 상당히 익숙하실 겁니다. "4월은 가장 잔인한 달"이라는 구절로 시작하는, T. S. 엘리엇의 「황무지」입니다.

> 4월은 가장 잔인한 달
> 죽은 땅에서 라일락을 키워내고
> 기억과 욕정을 뒤섞으며,
> 봄비로 잠든 뿌리를 뒤흔든다.
> 차라리 겨울은 우리를 따뜻하게 했었다.
> 망각의 눈으로 대지를 덮고
> 마른 구근으로 가냘픈 생명을 키웠으니.[1]

---

1   이창배 역, 『엘리옽 선집』(세계문학전집 14), 을유문화사, 1959.

그림 78
어부왕을 알현하는 선택
받은 자 퍼시벌

「황무지」라는 제목에서 확인할 수 있는 것처럼, 이 시는 '봄의 제전'
과 관련된 신화에서 모티프를 가지고 왔습니다. 일 년의 한 번은 땅이
죽습니다. 땅이 죽었다는 것은 황폐해졌다는 의미이지요. 겨울을 맞이
해 황폐해진 땅을 어떻게 되살릴 것인가. 봄에는 새로운 생명으로 대
지를 일깨워야 하는데, 어떻게 죽어버린 땅을 일깨울 수 있을 것인가.
고대인들에게는 이것이 해결해야 할 무엇보다 시급한 문제였습니다.
'봄의 제전'은 이러한 문제를 해결하기 위한 종교적인 해법이었다고
할 것입니다.

스트라빈스키의 발레극에서는 '늙은 왕'으로 황폐해진 대지를 표현
했습니다. 늙은 왕은 소녀들의 생기로 인해 조금씩 되살아납니다. 소
녀들로 둘러싸인 할아버지가 조금씩 몸을 일으키는 모습은 꽤 노골적
으로 이러한 부활의 순간을 보여줍니다. 이 장면에서 환기되는 성적
인 은유는, 무대라는 공적인 장소에서 보여서는 안 되는 외설적인, 마
치 침실이나 사적인 공간에서 이루어지는 어떤 일들을 스포트라이트
아래 드러내는 느낌을 주었을 겁니다. 이는 우아하고 교양 있는 고전
주의 예술의 원칙을 무시한 것이었고, 관객들은 클래식 발레극에서 기
대한 모든 것이 무너지는 당혹감을 느꼈겠지요. 오늘날에도 이러한 연

출은 여전히 보는 사람들에게 불편함을 주는 것이 사실입니다. 하지만 이러한 불편함의 핵심에 어떤 신화적인 모티프가 있습니다. 그리고 그것이 이번 강의의 주제이기도 합니다.

"4월은 가장 잔인한 달"이라는 구절과 연관되는 유럽의 신화로 〈어부왕〉을 꼽을 수 있습니다. 한 기사가 어떤 왕국에 도착합니다. 어부왕의 나라는 한때 그 어느 왕국보다 찬란한 영화를 누렸지만, 지금은 황폐해져서 온 나라가 황무지일 뿐입니다. 어부왕은 기사에게 "어떻게 하면 나의 죄를 사함 받고 이 황무지가 된 국토를 되살릴 수 있겠는가?"라는 질문을 던집니다. 어부왕의 질문은 기독교적으로 해석된 질문이지만, 실제로 이 지역에는 예전부터 왕의 살해와 관련된 제전들이 있었습니다. 겨울이 지나고 봄을 맞이하는 여러 제의들 가운데 하나가 노쇠해진 기존의 왕을 새로운 젊은 왕으로 교체하는 의식이었습니다.

이쯤 되면 앞선 강의에서 들으셨던 길가메시 왕과 이난나 여신의 신화가 기억나실 겁니다.

길가메시 왕이 이난나 여신의 구애를 물리치고 불경을 저지른 이유를 기억하십니까? 길가메시 왕은 여신에게 나는 당신의 그 수많은 애인들처럼 죽을 수 없다고 말합니다. 그렇다면 여신과 애인의 관계는 무엇이었을까요? 이 신화들 속에서 여신의 애인은 대개 목동입니다. 이난나 여신의 애인인 두무지는 목자들의 신이었지요. 그 이름 자체가 '목동'이라는 뜻입니다. 목동이라면 가축을 치는 소년이지요. 성경에 등장하는 다윗도 목동이었습니다. 다윗은 나중에 왕이 되었죠. 이 지역에서는 유목과 농업을 병행합니다. 고대 오리엔트에서 목동은 오늘날 우리가 생각하는 것처럼 낮은 신분이 아니었습니다. 나라 안에서 가장 많은 가축을 소유한 사람, 그리고 그 가축을 치는 자가 바로 왕이었습니다. 자신의 가축과 토지로 백성들을 먹여 살리는 사람, 이 사람의 가장 중요한 임무는 많이 낳아서 많이 먹이는 겁니다. 그러므로 왕의 생산력이 중요했습니다. 그런데 토지가 황폐해지고 생산력이 떨어지면 가축을 먹일 수도 곡식을 거둘 수도 없게 됩니다. 일이 원활하게 안 되니까 백성들은 굶주리고 나라는 망하게 됩니다. 그러면 왕은 왜 더 이상 토지를 풍요롭게 하지 못하는가? 사람들은 그 원인을 찾던 끝에 나이가 들어 더 이상은 예전과 같이 정력적이지 못한 왕을 발견하게 됩니다. 생산력이 떨어진 왕이 더 이상 토지를 기름지게 할 수 없고 나라를 풍요롭게 할 수 없다고 생각하게 된 것이죠. 이제 사람들은 혈기왕성한 새 왕을 바라고, 노쇠한 왕을 젊은 왕으로 교체합니다. 그리고 풍요를 보장하지 못한 죄를 물어 늙은 왕을 제물로 삼습니다. 신화에 따르면, 왕을 죽이고 그 몸을 산산조각 내서 그의 살과 피를 대지에 뿌렸습니다. 오늘날의 과학을 빌려 설명하자면, 늙은 왕의 살과 피가 흩뿌려진 대지는 비료처럼 된 유기물에 의해 비옥해졌을 것입니다. 굳이 따지자면, 농업 생산력을 높이는 실질적인 조치에 의해 토지가 비옥해진 것이라고도 할 수 있겠지만, 신화적인 사유에서는 활력 넘치는 젊은 왕 덕분에 토지가 비옥해지고 생산력이 높아졌다고 해석되었던 겁니다. 문명화된 시대에는 상상조차 하기 싫은 끔찍한 일이지만, 사실 인신공희는 거의 모든 고대 신화에서 그 자취를 찾아 볼 수 있습니다. 인간이야말로 신에게 바칠 수 있는 희생 가운데 '가장 좋은 것'이기 때문입니다. 그중에서도 왕은 그야말로 '선택받은 희생'이라 할 것입니다. 인류의 문명이 점차 발전하면서 인간의 생명을 중시하게 되어 소, 양, 돼지 등 특정 동물로 희생을 대체하게 되었지요. 나중에는 예수 그리스도가 포도주 잔을 들면서 "이것이 나의 피요", 빵을 뜯어주면서

"이것이 나의 몸이니"라고 한 것처럼, 피가 흐르는 생명체를 직접 살해하지 않는 단계로 넘어가게 됩니다. 그러나 최초의 제의에서는 가장 중요하고 핵심적인 생산의 요체를 갖다 바칠 수밖에 없었던 것입니다.

처음에는 누구보다 중요한 사람인 왕을 바쳤습니다. 길가메시신화는 왕을 희생으로 삼던 시대의 이야기를 버림받은 여신의 애인들을 통해 전합니다. 스트라빈스키의 〈봄의 제전〉에서는 가장 순수한 에너지의 결정체인 소녀를 희생으로 바칩니다. 소녀는 성숙한 생산자인 신부가 될 수 있는 준비된 사람이기도 했지요. 그러나 20세기 초의 교양 넘치는 관객들에게 어린 소녀를 희생으로 바치는 장면은 그저 끔찍한 폭력으로 받아들여졌습니다. 계몽주의로 무장한 문명화된 관객들은 그와 같은 예술을 쉽게 받아들일 수 없었을 겁니다. 너무나 야만적이라고 느꼈겠지요.

그러나 오늘날의 관점에서는 지극히 야만적이라고 느껴지는 그러한 제의들도 아득한 신화시대에는 나름의 의미를 가지고 있었습니다. 이제 수천 년 전으로 거슬러 올라가, 그 신화 속 상징들이 어떤 의미를 가지고 있는지 알아보도록 하겠습니다.

대지의 생명력과 신성혼

대지는 왜 생명력을 잃고 황폐해지는가? 나라를 다스리는 왕에게 활력이 넘치는 한 그의 왕국은 언제나 풍요롭다는 믿음이 있다면, 사람들은 대지가 생기를 잃고 황폐해지는 원인을 당연히 노쇠한 왕의 생산력에서 찾았을 것입니다. 고대 오리엔트 지역에서 왕의 생산력을 확인하고 고취하는 의례로서 신성혼神聖婚, sacred marriage이라는 것이 있었습니다. 신성혼은 왕이 아름다움과 생명을 관장하는 여신과 결합하는 의식입니다. 그런데 인간인 왕과 여신이 정말 결혼을 할 수 있을까요? 이난나 여신과 수메르의 왕들이 실제로 동침했을까요? 아니겠죠. 그렇게 할 수는 없었을 겁니다. 그러면 여신을 모시는 신전의 여사제가 여신을 대신합니다. 여신의 영혼을 입고 몸을 대신 바치는 것입니다. 왕과 여신을 모시는 신전의 여사제 사이에 이루어지는 이 혼례가 성공적이었다면 그 해에는 풍년이 듭니다. 흉년은 왕과 여신, 실제로는 신전의 여사제와 왕 사이의 결합이 성공적이지 못했다는 증거였겠지요. 계속해서 흉년이 들면, 사람들은 왕의 생산력을 의심할 수밖에 없었을 겁니다. 나아가 왕이 더 이상 제구실을 하지 못한다고 여기고 왕을 교체하려 했겠지요. 여기서 왕의 살해라는 사건이 발생합니다. 아마도 왕의 지위가 아직 세습되기 전, 추천과 선출에 의해 왕이 정해지던 시절의 일이겠지요. 이처럼 왕과 여신의 신성혼은 태양과 대지의 결합을 상징하며 한 해의 풍년을 기원하는 제의와 연관이 있습니다.

이와 같은 제의는 상당히 오랫동안 지속되었습니다. 태양신 숭배가 유행했던 로마 시기의 제의에서는 미의 여신인 비너스와 전쟁의 신 마르스의 상징적인 결합이 이루어졌습니다. 이 둘은 합법적인 부부 관계가 아니죠. 그리스신화에서는 비너스에 해당하는 아프로디테와 마르스에 해당하는 아레스가 동침을 하고 있는데, 아프로디테의 남편인 헤파이토스가 부정한 행위를 포착하고 보이지 않는 그물을 던져 그들을 꼼짝 못하게 만든 뒤 현장에 모든 신들을 불러 망신을 주는 에피소드도 있습니다. 로마에서는 비너스가 여성성의 전형이고 마르스가 남성성의 전형이었기 때문에, 남성과 여성 사이에서 일어날 수 있는 가장 신성한 혼인의 자리에 두 신을 모신 겁니다.

실제로 『금성에서 온 여자 화성에서 온 남자』 (1992)[2]라는 제목의 심리학 도서가 있습니다. 금성은 비너스이고 화성은 마르스죠. 서로 다른 별에서 왔다는 것이 핵심이 아니라 여성은 여성의 원리를 가지고 있고, 남성은 남성의 원리를 가지고 있다는 것이 그 책의 포인트입니다.

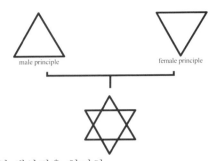

그림 79
비너스의 별

젊은 왕은 여신과의 신성혼을 거듭하면서 국토의 생산력을 환기하지만, 생식할 수 없는 왕은 국토의 황폐함을 가져 오게 됩니다. 노쇠한 왕은 사람들에게 버림받습니다. 이난나 여신이 그의 애인들을 버렸던 것처럼 말입니다. 그래서 「황무지」 같은 시는 이미 활력을 잃은 왕, 또는 신의 저주를 받아서 활력을 잃게 된 늙은 왕의 이야기를 전합니다. 신성혼에서 신랑은 왕이고, 신부는 여신입니다. 어떤 여신일까요? 바로 아름다움과 생명을 관장하는 여신이죠. 여신은 신성을 낳는 존재로서 생명의 기원이 됩니다. 드디어 오늘의 진짜 주제가 등장했네요. 오늘은 이 여신에 대한 이야기를 하려고 합니다.

영화 〈다빈치 코드〉는 예수의 피를 받은 성배, 즉 막달라 마리아의 주검을 찾아다니는 내용을 담고 있습니다. 그리고 영화의 막바지에서 성배가 안치된 곳을 찾는 가장 중요한 키워드로 제시되는 것이 바로 두 삼각형의 결합 도형입니다. [그림 79]에서처럼, 뾰족한 삼각형과 아래로 뾰족한 삼각형이 맞물려 있는, 그래서 꼭짓점이 여섯 개인 별이죠.

우리가 보통 '유대인의 별'로 알고 있는 이 도형은 '비너스의 별'이라고도 불립니다. 수비학[3]에서 '6'은 비너스의 수로 일컬어지죠. 신비

<hr />

2　원제는 *Men Are from Mars, Women Are from Venus*. 지은이는 존 그레이.
3　Numerology. 數秘學. 숫자와 사람, 장소, 사물, 문화 등 사이에 숨겨진 의미와 연관성을 탐구하는 학문.

주의 관점에서, 위로 뾰족한 정삼각형은 남성적인 원리를 상징하고, 밑으로 뾰족한 역삼각형은 여성적인 원리를 상징합니다. 정삼각형은 위를 향해 뾰족하게 솟구친 모양이고, 역삼각형은 움푹 패어서 뭔가를 담을 수 있는 용기의 형태죠. 정삼각형은 칼이나 창처럼 길고 뾰족하고 단단한 형태의 상징물과 상통하고, 역삼각형은 잔이나 접시처럼 패여 있거나 널찍한 그릇 모양의 상징물과 연결됩니다. 기독교적으로는 롱기누스의 창[4]이나 성배를 떠올릴 수 있습니다.

남성과 여성, 신랑과 신부의 신성한 결합을 도형으로 나타낸 것이 바로 '비너스의 별'입니다. '유대인의 별'이라는 이름은 나중에 유대교에 전유되었기에 붙은 이름이죠. 고대 오리엔트에서 이 도형은 신랑과 신부의 결합을 나타내는 상징이었습니다. 초기 기독교인들은 주변의 종교와 신앙을 모두 이교異敎라 불렀습니다. 대표적인 것이 그리스와 로마, 그리고 오리엔트 지역의 종교와 신앙이었지요.

대지의 여신 데메테르신화

다시 왕의 신부가 되는 여신으로 돌아가 보겠습니다. 여신은 곧 대지입니다. 아름다움과 생명의 고향이자, 모든 생명을 낳는 어머니이지요. 이 대지가 일 년 내내 자애로우면 얼마나 좋을까요? 엄마가 일 년 내내 상냥하면 좋은데, 현실은 그렇지 않습니다. 세상에서 제일 좋은 사람은 우리 엄마이지만, 세상에서 제일 무서운 사람도 우리 엄마죠. 엄마가 모든 것을 줄 때는 가장 좋지만 아무것도 안 줄 때는 가장 무서

---

4   성창聖槍, 라틴어: Sainte Lance이라고도 한다. 예수가 십자가에 못 박혔을 때, 한 병사가 그의 죽음을 확인하기 위해 예수의 옆구리를 찔렀는데 그때 예수의 피가 묻었다고 여겨지는 창. 기독교의 성유물 중 하나.

운 사람이 되는 것처럼, 대지도 모든 것을 줄 때는 더할 나위 없이 풍요롭지만 아무것도 주지 않을 때는 각박하기 이를 데 없는 존재가 됩니다. 대지의 풍요로움과 각박함은 계절이나 기후와 관련이 있습니다. 지구상 어느 지역에나 사계절 내지는 건기, 우기 등이 존재하지요. 수확을 할 수 있는 계절과 그렇지 못한 계절, 사람들이 살기에 비교적 적합한 계절과 그렇지 못한 계절이 있습니다.

지중해는 건기와 우기의 기후 편차가 큰 편이죠. 그래서 그리스 사람들은 대지의 여신이 일 년 중에 4분의 1 정도는 일을 하지 않는다고 여겼습니다. 왜 평소에는 자애로운 대지의 여신이 갑자기 각박해졌을까. 생각해 보니 뭔가 피치 못할 이유가 있겠다 싶었겠지요. 대지는 어머니와 같은 존재이고, 어머니는 원래 주기를 좋아하고 잘 베푸는데, 어머니가 저렇게 메마르게 된 데는 뭔가 문제가 있을 것이다, 생각한 겁니다. 그래서 어머니들이 각박해지는 가장 근원적인 이유를 떠올려 보니까, 자식에게 문제가 생겼을 때였죠. 〈데메테르와 페르세포네의 신화〉는 아마도 그렇게 만들어졌을 겁니다.

데메테르 여신에게는 페르세포네라는 16살의 예쁜 딸이 있습니다. 신화 속의 신부들은 대개 16살입니다. 15살은 살짝 모자라고 16살은 꽉 차고 17살은 살짝 넘치죠. 대지의 아름다움과 생명을 이어받은 소녀가 신부가 될 나이에 이르자, 모든 신들이 그녀를 신붓감으로 탐냈습니다. 지하세계의 왕이자 죽음의 신인 하데스 또한 눈독을 들였습니다. 어느 날, 하데스는 이 신붓감을 납치해 지하세계로 데려갔습니다. 하데스는 페르세포네의 아버지인 제우스와 마찬가지로 데메테르 여신의 남자 형제이니, 아저씨가 조카딸을 훔쳐서 약탈혼을 치르려 한 것입니다. 중요한 것은 하데스의 명령으로 모든 강들이 입을 다물고

그림 80
루벤스, 〈페르세포네의 납치〉

대지가 땅을 벌려줬다는 사실입니다. 데메테르는 분노했습니다. 나는 대지의 여신이고 내 딸을 도둑맞았는데, 모든 세계가 공모해 나를 속이다니! 그 분노 때문에 데메테르는 아무것도 돌보지 않게 된 것이지요. 대지가 메마르자 모든 생명이 시들고 말라 죽어갔습니다. 그러나 데메테르는 누구의 말도 듣지 않았습니다.

[그림 80]은 루벤스가 그린 〈페르세포네의 납치〉입니다. 아무것도 모르는 순진한 소녀 페르세포네를 우악스럽게 낚아채는 하데스의 얼굴이 흉포하게 보입니다.

데메테르는 딸을 잃어버린 어머니로서 할 수 있는 모든 일을 다 했습니다. 페르세포네의 아버지이자 또 다른 남자형제인 제우스에게도 달려가 선처를 구했지만 아버지 신은 침묵을 고수했지요. 남자형제인 하데스의 잘못을 덮어준 겁니다. 결국 모든 것을 베풀었지만 자신을 배신한 세계에 폭발한 어머니의 분노는 모든 생명을 다 죽여 없애는

데까지 이릅니다. 대지 위의 모든 생명이 다 죽게 되어서야 신들은 허둥지둥 해결책을 찾고자 중재에 나섰고, 딸을 어머니에게 돌려주라고 하데스를 설득합니다.

[그림 81]은 화난 엄마 데메테르가 제우스신에게 따지는 거예요. 딸을 잃은 엄마는 남편이 눈에 들어오지 않습니다. 분노한 어머니의 모습이 생생하게 잘 그려져 있는 그림입니다.

그림 81
칼레, 〈제우스에게 납치당한 딸을 돌려달라고 요구하는 데메테르〉

하데스는 신들의 결정에 따라 페르세포네를 돌려주겠다고 합니다. 그런데 곱게 돌려보내지는 않습니다. 납치된 뒤로 먹지도 않고 울기만 하던 페르세포네에게 길이 멀어서 목이 마를 테니 먹으라고 석류 세 알을 주지요. 페르세포네는 석류를 받아먹습니다. 석류는 수분이 많은 과일이니까요. 우리나라의 대추나 밤처럼, 이 지역에서 석류는 또한 다산의 상징이기도 합니다. 딸이 땅 위 세상으로 돌아오자, 어머니는 다급히 물어봅니다. "거기에서 아무것도 먹지 않았지?" 사실 지하세계에서 뭔가를 먹은 존재는 지상으로 다시 돌아올 수가 없습니다. 그런데 페르세포네는 하데스에게 속아서 석류 세 알을 먹었습니다. 데메테르는 하릴없이 억울한 마음을 누르고 하데스와 협상합니다. 결국 석류 세 알을 먹었으니 일 년 중 석 달은 지하세계에서 지내고 나머지 아홉 달은 어머니와 지낸다는 조건에 합의하게 되죠. 그래서 딸이 어머니에게 있는 아홉 달 동안 세상은 풍요로운 겁니다. 하지만 어머니가 딸을 빼앗기는 석 달 동안은 온 세상이 다 메마릅니다. 겨울인 거죠.

그런데 하데스는 지하세계의 왕이자 죽음의 신이지만, 신화 속에서

그림82
곡식과 뱀, 양귀비꽃을 든
대지의 여신 데메테르

가장 부유한 자이기도 합니다. 지하에는 귀금속들이 매장되어 있으니까요. 또한 모든 생명의 씨앗들도 지하에 있지요. 그러나 그의 부유함은 봄을 맞이해 땅 위 세계로 올라가야만 비로소 나타나는 것입니다. 이것이 대지의 딸 페르세포네가 지하세계에 다녀와야 하는 또 다른 이유입니다. 나중에 다른 신화를 통해 다시 말씀드리겠지만, 아름다움과 생명의 여신이 지하세계에 다녀오는 신화는 아주 오래된 기원을 가지고 있습니다.

이 데메테르라고 하는 여신은 어디에서 왔는가.

데메테르는 그리스신화 속 대지의 여신입니다. 그런데 그리스신화에는 대지의 여신이 또 있습니다. 가이아라고 들어보셨죠? 대지의 여신도 이름이 계속 바뀝니다. 세대교체가 되는 거죠. 예를 들어, 그리스의 역사에서는 도리아인의 도래, 이오니아인의 도래 등 여러 민족들의 도래가 이루어지는 시기가 있는데, 새로운 민족들이 찾아오면서 그들이 믿고 있는 신앙과 그 신화의 요소들이 원래의 그리스신화에 쌓이게됩니다. 그 과정에서 신들도 같은 역할을 담당하는 더 젊고 강력한, 또는 친밀한 신으로 교체되는 거죠.

[그림 82]는 소아시아 쪽에서 발견된 데메테르 여신의 부조입니다. 곡식과 뱀, 양귀비꽃을 들고 있습니다. 곡식은 생명을 키워내는 여신의 역할을 상징하고, 양귀비꽃은 화려함과 풍요로움, 아름다움을 상징합니다. 또 생식력의 상징이기도 하지요. 뱀은 허물을 벗고 다시 젊게 태어난다고 해서, 우리 조상들도 뱀을 죽지 않는 존재로 여겼습니다. 대부분의 신화에서 뱀은 영원한 생명을 지니고 있다고 간주되지요. 〈길가메시 서사시〉에서도 '생명의 꽃'은 결국 계속 허물을 벗고 다시 태어나는 이 불사의 존재에게 먹히고 맙니다.

대지의 여신 데메테르는 바로 이 뱀을 손 안에 쥐고 있는 겁니다. 겨울이 와서 죽은 줄 알았는데 봄이 오니 다시 살아납니다. 대지는 계속해서 되살아나죠. 그래서 데메테르가 이런 상징들을 갖고 있는 겁니다.

여신은 기본적으로 어머니와 땅의 특성을 지닌다고 말씀드렸는데, 어머니도 양면성이 있고 땅도 양면성이 있습니다. 땅은 우리에게 모든 것을 주지만 또 아무것도 주지 않을 수도 있습니다.

그림 83
프레데릭 레이튼,
〈페르세포네의 귀환〉

주기 싫으면 안 주죠. 봄, 여름, 가을에는 주고 겨울에는 안 주고, 이런 식이죠. 여기서 '여신의 양면성'을 기억해 주세요.

[그림 83]도 같은 주제입니다. 페르세포네의 유괴, 분노한 데메테르, 어머니에게 돌아오는 페르세포네와 같은 신화 모티프는 고전주의 회화에서 자주 발견됩니다. 프레데릭 레이튼의 그림에서는 신의 사자인 헤르메스가 지하세계에 내려가서 페르세포네를 데리고 올라옵니다. 지하세계에서 돌아오는 딸을 두 팔 벌려 맞이하는 데메테르의 모습이 인상적입니다.

　대지의 여신 데메테르는 로마신화에서는 케레스로 불립니다. 그리스로마신화를 읽다 보면, 도대체 신들은 이름이 몇 개냐고 외치고 싶을 때가 종종 있으실 거예요. 달의 여신은 아르테미스로 알려져 있지만, 셀레네라고 불릴 때가 있고, 또 헤카테라는 이름으로 불리기도 하죠. 여러 개의 이름들이 이처럼 하나의 신격神格을 가리키는 경우, 기원을 따져 보면 신들의 세대교체와 관련되는 경우가 많습니다. 같은 역할을 담당하는 서로 다른 세대의 신들이 하나의 신을 지칭하면서 여러 가지 속성을 지시하게 된 거죠. 처음에는 민족이나 문화권에 따라 각기 다른 존재를 지칭하다가, 뒤로 가면서 하나의 상징으로 겹쳐져서, 하나의 신이 지니고 있는 다양한 특성을 가리키게 되는 것입니다.

그림 84
와토, 〈케레스〉

　고전주의 시대의 그림으로 케레스라고 하는 이름을 가진 대지의 여신입니다. 왼손에는 마치 초승달처럼 보이는 곡식을 베는 낫을 들고 있습니다. 달은 여성성을 대표합니다. 달은 변덕스럽게 바뀌는 여성의 마음을 대변하기도 합니다. 왜 그럴까요? 여러 가지 모습을 가지고 있기 때문이겠죠. 초승달, 보름달, 그믐달. 그래서 이름이 각기 다른 것입니다. 초승달일 때 아르테미스, 보름달일 때 셀레네, 그믐달일 때 헤카테.

　아르테미스는 그리스신화 속의 대표적인 처녀신입니다. 이 여신은 처녀들의 수호신으로 원치 않는 구애나 약탈혼의 위험으로부터 그녀들을 보호합니다. 아르테미스는 산모들의 보호신이기도 하지요. 산모가 아이를 출산할 때 생명을 지켜주는 역할을 합니다. 어머니 레토가 여신 헤라에게 쫓겨 다니며 아이를 낳을 때 아폴론보다 먼저 태어나 등에 메고 있던 활로 자신의 쌍둥이 동생을 보호했었지요. 또한 그녀는 사냥과 야생동물들의 수호신이기도 하지요. 하지만 아르테미스라는 이름에서 가장 먼저 떠오르는 것은 무장한 처녀들에게 둘러싸인 결벽증을 가진 순결한 여신, 그래서 자신의 목욕 장면을 훔쳐본 사냥꾼을 가차 없이 처벌하는 얼음장처럼 차가운 이미지입니다.

그에 비하면, 달의 여신이 지니고 있는 셀레네라는 두 번째 이름은 대지의 풍요와 좀 더 긴밀하게 연관됩니다. 이 이름은 타로의 세 번째 카드처럼 사랑을 받아 그 결실을 맺은 풍만한 몸매를 가지고 있는 여성, 축복받은 신부의 모습과 연관되죠.

타로의 두 번째 카드에서는 달의 상징에 따라 여신의 또 다른 면모를 찾아볼 수 있습니다. 이 카드의 주인공은 신비한 진리와 지혜의 전수자인 여사제입니다. 여사제는 기독교에서는 여자 교황이라는 숨겨진 존재(=숨겨진 진리)를 가리키며, 이교에서는 데메테르의 신화와 연관되는 엘레시우스 비교秘敎5의 사제를 가리킵니다.

[그림 85]의 주인공은 진리의 책을 들고 있는 여성, 즉 진리를 추구하는 지혜로운 여성입니다. 이 여성의 모습에서도 달을 찾아 볼 수 있습니다. 그러나 이 여성은 초승달을 발로 누르고 있지요. 진리에 도달하기 위해서는 감정을 억제하고 이성을 사용해야 하기 때문에 이런 상

---

5 Eleusinian Mysteries. 고대 그리스의 마을 엘레시우스를 기반으로 하는, 그리스신화의 두 여신 데메테르와 페르세포네의 컬트 종교이자, 이 컬트 종교가 엘레시우스에서 매년 또는 5년마다 개최한 신비 제전을 가리킨다.

징을 사용하게 된 겁니다. 앞서 말씀드린 것처럼, 이 카드는 데메테르와 페르세포네와 연결된 제의, 엘레시우스 비교라 불리는 종교와 연관됩니다. 엘레시우스 비교가 구체적으로 어떤 제의를 행하는지에 대해서는 외부에 알려진 바가 거의 없습니다. 그래서 비교라고 합니다. 내부로 들어가지 않은 사람은 알 수 없습니다. 여사제가 전하는 진리는 외부인들은 전혀 알 수 없는, 입교해서 내부로 들어간 사람만이 알 수 있는 진리입니다. 이 카드는 여사제가 온전한 헌신을 통해서만 얻을 수 있는 진리를 전한다는 뜻을 담고 있습니다.

그림 85
진리를 추구하는 지혜로운
여성

물과 여신

달의 삼위일체에 대한 이야기는 뒤에서 좀 더 자세히 풀어보기로 하겠습니다. 여러 모습을 가진 달에서 여신의 양면성을 살펴보았지만, 여신의 상징물 가운데 또 빼놓을 수 없는 것이 바로 물입니다. 여사제가 발로 누르고 있는 달의 상징에서 확인할 수 있는 것처럼, 달은 물처럼 흐르는 감정을 지시합니다. 변덕스러운 마음이라고도 했었죠. 달의 인력이 밀물과 썰물을 일으키는 원인이라는 사실을 말하지 않더라도, 초승달이나 반달이 흔들리는 액체를 담고 있는 그릇처럼 보인다는 사실은 충분히 눈에 보입니다. 그만큼 달과 물의 상징은 밀접한 것이죠.

바다는 생명의 근원이자 파괴의 원흉이기도 합니다. 생명이 있는 것은 모두 물을 필요로 하지만, 거칠어진 물속에서 살아남을 수 있는 것은 아무것도 없지요. 그래서 '큰 물'은 무시무시한 파괴의 힘을 가진 존재입니다. 영화 〈노아〉(감독 대런 아로노프스키, 2014)에서 확인되는 것처럼, '큰 물'은 이미 존재하는 모든 것을 파괴합니다. 그런데 홍수로 인한 그 파괴는 다른 한편으로는 새로운 세계를 위한 기초를 만드는 '정화' 작업이기도 합니다. 홍수는 이와 같이 삶과 죽음의 두 얼굴을 가지고 있습니다.

우리 속담에도 이런 말이 있지요. "불은 재를 남기는데 물은 아무것도 남기지 않는다" 노아의 신화가 유일한 홍수신화는 아닙니다. 전 세계의 거의 모든 문화권에 〈노아의 홍수〉에 필적하는 크고 작은 홍수 이야기가 있습니다. 홍수는 굉장히 중요한 신화 모티프입니다. 이 자연재해는 삶의 기반을 송두리째 사라지게 만들기 때문에, 세계의 파괴와 재창조에 이르는 신화에서 빠지지 않는 중요한 모티프입니다.

지구의 모든 생명은 바다로부터 왔다고 합니다. 그래서 바다는 모든 생명의 근원이자 동시에 쓰나미처럼 모든 것을 한순간에 쓸고 없애버릴 수 있는 파괴의 원흉이기도 합니다. 주면 좋은 엄마이고 빼앗으면 나쁜 엄마죠. 그런데 주고 빼앗는 것을 마음대로 할 수 있는 양면성을 지닌 존재가 바로 원시적인 여신입니다. 그리스로마신화쯤 내려오면 신들은 분업과 분담을 합니다. 지혜의 여신, 미의 여신, 대지의 여신 등으로 세분되는데, 원시적인 여신은 이 모든 특성을 하나로 가지고 있습니다. 삶을 주기도 하고 빼앗기도 하는 생사여탈권을 지닌 존재입니다. 마음에 들면 다 주고 마음에 들지 않으면 다 빼앗아버립니다.

가이아를 예로 들어 보겠습니다.

가이아는 데메테르 이전의 보다 원시적인 대지의 여신입니다. 고대 그리스의 시인 헤시오도스가 지은 『신통기』에 따르면, 대지인 가이아는 자신과 똑같은 모습으로 하늘인 우라노스를 낳습니다. 하늘과 땅은 이렇게 만들어졌습니다. 이어서 가이아는 우라노스와의 사이에서 티탄들을 낳았습니다. 그런데 우라노스가 엄마인 가이아의 품에서 떨어지지 않습니다. 가이아와 우라노스 사이에서 태어난 아이들은 숨이 막혀 죽을 지경입니다. 엄마인 가이아의 입장에서는 남편인 우라노스도 내 아이고 티탄들도 내 아이들이니 안 아픈 손가락이 없습니다. 그런데 이쪽은 여섯이고 저쪽은 하나입니다. 그래서 하나를 떼어놓고 나머지를 살려야 한다는 마음이 듭니다. 가이아는 결국 티탄 가운데 장성한 크라노스를 시켜 대지에 단단히 붙박은 우라노스를 떼어내라고 합니다. 크라노스가 낫을 들고 와서 아버지의 성기를 자릅니다. 우라노스의 성기가 바다에 떨어져서 거품이 일면서 그 거품 속에서 아름다운 여신이 태어납니다. 바로 아프로디테죠. 처음에 하늘과 땅이 붙어 있다가 떨어지는 이야기도 전 세계 거의 모든 신화에 존재하는 모티프입니다. 이 이야기들은 뒤엉켜 있던 하나가 갈라지면서 분별이 생기는 기점을 설명합니다. 혼돈에서 질서로 나아가는 과정을 보여주지요. 어쨌든 최초에 세계를 낳고 신을 낳은 존재는 엄마였습니다.

신화는 하늘에서 뚝 떨어진 별난 이야기가 아니라, 인간적이고 자연스러운 이야기입니다. 가장 먼저 생명을 낳은 존재라면 누가 생각해도 어머니일 수밖에 없습니다. 사람이든 동물이든 생명을 가진 모든 존재에는 '엄마'가 있기 마련이지요. 따라서 어떤 신화에서든 처음 뭔가를 낳는 존재는 남성이 아닌 여성입니다. 물론 성경에 보이는 것처럼 "빛이 있으라 하니 빛이 있었고" 하는 것처럼 '말'로 세상을 창조하는 신도 있습니다. 이런 신들은 조금 더 후대에 등장하지요. 맨 처음에 창조는 가장 자연적인 방식으로 낳는 것이었습니다. 그런 뒤에 손으로 빚

그림 86
티아마트와 마르둑

고, 그러고 나서야 나중에 말을 사용합니다.

　[그림 86]의 이 신화적인 그림도 여러 번 보셨을 거예요. 〈티아마트와 마르둑〉. 신화에 따르면, 마르둑은 티아마트를 죽인 뒤 그 주검을 가지고 세계를 창조합니다. 마르둑과 티아마트는 촌수로 따지면 손자와 할머니 사이죠. 티아마트는 원래 바다의 여신입니다. 사실은 모든 물의 여신이었죠. 거기서 담수를 갈라내서 그 담수와 바닷물 사이에서 다른 신들이 태어난 이야기로 수메르신화가 시작되고, 이어 바빌론신화가 등장하면서 마르둑이라는 아래 세대의 신이 갑자기 치고 올라옵니다. 수메르나 바빌론과 같은 고대 오리엔트 국가들의 신화를 자세히 살펴보면, 우르, 우르둑, 우루크라는 여러 도시들이 있는데, 신화에 등장하는 신들은 모두 각 도시의 수호신들입니다. 그러니까 수메르신화의 만신전은 각 도시의 신들을 모아놓은 형태로 보아도 될 것 같습니다. 어쨌거나 태초의 물이자 바다가 된 티아마트에게서 모든 신들이

그림 87
이난나

태어났지요. 이 바다에서 낳은 것들 중에 좋은 것도 있고, 신들, 신족들도 있고, 킹구와 사이에서 태어난 괴물들도 있습니다. 그 괴물들 때문에 더 이상 살 수가 없으니까 마르둑을 시켜서 신들이 대리전쟁을 하는 거죠. 이 전쟁을 통해 오리엔트 신들의 위계가 재배치되고, 신들의 사회가 지닌 질서가 재정비됩니다. 이 구조는 크로노스와 제우스로 이어지는 그리스신화의 구조와 닮아 있습니다. 최초의 어머니는 때로는 바다이고 때로는 대지입니다. 언제나 양면성을 지니고 있죠.

이난나 혹은 이슈타르

〈길가메시신화〉로 돌아가 보겠습니다. 오늘의 주인공은 길가메시가 아니라 이난나(이슈타르)입니다.

수메르에서는 이난나라고 일컬어졌고 나중에 바빌론이 들어서자 이슈타르라는 이름으로 불리게 된 여신이지요. 이슈타르는 고대 바빌로니아의 사랑과 전쟁의 여신입니다. 그리스신화에서는 사랑의 신은 사랑의 신이고, 전쟁의 신은 전쟁의 신이지요. 하지만 다들 아시겠지만 사랑에는 대개 전쟁이 수반됩니다. 거듭 말씀드리지만, 원시적인 여신은 항상 양면성을 가지고 있습니다. 한쪽만 가지고 있지는 않죠. 나를 사랑해 줄 때는 더할 나위 없이 사랑스러운 여성이지만, 나를 사랑해

주지 않을 때에는 더할 나위 없이 밉고, 나에게 화를 낼 때는 더할 나위 없이 무서운 것이 여신, 바로 내가 사랑하는 사람입니다. 그런 모든 특징들을 동시에 가지고 있는 여성이 바로 이슈타르입니다. 오리엔트 전역에서 보면 아슈타로테, 앗세라, 아누니트, 에스더, 이세벨 등의 이름으로 불리는 여신들이 있습니다. 성경에는 이교도가 숭배하는 여신들에 대한 이야기가 많이 등장합니다. 황금으로 만든 우상과 더불어 가장 배척되는 증오의 대상으로 '음녀淫女'라 불리기도 합니다. 이 이교의 여신들은 대개 비슷한 특성을 지니고 있습니다. 황금으로 만들어진 소로 상징되는 주신主神 바알과 결합해서 세상을 풍요롭게 하는 힘을 가지고 있죠. 막강한 생산력을 가진, 다산하는 여신입니다. 어디선가 들어본 듯한 이야기지요? 유대교에서는 고대 오리엔트에서 숭배한 생명의 신을 모시지 말라고 했던 겁니다. 앞에서 길게 설명 드렸던 것처럼, 오리엔트 지역의 제의 가운데 가장 중요한 것이 바로 신성혼과 봄의 제전이었습니다. 대지의 생산력을 높이고 나라를 풍요롭게 하는 그런 제의였지요.

이슈타르가 '사랑'과 '전쟁'의 양면성을 지니게 된 것은 여신의 본체라고도 할 수 있는 금성venus과 관련이 있습니다. 이 별은 아침에도 뜨고 저녁에도 뜹니다. 새벽에 뜨는 것은 여신이고 저녁에 뜨는 것은 남신입니다. 새벽에는 사랑의 신이었다가 저녁에는 전쟁의 신이 됩니다. 페르시아 종교는 이원론적인 성격이 강한 편이어서, 이 지역에서 전쟁의 신 이슈타르는 아예 여성이 아니라 남성으로 간주됩니다. 남성일 때는 포악한 전쟁의 신이고, 여성일 때는 아름다운 사랑의 신이 되는 것이죠. 페르시아신화 속의 전쟁의 신 이슈타르는 나중에 기독교에 배척당하면서 여러 악마의 형태 가운데 하나인 사탄의 원형이 됩니다.

그림 88
보티첼리, 〈비너스의 탄생〉

수메르신화에서 이난나는 여성과 남성으로 분화하지 않지만, 달의 신인 신SIN의 딸일 때는 전쟁의 여신이고, 하늘의 신인 아누ANU의 딸로 불릴 때는 사랑의 여신으로 간주됩니다. 그리스신화의 아프로디테나 로마신화의 비너스에 비해 복합적인 성격을 가지고 있다, 이렇게 이해하실 수 있겠습니다.

앞서 『신통기』에 따르면, 우라노스의 성기가 바다로 떨어져서 거품이 일더니 아프로디테 여신이 태어났다고 했습니다. 그런데 여신이 태어나서 거쳐 간 경로를 보면 분명히 동쪽에서 왔다는 것을 알 수 있지요. 오리엔트 지역의 원시적인 여신, 아름다움과 생명을 관장하던 여신의 원형이 해류를 타고 들어와 그리스 지역에 정착했을 가능성도 있겠지요. 각 지역의 여신을 모시는 신전에서 여사제들이 했던 일들이나 원리도 상당히 유사합니다.

아름다움과 생명의 여신, 비너스의 탄생

[그림 88]은 여러분도 잘 아시는 보티첼리의 그림입니다. 왼쪽에 제피로스에게 안긴 여성은 봄의 꽃들을 관장하는 님프입니다. 이 님프가 제피로스라고 하는 서풍의 신인 바람에게 납치되어 그의 신부가 되

었죠. 오른쪽에는 꽃무늬가 그려진 드레스를 입은 배가 약간 부른 듯한 여성이 그려져 있는데, 왼쪽에 있던 님프 플로라입니다. 플로라는 제피로스의 신부가 된 뒤 봄과 꽃을 관장하는 여신 플로라로 변신하지요. 한 장의 그림 안에 납치를 당했지만 아직 소녀티가 가시지 않은 님프의 모습과 신부가 되어 성숙한 여신으로 변신한 플로라의 모습이 동시에 그려져 있는 것입니다. 신화 속에서는 이처럼 한 여신이 두 개의 이름을 가질 때, 그 두 이름이 결혼 전과 결혼 후의 서로 다른 존재를 지칭하는 경우가 상당히 많습니다.

헤시오도스의 『신통기』에서는 이렇게 쓰고 있습니다.

> 크로노스가 낫으로 잘라서 육지로부터 큰 파도가 출렁이는 바다로 던져버린 남근은 오랫동안 큰 파도에 표류하였는데, 그 영생불멸하는 신의 육체에서 떨어져 나온 고깃덩이 주변에서 점차 하얀 거품이 일더니, 그 안에서 소녀 하나가 생겨났다. 처음에 소녀는 신성한 키테라 쪽으로 표류하더니, 나중에는 바다로 둘러싸인 키프로스 섬으로 갔다. 고귀하고 빼어나게 아름다운 여신이 뭍에 오르자, 그녀의 가냘픈 발 주변에서는 신선한 풀들이 돋아났다.

"신선한 풀들이 돋아났다"라는 묘사는 아프로디테가 가지고 있는 생산력, 생명을 불러일으키는 힘을 확인시켜 줍니다. 이것은 대지의 봄과 생명을 불러오는 능력입니다. 여신 아프로디테의 아름다움은 단순한 '예쁨'이 아니라, 왕성한 생명력을 품고 있는 일종의 생산 능력이라 할 수 있습니다.

신들과 인간들은 그녀를 아프로디테, 즉 거품에서 태어난 여신, 혹은 아름다운 왕관을 쓴 키테레이아라고 불렀다.

키테레이아라고 하는 것은 키테라 섬의 신이라는 뜻입니다.

또한 사람들은 그녀를 키프로스에서 태어난 여신이라고 불렀고, 남근에서 태어났기 때문에 남근을 좋아하는 여신이라고 부른다.

그리고 우라노스 몸의 일부로 만들어졌기 때문에 우라니아라고도 부릅니다. 그런 의미에서, 아프로디테는 우라노스의 딸이라고 할 수 있습니다. 그래서 제우스의 고모뻘이 됩니다. 나중에는 제우스의 며느리가 되지요. 신의 위계는 서로 다른 신화가 반응하는 과정에서 재정립되곤 합니다. 아프로디테 여신이 지니는 다양한 위계는 그리스신화 안에서 원시적인 여신의 신화가 몇 세대에 걸쳐서 다른 위계로 재배치된 것과도 관련이 있다고 하겠습니다.

그녀는 태어나자마자 신들의 반열에 올랐는데, 그러자 에로스가 그녀를 수행하고 아름다운 히메로스는 그녀의 뒤를 따라다녔다.

그리스신화 속의 모든 신들이 처음부터 올림포스에 살았던 것은 아닙니다. 예를 들어, 헤라클레스는 올림포스에 오르기 위해 수많은 모험을 치러야 했고, 필사의 몸인 인간의 육체를 불태운 뒤에야 비로소 신이 됩니다. 반인반신인 신들은 모두 육체의 죽음 뒤에야 올림포스에 오르게 되지요. 그런데 이 이야기를 보면 아프로디테는 태어나자마자

신들의 반열에 오릅니다. 그녀는 올림포스에 도착하기 전부터 이미 신이었습니다. 그리스신화 속에서 자리매김하기 전부터 신이었던 거죠. 다른 지역에서 이미 신이었을 가능성이 높은 겁니다. 키테라를 거쳐서 키프로스에 정착하게 되는 여신의 여정을 통해 우리는 그녀가 동쪽에서 이주한 신이라는 사실을 확인하게 됩니다.

> 처음부터 그녀는 이런 명예를 갖고서 인간들과 불멸의 신들 사이에서 여자들의 흉허물 없는 한담과 미소와 유혹, 달콤한 욕망, 포옹과 애무 등의 영역을 담당하였다.

그런데 여기서 원시적인 여신의 역할이 굉장히 협소하게 줄어들어 여성 영역으로 한정되는 것을 알 수 있습니다. 오리엔트에서는 왕성한 생명력을 지닌 채 아름다움과 생명을 관장하는 강력한 생산 주체였는데, 그리스신화에 들어오자 한가한 농담이나 이성에 대한 매혹 등 상대적으로 의미가 적은 행동들을 담당하게 되었죠.

그러면 오리엔트에서 옮겨온 이 여신은 어떤 여신들과 자신의 업무들을 나누었을까요? 이제 앞서 잠시 말씀드렸던 달의 삼위일체에 대한 설명으로 되돌아가겠습니다.

달의 삼위일체

아르테미스, 셀레네, 헤카테.

그리스신화의 신들도 세대교체를 하거나 기능에 따라 여러 가지 이름을 가졌습니다. 초승달일 때는 아르테미스라고 부르고, 보름달일 때

그림 89
에페소스 아르테미스 신전의
여신상

는 셀레네라고 불렀고, 그믐달일 때는 헤카테라고
불렀습니다. 그런데 이름들의 기원을 따져 보면,
세대와 지역 등에서 미묘한 편차가 발견됩니다. 서
로 다른 결을 지닌 신화라는 느낌이 들지요. 셀레
네는 그리스신화에서 티탄 계열의 여신으로 알려
져 있고, 아르테미스는 티탄과 티탄 사이에서 태어
난 그 다음 세대의 여신입니다. 또한 처녀(아르테
미스)-임신한 여인(셀레네)-노파(헤카테)의 외향
을 가지고 있는데, 신의 오래된 정도로 보면 헤카
테가 가장 오래된 여신입니다. 그 다음은 셀레네,
아르테미스 이런 순서대로 내려옵니다.

이 세 여신은 달의 주기 및 여성의 성장과 밀접
한 관계가 있습니다.

[그림 89]의 이 신상은 매우 흥미롭습니다. 이런 신상을 보신 적 있
으신가요? 이 신상은 왜 이런 몸을 가지고 있을까요?

인간의 여성은 두 개의 젖가슴을 가지고 있지만, 훨씬 더 많은 젖가
슴을 가진 포유류도 존재합니다. 많은 수의 젖가슴은 훨씬 더 많은 다
음 세대를 생산한다는 의미가 되지요.

에페소스 아르테미스 신전의 여신은 굉장히 많은 젖가슴을 가지고
있지요. 젖가슴마다 아이들이 달려 있는 신상도 찾아 볼 수 있습니다.
많이 낳고 많이 키울 수 있는 여신의 초월적인 능력을 '많은' 젖가슴으
로 표현한 것이지요. 여신은 평범한 인간과는 다른 비범한 신체를 가
지고 있는 겁니다. 이 아르테미스는 그리스신화 속의 처녀신과는 조금
다릅니다. 무수한 가슴을 가진 이 여신은 풍요와 다산의 상징으로 오

히려 원시적인 여신의 면모를 보이지요. 그런데 '에페소스의 아르테미스'라고 부릅니다. 뭔가 이상합니다. 우리가 잘 아는 아르테미스는 결혼을 한 적이 없는, 생산을 한 적이 없는, 자손이 없는 여신입니다. 그런데 그런 여신이 이렇게 많은 젖가슴을 가지고, 이렇게 무수한 아이들을 낳아

그림 90
티치아노 베첼리오,
〈악타이온의 죽음〉

길렀다니! 그러니 이런 해석이 가능하겠지요. 우리가 알고 있는 아르테미스는 그리스신화 속에서 무척이나 축소된 형태이다, 신부가 된 이후의 부분들은 모두 제거되고 결혼 이전의 처녀성만으로 이야기되고 있다고 말입니다. 그러나 다른 지역에서, 다른 종교의 신화적인 맥락 속에서는 아르테미스도 아프로디테처럼, 또는 이슈타르나 이난나처럼, 여전히 원래의 생명력을 지닌 채로 활동했을지 모릅니다. 원시적인 여신은 이난나, 이슈타르, 아슈타르테, 아프로디테, 헤라, 아르테미스, 이시스, 이오나 에우로파 등으로 계속해서 이름을 바꿔가며 그 생산력을 지속해나갔던 겁니다. 여신들이 이르는 곳에서는 생명이 꽃피웠고, 사람들이 늘어났고, 도시와 새로운 문명이 만들어졌습니다. 무엇이든 새롭게 만들어지고 창조되었습니다.

달의 삼위일체인 아프로디테, 셀레네, 헤카테의 신화와 그 모티프들은 오늘날 수많은 회화와 조각 등 예술 작품으로 남아있습니다.

가장 유명한 작품들은 아르테미스의 모티프와 연관됩니다. 그녀는 사냥과 수렵의 여신으로서 화살로 처녀와 산모, 그리고 막 태어난 갓난아기들을 보호하는 수호신이지요. 순결을 위협받는 순간 처녀들을 구해낼 뿐 아니라, 스스로도 굉장한 결벽증을 가지고 있습니다. 아프

그림 91
셀레네 여신과 엔디미온

로디테 여신은 자신의 아름다움을 과시하며 사람들의 시선에 자부심을 느끼는 편인데, 아르테미스 여신은 자신을 훔쳐 본 인간들을 절대 용서하지 않습니다. 눈을 멀게 하고 사슴으로 만들어 결국 자기 동료들의 화살을 맞고 죽어가게 만듭니다. 굉장히 잔혹하죠.

셀레네는 아르테미스 이전에 달을 주관했던 티탄 족의 여신으로 목동인 엔디미온을 사랑했다고 합니다. 아까 말씀 드렸듯이, 목동은 왕이죠. 물론 그리스신화에서는 엔디미온을 왕이라고 하지 않습니다. 잘생긴 젊은이일 뿐이죠. 그런데 상상해 볼까요? 양을 치다가 밤이 어두워졌는데, 휘영청 밝은 보름달이 떠오르면, 아무래도 로맨틱한 상상이 샘솟지 않았을까요? 그러니 잠든 밤마다 아름다운 달의 여신이 목동을 찾아와 동침을 했다는 이야기는 상당히 인기를 끌었을 것입니다. 셀레네는 아름다운 엔디미온을 사랑해서 그에게 영원한 생명과 영원한 잠을 주었다고 하죠. 그런데 영원한 생명이 소용이 없어요. 항상 자고 있으니까요. (웃음) 여신이 자신의 영원한 포로로 만들었던 거예요. 그리고 그와의 사이에서 50명의 자녀를 낳았답니다. 그 가운데는 사계절의 여신도 있었다고 하네요. 여기서 알 수 있는 두 가지 사실은, 첫째, 여신이 다산을 했다는 거죠. 만월의 여신인 셀레네는 기본적으로 사랑이 넘치는 가임기의 여성, 또는 만삭의 여신이라는 겁니다. 아르테미스가 주는 인상과는 상당한 차이가 있지요. 하지만 초승달이 달이듯, 보름달 또한 달입니다. 처녀신으로서 달은 아주 작은 흠에도 파르르 떠는 결벽증을 지닌 존재이지만, 또 사랑에 빠져 신부가 된 달은 연인을 놓아주지 않고

다산하는 풍만한 가임기 여성의 특
징을 가지고 있다는 겁니다. 여신
에게는 이 모든 것이 가능하며, 그
어떤 것도 모순되지 않죠.

마지막으로 헤카테, 그믐달의 여
신인 헤카테를 살펴보겠습니다.
사실 헤카테 여신 자체가 세 개의
얼굴로 표현되기도 합니다. 그러니
까 헤카테는 사실 아르테미스, 셀레

네, 헤카테의 상징인 초승달, 보름달, 그믐달의 얼굴을 모두 가지고 있
었다는 이야기입니다. 그리스신화에서 헤카테는 셀레네와 마찬가지로
티탄 족의 여신입니다. 그런데 같은 지역, 같은 세대에 같은 역할을 가
진 두 여신이 필요할까요? 그래서 다시 살펴보니, 소아시아 남부 지역
에 헤카테 숭배가 강하게 남아있다고 합니다. 이런 흔적들은 헤카테 여
신이 동쪽 지역에서 그리스로 옮겨 왔으리라는 가능성을 시사하지요.
게다가 헤카테는 대지의 여신이자 달의 여신이기도 합니다. 달과 대지
를 함께 관장한다니? 오리엔트의 원시적인 여신의 특성이 강하게 남아
있는 것을 알 수 있지요. 헤카테의 세 얼굴은 각각 대지, 달, 지하세계
를 상징한다고 합니다.
뒤에 곧 나오겠지만, 아름다움과 생명을 관장하는 이슈타르에게는
쌍둥이 자매가 있습니다. 에레슈키갈이라는 이름의 이 쌍둥이 자매는
다름 아닌 지하세계의 여왕이죠.
대지, 달, 저승을 관장하는 삼위일체의 여신 헤카테는 이후 점차 암

흑과 마법을 관장하는 여신으로 성격이 변화됩니다. 호메로스의 서사시에서 헤카테는 마녀들의 수호신으로 그려지기도 하지요. 그리고 그믐달을 형상화한 늙은 노파의 모습으로 자주 나타납니다. 산전수전을 다 겪은 여성, 대개 삶의 모든 역경을 경험한 지혜로운 여인의 상징이 되는 것이죠. 이 형상은 오리엔트를 거쳐 러시아 쪽으로 가면서 바바야가라는 슬라브 민담 속의 마녀와 겹쳐집니다. 마법사, 마녀로서 바바야가는 러시아 요정담에서 빠질 수 없는 약방의 감초와도 같은 존재죠.

러시아 요정담의 특징은 항상 삼형제 또는 세 자매가 등장하는 것이죠. 주인공은 항상 셋째고요. 대부분은 이반이라는 이름이죠. 형들이 다 모험에 실패하고 나서야 막내인 이반이 모험을 떠납니다. 모험에서 여러 번의 고비를 넘으며 관문을 통과하죠. 그러다가 바바 야가를 만나게 됩니다. 바바 야가는 아주 흉측한 몰골을 하고 있죠. 그녀의 피부는 바싹 마른 나뭇가지처럼 거칠고 새카만데다 두꺼비 껍질처럼 우둘투둘합니다. 사랑에 빠지고 싶은 젊은 아가씨와는 정반대로 아주 끔찍한 모습인 겁니다. 그런데 이반이 길을 가르쳐 달라고 부탁하자, 바바 야가는 "네가 나한테 키스를 해 주면 길을 가르쳐 주겠다"라고 합니다. 그의 형들도 이와 같은 제안을 받았겠지요. 콧대가 높은 이반의 형들은 말도 안 되는 소리라고 그녀를 외면했고, 그 대가로 개구리로 변하는 벌을 받았죠. 하지만 주인공은 뭔가 다릅니다. 이반이 눈을 한번 질끈 감고 키스하자 바바 야가가 세상에서 가장 아름다운 공주로 변해요. 약간 개구리 왕자하고 비슷하죠. 아무튼 바바 야가는 이반에게 문제를 풀 수 있는 열쇠들을 내어줍니다. 이처럼 바바 야가가 보여주는 여성성은 양면적입니다. 굉장히 못생기고 사납게 보일지라도 친절한 마음으로 대하면 예쁘고 다정한 사람이 될 수 있고, 아주 예쁘고 착한 사람이라도 맘에 들지 않는 돼먹지 못한 상대에게는 마녀처럼 보일 수 있는, 이런 여성적인 특성을 바바 야가는 아주 잘 보여줍니다.

슬라브 민족 전승, 슬라브 민족의 이야기에 바바 야가가 자주 등장하는데 대개 초자연적인 능력을 가진 못생긴 노파입니다. 매부리코에 산발을 한 머리모양에 삐쩍 마른 모습이고, 마른 나뭇가지 같은 손가락 등으로 묘사되어 있습니다. 착한 사람에게는 상을 주고 나쁜 사람에게는 벌을 주기도 합니다. 그런데 일정하지는 않아요. 가끔 착한 사람한테도 심술을 부립니다. 이야기에 따라 바바 야가의 성격은 조금씩 달라지곤 합니다. 기본적으로 바바 야가가 가지고 있는 이런 식의 다면적인 이미지들이 달의 여신, 즉 헤카테가 가지고 있는 상징과 통한다는 것을 기억해 주시면 좋겠어요.

여신의 양면성: 이슈타르와 에레슈키갈

이슈타르에게는 에레슈키갈이라는 쌍둥이 자매가 있습니다. 이슈타르는 아름다움과 생명을 관장하는 사랑의 여신이라 모든 사람과 모든 생명과 모든 신들에게 사랑을 받습니다. 아름다움과 생명을 관장하는 사랑의 여신이니까요. 그런데 에레슈키갈은 매일같이 생명을 잃은 존재들과 마주합니다. 핏기가 하나도 없는 파리한 얼굴로 지옥에 갇힌 것을 원망하며 자신을 저주하는 존재들에 둘러싸여 있는 거예요. 생각해보니, 이슈타르와 자기는 쌍둥이 자매인데, 어째서 한쪽은 늘 지상에서 햇빛을 받으면서 찬란하게 살아가고, 다른 한쪽은 어두컴컴한 지하세계에 갇혀 살아가야 하는가, 이런 의문이 생기고 질투하는 마음도 커졌겠죠. 그래서 쌍둥이 여동생을 지하세계에 가두기 위해 음모를 꾸

믿니다.

이슈타르가 에레슈키갈의 세계까지 내려가게 된 이유에 대해서는 여러 가지 다른 설이 있습니다. 오늘의 이야기는 그 가운데 하나죠. 이슈타르가 수많은 연인들 가운데서도 무척이나 사랑했던 두무지라는 왕이 있었습니다. 길가메시의 신화에도 나오는 인물이죠. 길가메시는 "네가 그렇게 사랑했던 남자조차도 결국 지옥에 보내지 않았느냐, 나는 그런 노리개감이 될 수 없다."라고 하면서 여신의 구애를 뿌리치잖아요. 두무지는 목동이었습니다. 목동이고 왕이었죠. 이쯤에서 다시 신성혼이 떠오르시죠? 원시적인 여신의 신화에서 목동은 신성혼과 떼려야 뗄 수 없는 관계라고 생각하면 되겠습니다. 어쨌거나 두무지는 가축을 몰다가 독사에 물려죽습니다. 여신에게 남성성을 과시하려다 멧돼지에게 허벅지를 찔려 죽었다고도 하지요. 그리스신화에도 이와 비슷한 이야기들이 있습니다.

자, 사랑하는 연인이 지하세계에 갇혔으니, 이슈타르 여신으로서는 당연히 구하고 싶었죠. 그래서 지하세계로 내려갑니다. 어쩌면 여신인 자신은 지하세계에 가서도 원하는 대로 사랑하는 사람을 데려올 수 있으리라 자만했을지 모릅니다. 그러나 지하세계에는 지하세계의 규칙이 있었죠. "한번 지하세계에 들어간 자는 다시는 나갈 수 없다" 이슈타르는 어떻게 해서든 여신의 권능으로 두무지를 데리고 오겠다 생각하면서 지하세계로 내려갔고, 에레슈키갈은 내 세계에 왔는데 아무도 못 나간다는 생각으로 철통같이 방어하며 그녀를 방해합니다. 에레슈키갈은 지하세계에서는 신들도 지하세계의 규칙을 지켜야 한다는 원칙을 고수합니다. 지하세계로 내려가는 자들은 7개의 문을 통과해야 하는데, 그 과정에서 걸치고 있는 것들을 하나씩 벗어야 했습니다. 이슈타르도 예외는 아니었죠. 왕관, 청금석 목걸이, 구슬 끈, 가슴에 대는 금속판, 금팔찌, 청금석 홀, 예복이라고 되어 있지만 판본에 따라 조금씩 다릅니다. 어쨌거나 이슈타르는 7개의 문을 거치면서 신의 권능을 나타내는 장신구들을 하나씩 벗었고, 마지막엔 결국 알몸이 되었습니다. 권능을 잃은 그녀는 지하세계의 모든 이들과 평등해지고 말았습니다. 그래서 모든 죽은 자들과 마찬가지로 이슈타르는 살아 있음에도 불구하고 지하세계에 갇히고 말았지요. 문제는 지상에서 생겼습니다. 아름다움과 생명을 관장하는 사랑의 여신이 지하세계에 갇혔으니 세상이 말라 죽기 시작합니다. 신들은 에르슈키갈을 설득하기 위해 회의를 했습니다. 지하세계에 갇힌 이슈타르를 구하기 위해 세상에서 가장 아름다운 생명체를 만들어 에레슈키갈에게 주고, 그 대가로 이슈타르를 돌려받자는 결론에 이릅니다.

이제 이슈타르는 문을 통과할 때마다 벗어두었던 장신구들을 거꾸로 하나씩 걸치고 올라옵니다. 그러니까 신들이 만든 세상에서 가장 아름다운 피조물이 하나씩 문을 통과해 지하세계로 내려갈 때마다, 이슈타르는 자신의 권능을 하나씩 되찾고 지상으로 올라오게 되는 겁니다. 결국 그녀와 함께 지상에는 사랑이 다시 찾아 왔습니다. 아름다움과 모든 생명도 활기를 되찾았죠. 그런데 신들이 에르슈키갈한테 보낸 인간은 남성도 아니고 여성도 아닌 무성의 존재였습니다. 생명이 있는 존재를 만들어서 저승에 보내면 살아있는 것 가운데 어떤 존재가 사라지게 되니까요. 그래서 신들은 남성도 아니고 여성도 아니고, 예쁘지만 생명이 없고 생식력도 없는 쓸모없는 존재를 만들어 보냈습니다. 아름답기 그지없지만 살아있는 생명을 낳지 못하는 이 피조물의 이름은 아스슈나미르, 거세된 남자라는 뜻이었습니다. 왕성한 생명력을 지닌 이슈타르와는 달리, 무의미한 아름다움의 존재라고 할 수 있겠죠. 에레슈키갈은 당연히 분노했습니다.

그런데 지상으로 올라온 이슈타르도 분개했습니다. 자신이 지하세계까지 내려가 갖은 고생을 하면서 찾아다니던 두무지가 멀쩡하게 지상의 권좌에 앉아 있었던 겁니다. 게다가 지상의 모든 생명이 그녀의 부재를 슬퍼하며 통곡할 때도 두무지는 아랑곳하지 않았죠. 그래서 이슈타르는 이 배은망덕한 남자를 지하세계로 보내버립니다. 길가메시가 비난한 것은 여신의 이런 행동이었죠.

'일곱 개의 베일의 춤'

카를로스 사우라 감독의 〈살로메〉(2002)라는 영화가 있습니다. 이 영화에서 살로메가 추는 춤은 플라멩코인데, 오늘 우리가 다루는 주제하고도 깊은 연관이 있습니다.

사실, 여신이 지하세계를 방문하는 신화는 신성혼과 연관될 뿐 아니라 '일곱 개의 베일의 춤'과도 이어집니다. 여신이 일곱 개의 문을 통과하면서 벗었던 장신구 대신 일곱 개의 베일을 벗는 춤이죠. 이 '일곱 개의 베일의 춤'은 성경에 등장하는 저 유명한 살로메라는 여성과 연관되기도 합니다. 살로메는 예수의 탄생을 막기 위해 예루살렘의 어린 아이들을 학살했던 그 헤롯왕의 아들 헤롯 안티파스의 딸입니다. 정확하게는 그 부인의 딸이죠. 헤롯왕의 딸이 아니라 헤롯왕과 재혼한 부인 헤로디아의 딸이었습니다. 헤로디아는 헤롯 안티파스에게는 조카뻘이었고, 이복형제인 헤롯 빌립의 아내이기도 했습니다. 헤로디아는 두 번째 남편인 헤롯 빌립과 헤어지고 헤롯 안티파스에게 갔고, 헤롯 안티파스는 아내와 이혼하고 그녀를 받아들였죠. 세례 요한은 이 부도덕한 결합을 비판했지요. 그래서 헤로디아는 세례 요한을 증오했습니다. 그의 목을 원했지요. 헤롯 안티파스는 세례 요한의 명망 때문에 그의 처형을 망설였습니다. 그러나 결국 의붓딸인 살로메의 춤을 보고, 그 춤 때문에 세례 요한의 교수형을 명령합니다. 살로메가 춤에 대한 포상으로 세례 요한의 목을 요구했기 때문입니다. 성경에 등장하는 이 이야기는 역시 고전주의 회화의 중요한 모티프가 되었습니다.

그림 93
가스통 뷔시에르, 〈일곱 개의 베일의 춤〉

성경에 나오는 살로메의 춤을 '일곱 개의 베일의 춤'이라고도 한다는 것은, 그녀의 춤이 오리엔트 지역의 '봄의 제전'이나 그와 관련된 제의에서 비롯되었다는 사실을 짐작할 수 있습니다.

사랑과 생명의 여신 이슈타르. 그녀가 걸친 왕관, 청금석 목걸이, 구슬 끈, 가슴에 대는 금속판, 금팔찌, 청금석 홀, 예복 들은 하나하나가 다 신의 권능과 관련이 있는데, 우리가 살펴봤듯이, 지하세계로 내려갈 때는 하나씩 다 벗어버리게 됩니다. 이것이 춤으로 바뀔 때는, 베일을 하나씩 벗어 던지는 것으로 나타납니다. 이 모티프는 현대 문학이나 예술에서 무척 사랑받는 주제이기도 합니다. 헤롯 안티파스는 형제의 아내를 사랑했습니다. 그녀와 함께 살기 위해 율법이 정한 아내를 버리고 전쟁까지 불사했죠. 그런데 그 헤로디아에게 딸이 있는 겁니다. 의붓딸이죠. 딸이니까 당연히 엄마의 미모를 닮았을 겁니다. 게다가 16살, 이상적인 신부의 나이죠. 사랑하는 여인의 청춘이 바로 눈앞에 있는 거예요. 사랑스럽지 않겠습니까? 그런 그녀가 유혹의 춤을 춥니다. '일곱 개의 베일의 춤'을. 그래서 결국 살로메의 말에 넘어 가는 거죠.

어쨌거나 〈살로메〉에서 살로메가 추는 춤은 플라멩코 같은 형태로 만들어졌는데, 오리엔트 지역에서 추었을 거라고 생각하면 밸리 댄스에 더 가까웠을 거라고 생각해요. 실제로 '일곱 개의 베일의 춤'이라는 제목을 걸고 있는 밸리 댄스 공연이 자주 보입니다. 경연 대회에서도 같은 제목의 작품들이 주목을 받곤 하지요. 이 모티프가 밸리 댄서들의 매력을 최대한으로 끌어 올려서 보여줄 수 있기 때문입니다. 온몸을 가리고 있다가 점점 몸의 일부를 드러내면서 추는 춤이어서 신비함과 아름다움을 극대화하는 연출이 가능하지요. 플라멩코는 키가 크고 마른 댄서가 추지만, 밸리 댄스는 상대적으로 풍만한 댄서들이 많이 춥니다. 대지의 풍요로움과 왕성한 생명력을 떠올리게 만드는, 몸의 굴곡이 잘 보이는 춤입니다.

리하르트 슈트라우스의 오페라 〈살로메〉도 이 모티프를 차용했기 때문에 '일곱 개의 베일의 춤'을 삽입하곤 합니다. 가스통 뷔시에르를 비롯한 서양의 많은 화가들도 같은 모티프를 가지고 그림을 그렸지요. 뷔시에르의 작품은 특히 이 춤이 지니고 있는 원초적인 관능성을 잘 보여줍니다.

아프로디테와 페르세포네, 그리고 아도니스 숭배

이슈타르에게 두무지가 있었다면 아프로디테에게는 아도니스가 있었습니다. 아네모네 꽃의 전설, 아시죠? 아프로디테가 사랑했던 미소년인데 멧돼지에게 허벅다리를 받쳐서 죽습니다. 남성이 허벅다리에 상처를 입는다는 상징은 사실 남성성의 거세와 관련이 있어요. "4월

은 잔인한 달", 「황무지」에도 나오지만, 그 전설에 따르면 어부왕은 성
찬에 참여한 성처녀를 보고서 저도 모르게 흑심을 품게 됩니다. 원래
는 그러면 안 되는데 말이죠. 신성한 의식 중에 그런 불경한 마음을 품
는 것은 신성모독이니까요. 아도니스가 죽었다는 것도 남성으로서 생
명을 잃었음을 의미한다고 해석할 수 있지요. 어쨌거나 죽은 아도니스
는 지하세계인 하데스의 세계로 갑니다. 그런데 하데스에게는 누가 있
죠? 페르세포네가 있어요. 페르세포네는 지하세계의 어둠까지 밝히는
아도니스의 미모에 그만 반하고 맙니다. 결국 페르세포네는 아도니스
를 사이에 두고 아프로디테와 다투는 사이가 됩니다. 우리가 잘 알고
있는 토마스 불핀치의 판본에는 이 이야기가 없지만, 다른 이본들에서
는 이러한 에피소드가 전합니다. 그리스신화에는 수많은 이본이 있지
요. 흥미로운 것은, 그 이야기 구조가 이슈타르와 에레슈키갈 사이의
경쟁관계 구도와 완전히 동일하다는 사실입니다.

이 신화와 관련된 것으로 아도니스 제의 같은 것이 있습니다. 엘레
시우스 비교에서도 아도니스나 페르세포네와 연관된 이러한 의식을
행했다는 이야기가 전해집니다. 물론 엘레시우스 비교의 구체적인 의

식이나 조직에 대해서는 거의 알려진 바가 없고, 그 내용은 밖으로 유출된 적이 없다고 하니 단언하기는 힘듭니다. 그렇지만 고대부터 이 지역에서 땅의 생산력을 높이는 어떤 제의가 존재했었고, 이와 같은 신념을 공유하는 유사한 제의가 줄곧 전승되어 엘레시우스 비교까지 이어졌다고 하는 것은 충분히 타당성 있는 설명이죠.

우리가 알고 있는 신화에서는 아프로디테가 아도니스의 주검에 신들의 음료인 넥타를 붓자 아네모네 꽃으로 변했다고 하는데, 워터하우스의 그림을 보면 마치 긴 꿈을 꾸다가 깨어난 것처럼 죽음에서 깨어나는 아도니스의 모습이 보입니다. 이 작품이 신들의 중재로 아도니스가 1년의 반은 지상에서, 1년의 반은 지하에서 보내게 된 이본의 신화를 모티프로 하고 있다는 사실을 짐작하게 하지요. 아도니스의 이 이야기는 지하세계에서 돌아온 페르세포네, 이슈타르의 명계하강 신화와도 기묘하게 겹쳐집니다.

여신의 양면성: 이집트와 인도

이번에는 이집트로 넘어가 보겠습니다. 수메르에서 그리스로, 다시 오리엔트로 돌아왔네요.

이집트신화에서도 여신의 양면성은 두드러집니다. 대표적인 예가 하토르라는 여신인데, 하토르는 태양신 라의 딸이자 호루스의 아내입니다. 호루스는 오시리스와 이시스 사이에서 태어난 아들이지요. 오시리스는 죽은 자들의 세계를 다스리는 저승의 주인이자 부활의 신이라 불리기도 합니다. 신들의 권좌를 노리는 세트에게 죽임을 당한 뒤, 오시리스의 주검은 여러 조각으로 나뉘어 나일 강에 흩뿌려졌다고 합니다. 오시리스의 아내인 이시스는 그 조각들을 모두 모아서 온전한 신체로 회복시켰죠. 다만 한 조각이 부족했습니다. 바로 남성의 신체에서 가장 중요한 부분인 생식기였죠. 이시스는 나무를 조각해 이 부족한 신체의 일부를 짜 맞춥니다. 이후 그녀가 죽은 남편과의 사이에서 낳은 아이가 호루스입니다. 이시스 여신은 죽은 남편의 모든 조각들을 그러모아 새로운 신의 몸을 만들고 거기에 생명을 불어넣은 뒤 동침을 해서 다음 세대의 신을 생산한 것입니다. 죽은 남편을 되살리고 혼자서 아들을 낳는 이시스의 생명력은 원시적인 여신의 면모를 다시 한번 과시합니다. 호루스는 모든 파라오들의 원신元神입니다. 이집트의 모든 파라오는 다시 태어난 호루스지요. 즉 이시스는 모든 파라오들의 어머니라고 할 수 있습니다. 파라오는 태양신 라의 아들들이라고도 하지요.

태양신 라의 딸이 바로 하토르라고 해서 호루스의 아내로 역시 사랑과 미의 여신입니다. 보통은 암소의 얼굴을 하고 있는 여신입니다. 암소하면 젖, 우유로 젖과 꿀이 흐르는 땅에 풍요로움을 상징하는 존재인데, 이처럼 풍요로운 여신이니 얼마나 많은 것을 주겠습니까? 특히 이집트 같은 경우는 나일 강의 풍요로움을 상징할 때 하토르라는 이름을 씁니다. 이시스도 나일 강의 다른 분신이라고 이야기하는데, 풍요성을 이야기할 때는 보통 하토르를 이야기합니다. 나일 강은 아프리카 동북부를 흐르는 강으로 우리가 지도에서 보고 흔히 짐작하는 것과는 달리, 남부의 내륙 지대에서 북부의 해안 쪽으로 흘러 내려옵니다. 지중해와 맞닿아 있는 북쪽이 하류인 거죠. 이 강은 일정한 주기로 넘쳤다가 말라붙기를 반복합니다. 아프리카 중부 고원에서 내리는 봄비가 내륙에서부터 흐르는 나일 강의 물을 불어나게 만들고, 몇 달 후에는 커다란 홍수가 되어 강 하류의 삼각지를 범람하는 것이죠. 이 범람은 이집트의 메마른 대지를 적시고 수목이 자랄 수 있는 환경을 만들었습니다. 일반적인 홍수는 농작물과 주거 지역을 잠기게 만들지만, 건조한 이 지역에서는 강이 한 번 범람해야만 대지가 비옥해지고 농사와 추수가 가능해졌던 겁니다. 범람한 물이 빠져나가고 나면, 비로소 농사가 시작되었죠. 추수가 끝난 뒤, 다음 범람이 올 때까지 땅은 바싹 메말라 붙었습니다. 그래서 똑같은 강인데도 여름에는 비옥한 대지를 만들어주는 풍요의 얼굴로 기억되고, 겨울에는 아무것도 주지 않는 무시무시한 얼굴로 기억되었습니다. 나일 강의 여신이 여름에는 암소의 얼굴을 했다가, 겨울에는 암사자의 얼굴을 하게 된 것은 그 때문입니다. 즉 암소의 얼굴과 암사자의 얼굴은 한 여신의 양면성을 보여주는 다른 표상입니다. 암소의 얼굴일 때는 하토르이고, 암사자의 얼굴일 때는 세크메트죠. 하토르와 세크메트는 동일한 존재입니다. 강이 우리에게 줄 때는 하토르고, 주지 않을 때는 세크메트인 거죠. 젖과 생명을 주는

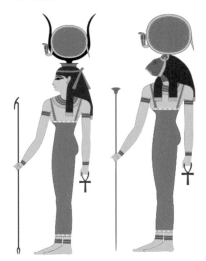

암소의 여신 하토르, 생명을 앗아가는 암사자의 머리를 한 세크메트. 핵심은 이 암소의 젖으로 모든 이집트 왕들이 자란다는 것입니다. 그래서 이집트에서는 암소의 상징이 아주 중요합니다. 성경에서도 7년 동안 가뭄이 들고 7년 동안 풍년이 드는 것을 살찐 암소와 비쩍 마른 암소로 비유해 말하고 있지요. 암소가 말랐다는 건 나라가 완전히 황폐해졌다는 뜻이고, 암소가 살쪘다는 건 나라가 풍요롭다는 뜻이에요.

전형적인 할리우드 액션 무비, 히어로물인 〈갓 오

브 이집트)(알렉스 프로야스, 2016)라는 영화에서 바로 여신 하토르가 등장합니다. 영화 속에서 돋보이는 여신의 능력은 바로 다른 생명체의 마음을 바꾸는 힘입니다. 이 여신은 마주하고 있는 모든 생명체의 마음을 바꿀 수가 있습니다. 이와 같은 여신의 초월적인 능력이 통하지 않는 유일한 대상은, 다른 사람에게 이미 마음을 뺏긴 사람이죠. 다른 사람에게 이미 마음을 뺏긴 자는 여신에게 뺏길 마음이 없으니까요. 그래서 여신은 이미 사랑에 빠진 남자의 마음을 바꾸지 못합니다. 다른 모든 존재의 마음을 조종할 수 있는 여신의 능력이 사랑에 빠진 사람에게는 통하지 않는 거죠. 이 영화 속 장면에서 여신은 거대한 입을 벌리고 자신을 삼키려 달려드는 하얀 코브라 앞에 서서 매혹적인 얼굴을 들고 이렇게 말합니다. "너는 나를 공격하고 싶지 않아." 무시무시하게 덤벼들던 코브라는 매혹하는 그녀의 힘을 이기지 못하고 자멸합니다. 그녀는 폭력을 사용하지 않고도 난폭한 적을 물리칩니다. 이처럼 〈갓 오브 이집트〉의 여신 하토르는 남자, 여자, 동물, 식물을 막론하고 모두 홀려서 부릴 수 있는 막강한 매력을 과시합니다. 아름다움과 생명을 관장하는 원시적인 여신, 사랑과 풍요의 여신이 지닌 힘을 노골적으로 보여주지요. 다른 사람에게 마음을 빼앗긴, 그러니까 이미 사랑에 빠진 사람만이 여신의 매혹을 벗어날 수 있다는 핸디캡도 흥미롭습니다. 굉장히 미국적이죠. 논리적으로 뭔가 납득이 되고.

이번에는 다시 동쪽으로, 이집트에서 인도로 건너가 보겠습니다. 인도에도 이와 같이 양면성을 지닌 여신이 존재합니다. 지금 소개할 여신도 두 개의 이름을 가졌습니다. 하나는 화가 났을 때, 하나는 안 났을 때. 화가 났을 때는 모든 것을 파괴하는 무시무시한 여신이고, 화가 나지 않았을 때는 모든 고난을 감내하는 온유한 여신입니다. 바로 시바

신의 아내인 파르바티와 칼리죠. 파르바티는 정숙하고 순종적인 아내 상징인데, 이 여신이 화가 나면 전쟁의 여신인 두루가나 칼리가 됩니다. 미쳐 날 뛸 때는 두루가 또는 칼리라고 부릅니다.

[그림 96]의 오른쪽 그림을 보면 온 몸에 푸른빛이 도는 무시무시한 얼굴의 여성을 발견하게 됩니다. 혀를 길게 빼물고, 네 개의 손 가운데 하나는 피가 뚝뚝 흐르는 칼을 들고 다른 하나는 사람의 목을 붙잡고 있습니다. 사람의 팔로 된 허리띠를 두르고 사람의 뼈로 된 치마를 입었으며 사람의 목으로 만들어진 목걸이를 걸고 있는 모습입니다. 이 여신이 바로 칼리입니다. 신들은 악마와 전쟁을 벌이면서 도무지 악마를 이길 수 없었기 때문에 칼리를 소환했습니다. 신들은 이성적으로 싸우기 때문에 악마를 이길 수가 없었죠. 그래서 이성을 잃어버린 칼리를 소환하게 된 것입니다. 이성을 잃어버린 칼리는 살아있는 모든 것을 다 쓸어버립니다. 악마들도 칼리를 당해낼 수는 없었죠. 결국 신들은 악마와의 전쟁에서 승리를 거둡니다. 문제는 한 번 시작된 칼리의 폭주를 멈출 수가 없었다는 겁니다. 그래서 신들은 궁리 끝에 시바를 보냅니다. 아무리 이성을 잃은 여신이라도 남편 앞에서는 정신을 차릴 거라고 생각한 거죠. 시바는 적군과 아군을 가리지 않고 살육을 거듭하며 폭주하는 칼리 앞에 드러눕습니다. 그러나 제정신이 아닌 칼리는 시바를 짓밟아 버립니다. 밟아서 죽음의 문턱까지 가게 하죠. 실제로 시바는 이때 한 번 죽게 됩니다. 칼리는 시바를 죽여 버린 뒤에야 정신이 들죠. 죽인 뒤에 생명수를 가지고 와서 다시 목을 붙이고 살립니다. 남편을 죽이고 나서야 이 여신은 비로소 진정됩니다. 이 상징이 굉장히 재미있죠. 여신이 한번 이성을 잃으면 끝을 봐야 정상화가 된다는 거예요. 그러니 그렇게 되지 않도록 하는 게 중요하죠. 파괴를 가

지고 오는 것도 여신이고, 그 다음에 새로운 세계를 창조하는 것도 역
시 여신입니다.

지금까지 양면성을 지니고 있는 원시적인 여신의 상징과 모티프들
이 오늘날의 대중문화나 발레극, 무용, 회화 등 다양한 예술 작품 속에
서도 여전히 생명력을 지니고 새롭게 창조되고 있다는 점을 말씀드렸
습니다.

중동신화여행 참고 도서

N.K.샌다스 저, 이현주 역, 『길가메시 서사시』, 범우사, 2000.

강성열, 『고대 근동의 신화와 종교』, 살림, 2006.

강정식 외, 『아시아신화여행』, 실천문학사, 2016.

고바야시 도시코 저, 이수경 역, 『5천년 전의 일상-수메르인들의 '평범한' 이야기』, 도서출판 북북서, 2010.

김남수 외, 『세계신화여행』, 실천문학사, 2015.

김산해, 『수메르, 최초의 사랑을 외치다.』, 휴머니스트, 2007.

김산해, 『최초의 신화 길가메시 서사시』, 휴머니스트, 2005.

김석희 역, 『초창기 문명의 서사시-메소포타미아 신화』, 이레, 2008.

김선자 외, 『남방실크로드신화여행』, 아시아, 2017.

김윤아 외, 『신화, 영화와 만나다』, 아모르문디, 2015.

김종환 역, 『길가메시 서사시』, 지만지(지식을만드는지식), 2017.

미르치아 엘리아데 저, 심재중 역, 『영원회귀의 신화』, 이학사, 2003.

미르치아 엘리아데 저, 이용주 역, 『세계종교사상사』(1), 이학사, 2005.

미르치아 엘리아데 저, 이은봉 역, 『종교형태론』, 한길사, 1996.

베로니카 이온스 저, 심재훈 역, 『이집트 신화』, 범우사, 2003.

베스타 S. 커티스 저, 임웅 역, 『페르시아 신화』, 범우사, 2003.

사무엘 헨리 후크 저, 박희중 역, 『중동신화』, 범우사, 2001.

새뮤얼 노아 크레이머 저, 박성식 역, 『역사는 수메르에서 시작되었다』, 가람기획, 2000.

서규석 편저, 『이집트 사자의 서』, 문학동네, 1999.

신규섭, 『페르시아 문화』, 살림, 2004.

실비아 브린튼 페레라 저, 김소영 역, 『여신에게로 내려가기』, 돈화문출판사, 2014.

아돌프 엘레가르트 옌젠 헤르만 니게마이어 공저, 이혜정 역, 『하이누웰레 신화』, 뮤진트리, 2014.

아볼 카셈 피르다우시 원작, 헬렌 짐머른 영역, 부희령 번역, 『샤나메』, 아시아, 2014.

오수연, 『길가메시』, 문학동네, 2016.

오수연, 『오시리스와 이시스』, 문학동네, 2016.

요시다 아츠히코 외 저, 김수진 역, 『우리가 알아야 할 세계 신화 101』, 이손, 2002.

유흥태, 『고대 페르시아의 역사』, 살림, 2008.

이희수·다르유시 아크바르자데 공편역, 『쿠쉬나메』, 청아출판사, 2014.

장 보테로 저, 최경란 역, 『메소포타미아: 사장된 설형문자의 비밀』, 시공사, 1998.

제임스 B. 프리처드 저, 강승일 외 역, 『고대 근동 문학선집』, CLC, 2016.

제카리아 시친 저, 이근영 역, 『수메르, 혹은 신들의 고향』, 도서출판 AK, 2009.

조동일, 『공동어문학과 민족어문학』, 지식산업사, 1999.

조동일, 『문명권의 동질성과 이질성』, 지식산업사, 1999.

조르주 루 저, 김유기 역, 『메소포타미아의 역사』(1), 한국문화사, 2013.

조엘 코트킨 저, 윤철희 역, 『도시의 역사』, 을유문화사, 2007.

조지 하트 저, 이응균 천경효 공역, 『이집트 신화』, 범우사, 1999.

조지프 캠벨 저, 홍윤희 역, 『신화의 이미지』, 살림, 2006.

조철수, 『수메르 신화』, 서해문집, 2003.

카렌 암스트롱 저, 이다희 역, 『신화의 역사』, 문학동네, 2005.

퍼거스 플레밍 저, 김석희 역, 『영생에의 길-이집트 신화』(타임라이프 신화와 인류 시리즈 5), 이레, 2009.

헨리에타 맥컬 저, 임웅 역, 『메소포타미아 신화』, 범우사, 1999.

후크 저, 박화중 역, 『중동신화』, 범우사, 2001.

Diane Wolkstein and Samuel Noah Kramer, Inanna: Queen of Heaven and Earth: Her Stories and Hymns from Sumer, Harper & Row Publishers, 1983.

Jalal Matini, "Kushnama" in T. Daryaee and M. Omidsalar, "The Spirit of Wisdom: Essays in Memory of Ahmad Tafazolli", Mazda Publishers, 2004.

Plutarch, tr. by Charles William King, On Isis And Osiris, Morals: Theosophical Essays, London; George Bell and Sons, 1908.

Samuel Noah Kramer & John Maier, Myths of Enki, the Crafty God, Oxford University Press, 1989.

Samuel Noah Kramer, Sumerian Mythology, University of Pennsylvania Press(Revised edition), 1998.

Thorkild Jacobsen, Mesopotamia, The Intellectual Adventure of Ancient Man: An Essay of Speculative Thought in the Ancient Near East, The University of Chicago Press, 1977.

중동신화여행 그림 출처

[그림 1] [그림 2] [그림 3] [그림 4] [그림 5] [그림 6] [그림 7] [그림 8] [그림 9] [그림 10] [그림 11] [그림 12] [그림 14] [그림 15] [그림 16] [그림 17] [그림 18] [그림 19] [그림 20] [그림 21] [그림 24] [그림 26] [그림 27] [그림 30] [그림 36] [그림 37] [그림 40] [그림 41] [그림 42] [그림 43] [그림 44] [그림 45] [그림 46] [그림 48] [그림 49] [그림 50] [그림 51] [그림 52] [그림 53] [그림 54] [그림 55] [그림 56] [그림 57] [그림 58] [그림 60] [그림 61] [그림 62] [그림 63] [그림 64] [그림 65] [그림 66] [그림 68] [그림 69] [그림 71] [그림 73] [그림 74] [그림 75] [그림 76] [그림 78] [그림 80] [그림 81] [그림 83] [그림 86] [그림 87] [그림 88] [그림 89] [그림 92] [그림 93] [그림 95] [그림 95] [그림 96]
위키피디아

[그림 13]
©Egyptian Myths

[그림 24]
©The British Museum

[그림 29]
©Oriental Institute, University of Chicago

[그림 32]
©MyGodPictures

[그림 33]
©humanpast

[그림 38]
©Pergamonmuseum, National Museums in Berlin//mesopotamiangods

[그림 44]
©crystalinks

[그림 47]
©Quatr.us

중동신화여행

2018년 3월 30일 초판 1쇄 펴냄

지은이	김헌선, 김혜정, 시지은, 김은희, 신연우, 이혜정, 문현선
주관	경기문화재단 문예진흥팀
기획	문성진, 문형순
펴낸이	김재범
편집장	김형욱
편집	신아름
관리	강초민, 홍희표
디자인	나루기획
인쇄·제본·종이	AP프린팅

펴낸곳 (주)아시아 | 출판등록 2006년 1월 27일 | 등록번호 제406-2006-000004호
전화 02-821-5055 | 팩스 02-821-5057 | 이메일 bookasia@hanmail.net
주소 경기도 파주시 회동길 445(서울 사무소: 서울시 동작구 서달로 161-1 3층)
홈페이지 www.bookasia.org | 페이스북 www.facebook.com/asiapublishers

ISBN 979-11-5662-357-1 03210

이 도서의 국립중앙도서관 출판시도서목록(CIP)은 서지정보유통지원시스템 홈페이지
(http://seoji.nl.go.kr)와 국가자료공동목록시스템(http://www.nl.go.kr/kolisnet)에서
이용하실 수 있습니다. (CIP2018008817)